落霞与孤鹜齐飞

秋水共长天一色

毛泽东

滕王阁史话

宗九奇·编著

（修订版）

江西人民出版社
Jiangxi People's Publishing House
全国百佳出版社

文人雅集胜地（王晓园摄）

登临观赏佳境（王晓园摄）

人杰厅

《人杰图》（画面有压缩），整个画面气势恢宏，生动地描绘了自先秦至明末，各领风骚的江西历代80位名人。其中有吴芮、徐稚、陈蕃、许逊、陶渊明、欧阳修、曾巩、王安石、黄庭坚、文天祥、汤显祖、宋应星等，涵盖了政治、军事、文化、艺术、科学等多个领域，展现了江西自古以来深厚的人文底蕴。

《地灵图》，此画展现了江西名山大川等自然景观的精华，自南向北依次为大庾岭、三清山、龟峰、井冈山、龙虎山、庐山、鄱阳湖、石钟山，描绘了江西的"七山一水"，画面严谨，莽莽苍苍，将钟灵毓秀的山川景色以及"江西风景独好"的特点表现得淋漓尽致。

滕王阁门楼照（1915年《东方杂志》）

滕王阁门前照（［日］山根倬三摄）

滕王阁照（鹤纪照相馆1925年摄）

宋阁图（宋代郭忠恕绘，天籁阁藏）

滕王高阁图（明代林灵岩临赵伯驹本）

元阁图之一（元代夏永绘）

元阁图之二（故宫博物院藏）

"滕王阁"三个大字，是北宋大文豪苏东坡的手笔

瑰伟绝特开新篇（王晓园摄）

长廊

九重天藻井

檐口转角辅作

北高低廊

东门"滕阁秋风"牌楼

南门"棨戟遥临"牌楼

壁画《临川梦》

作序场景（蜡像）

2004年梅岭—滕王阁旅游文化艺术节

2005中国·南昌第四届金秋经贸活动月、中国·南昌第四届百花洲社区文化艺术节

夜游滕王阁（王晓园摄）

2004年中国（南昌）首届楹联文化艺术节

2006第二届中国（南昌）楹联文化艺术节

"万福迎春"活动

2007中国·南昌金秋经贸活动月、东湖区第六届百花洲金秋社区文化艺术节

2017年"4·23世界读书日"活动

The Tengwang Pavilion, Yellow Crane Tower and Yueyang Tower have been called the three famous buildings of Jiangnan. The earliest Tengwang Pavilion, standing high on the bank of the river, was built in A.D. 653 when the Tengwang Li Yuanying, a younger brother of the Emperor Taizong of Tang, was the governor of Hongzhou (now Nanchang City). It has been crowned with eternal glory since *The Preface to Tengwang Pavilion* was written by Wang Bo, a noted poet of the early Tang Dynasty. Han Yu, a well–known writer of the Tang Dynasty, also praised the Tengwang Pavilion, saying that there are many beautiful scenes worthy of admiration in Jiangnan, but the first of them is the Tengwang Pavilion, characterized by its greatness and beauty. So it always enjoys the fame of the "First Building in Jiangnan."

Tengwang Pavilion is situated at the intersection of the Gan River in Nanchang City and the old path of the Fu River, covering a land area of 4.16 hectares and standing along the river. The whole building is a reinforced concrete wood–like structure, and the central pavilion maintains the magnificence of the Tang pavilion with green tile, double eaves, colourful pillars and carved doors and windows, as Wang Bo stated in *The Preface to Tengwang Pavilion*, "Ranges upon ranges of green mountain rise as high as the sky. The red glow in the water is the reflection of the richly painted tower that seems to be hovering in the air. From its heights, no land is visible." A beautiful scene, the evening sun and the lonely wild duck fly together, and the autumn water is the same colour as the sky, can be seen from the upper part of the pavilion.

滕王阁、黄鹤楼与岳阳楼并称为"江南三大名楼"。最早的滕王阁巍然矗立在江畔，建于公元 653 年，当时唐太宗之弟滕王李元婴担任洪州（今南昌市）都督。自初唐著名诗人王勃写下《滕王阁序》后，滕王阁便荣耀千古。唐代著名文学家韩愈也曾盛赞滕王阁，"闻江南多临观之美，而滕王阁独为第一，有瑰伟绝特之称"。因此，滕王阁素来享有"江南第一楼"的美誉。

　　滕王阁坐落于南昌市赣江与抚河故道的交汇处，临江而立，占地面积 4.16 公顷。整座建筑采用钢筋混凝土仿木结构，主阁保留了唐代楼阁的恢宏气势，青瓦双檐，彩柱雕窗，正如王勃在《滕王阁序》中所描绘的"层峦耸翠，上出重霄；飞阁流丹，下临无地"。从滕王阁上层眺望，能见到"落霞与孤鹜齐飞，秋水共长天一色"的绝美景致。

《滕王阁史话（修订版）》出版说明

滕王阁，作为"江南三大名楼"之一，凭借王勃的千古骈文《滕王阁序》声名远扬，誉满古今。其历经岁月沧桑，先后重修达 29 次之多。在 1985 年第 29 次重修时，以重建总指挥宗九奇引领的建筑师们以古建大师梁思成先生绘制的八幅《重建南昌滕王阁计划草图》为蓝本，精心设计修建了这座仿宋式的雄伟楼阁，为后世留存了宝贵的建筑瑰宝与文化遗产。

《滕王阁史话》自 1998 年第 1 版问世以来，便以其独特的魅力成为经典畅销书与长销书，陆续在 2001 年修订第 2 版，2014 年修订第 3 版。此次修订第 4 版，意义尤为重大。令人痛心且惋惜的是，本书作者宗九奇先生于 2025 年 6 月 6 日与世长辞。

宗九奇先生毕生投身于历史文化研究领域在诗词文赋、楹联、书法、园林建筑等方面均有很深的造诣，尤其对滕王阁文化的挖掘与传承，贡献卓著。他与同事耗费数载光阴，踏遍南昌大街小巷，深入研究古籍典藏，在泛黄的史料中探寻滕王阁的蛛丝马迹，用脚步丈量历史，用学识梳理脉络。与各地学者深入研讨，只为解开滕王阁的历史谜团。正是这份执着与热爱，让他得以凭借深厚的学识积淀、严谨的治学态度和细腻生动的笔触，将滕王阁的历史渊源、文化内涵与发展脉络，呈现于《滕王阁史话》之中。

本书内容丰富详实，分10个篇章深入叙写滕王阁文化。开篇"滕王高阁谈缘起"，追溯到滕王李元婴其人其事，讲述其建阁初意，对创阁年代众家说法进行了细致梳理，带读者拨开历史迷雾，探寻滕王阁诞生的源头。"名声鹊起道王郎"篇章，聚焦王勃与滕王阁的不解之缘，详细介绍王勃其人及其作序时间，深入剖析王勃序文及历代对其的评价，展现了王勃《滕王阁序》如何让滕王阁声名远播的文化影响力。"文采风流贯古今"则呈现了在历史长河中来到滕王阁的名人留下的名篇，繁若星辰的文章、书画、碑刻、匾额楹联，全方位展现了滕王阁深厚的文化底蕴与独特魅力。

在"历史功能何其多"中，揭示了滕王阁在不同历史时期承载的多样功能，它曾是歌舞宴乐的殿堂，是文人雅集的胜地；也是迎来送往的驿馆，见证了无数离别与相聚；也是祭祀先贤的祠坛，传承着对文天祥、谢枋得的敬仰与追思。"物换星移话兴废"篇章，以时间为线，细数滕王阁千载兴废的次数，阐述历次鼎新的变化，分析阁址的变迁，讲述高阁与火灾、战乱的故事，还收录了历代重建重修的记文，让读者清晰地看到滕王阁在历史风雨中的起起落落。

"新阁临江壮千秋"着重讲述了当代滕王阁重建的历程，从重建的呼声响起，到筹备与重建工作的一步步推进，再到新阁辉煌宏伟雄姿的呈现，以及阁内丰富多彩的陈设，都进行了生动描述。"今睹新阁思故人"回忆了杨绰庵首倡重建事等，展现了为滕王阁重建付出心血的先辈们的身影。"滕阁旧事说到今"通过卢太学狱中写图记等故事，为滕王阁的历史增添了更多生动的细节。

此次修订，特别新增"十 赣水滕阁新韵起"一章，为读者展现滕王阁在新时代的华彩篇章。自1989年主阁重修后，滕王阁便开启了新的征程。2018年，南昌市滕王阁旅游区荣膺国家AAAAA级旅游景区，这不仅是对滕王阁历史文化价值的高度认可，更是其迈向全新发展阶段的重要里程碑。

此外，附录部分包含滕王李元婴传记资料、王勃传记资料、《滕王阁序》详释以及南昌杂谈等内容。这些资料从不同角度勾勒出滕王阁所处的历史文化环境，或记载民间流传的趣闻轶事，或探讨地域文化与滕王阁的渊源，为读者深入研究这座由唐代王勃《滕王阁序》创造出的"文化地标千年楼"之滕王阁文化，提供了更为丰富、立体的视角与资料，助力读者全方位解锁滕王阁文化的深邃内涵。

滕王阁文化，源自《滕王阁序》，涵盖辞赋文化、诗歌文化、典故文化、王勃文化、旅游文化、饮食文化、建筑文化、名楼文化等多元领域，是特殊历史人文现象的集大成者。随着时间的推移，有关滕王阁的研究不断深入，新的文化解读与历史发现层出不穷，且其在当下文旅融合等方面也展现出全新活力。为了让读者能更全面、深入地领略滕王阁文化的魅力，我们对本书进行了再版。

在此，我们要向为本书付出辛勤努力的各方致以最诚挚的感谢。感谢宗九奇先生为我们留下这部关于滕王阁文化的珍贵著作，他的文字与精神将永远滋养着每一位读者的心灵；感谢编辑团队在每一个版本中，精心打磨文字，梳理篇章结构，让本书逻辑严谨、图文相得益彰；感谢摄影师用镜头捕捉滕王阁的风姿与新貌，为书中增添了直观而震撼的视觉元素；更要感谢南昌市滕王阁管理有限公司，为本书的创作与再版提供了丰富的资料与大力支持，让滕王阁文化得以持续闪耀光芒。同时，也要特别感谢江西人民出版社在本书再版过程中，凭借专业的出版经验、广泛的发行渠道以及积极的推广策划，全力推动《滕王阁史话》的再版工作，为滕王阁文化的传播搭建起坚实的桥梁，让更多读者能够领略到滕王阁文化的独特魅力。正是各方的通力合作，才成就了这本内容更丰富、视角更新颖的《滕王阁史话》。我们期望它能持续引领读者走进滕王阁这座文化宝库，感受其穿越千年的独特魅力，也愿宗九奇先生的文化遗泽，永续流传。

编　者

2025 年 6 月 16 日

目　录

◆

重新滕阁枕碧流

王勃序文在上头

南浦云飞今古变

遗篇不朽话春秋

　　说起古城南昌，人们就会想起滕王阁；来到古城南昌，必然要登临滕王阁。正如一位学者所云："南昌有滕王阁，乃一省之徽；犹如北京有天安门，为一国之徽。"人们不禁会问，古城南昌为什么要建此名楼滕王阁？阁名为何冠以"滕王"？一千多年来，风风雨雨，有多少兴废盛衰？围绕着这座江南名楼，又传诵过多少轶事掌故？……

一　滕王高阁谈缘起

国有盛衰，世有治乱。千载古阁，兴废沧桑。国运若何，阁运系之。

滕王阁，这座临江高峙的江南名楼创建的年代，正值中国历史上空前繁荣的唐王朝。尔后迭经兴废，在风风雨雨中又经历了宋、元、明、清几个封建王朝，民国十五年（1926）终毁于兵燹。销声匿迹六十余年，直到 1989 年 10 月 8 日，规模空前的重建之阁，又傲然拔地而起，屹立于鄱湖之畔、赣水之滨。创而重修，修而又毁，毁而复建，历史上有确凿文字可考者达二十八次之多，天下名楼的兴废恐无此为甚。如此的人文现象，颇耐人寻味。

人们知道，滕王阁的千载盛名，与初唐诗人王勃的名篇《滕王阁序》紧密相关，"阁以文传，文以阁名"。历代文人雅士对这座名楼的赞美之词举不胜举，给予最高赞誉的恐怕要算唐宋八大家之首的韩愈了，他曾赞道："愈少时，则闻江南多临观之美，而滕王阁独为第一，有瑰伟绝特之称。"滕王阁所坐落的位置，自初唐创建以来，几经变迁，但不出数百米，均负城临江，遥对西山，是登临送目的极好去处。据传，在唐初创阁以前，此处有一座"仙人旧馆"，滕王李元婴是在"旧馆"的遗址上创建高阁的。人们不禁会问，滕王李元婴是何许人也？滕王李元婴为什么要建这样一座"瑰伟绝特"的楼阁？这座名楼何以称之为"阁"，何以冠之以"滕王"之名？此阁究竟创建于何年？下面，我们就一一予以介绍。

◆·滕王李元婴其人

李元婴（？—684），唐高祖李渊之幼子（二十二子），唐太宗李世民的弟弟。贞观十三年（639）六月封为"滕王"，实封千户。据《旧唐书》《新唐书》的记载，滕王李元婴的品行不端，无政绩可言。在任金州刺史期间，"骄纵失度"。在唐太宗驾崩居丧期间，依然无所收敛，邀集其"官属"燕饮歌舞，花天酒地，"狎昵厮养"，对去世的哥哥毫无哀思。这位不轨的"龙子"，做过许多荒唐害人的事，他到所"巡察"的地方，不事公务，却向老百姓借猎狗、求捕兽之网。所过之处为害极大，常常"以丸弹人，观其走避为乐"。唐时，入夜是要关城门的，只是在元宵放灯之夜才通宵大开城门，然而，滕王李元婴所"巡察"的城池，不得不为他畋游夜归而一直开着，他既不受一点约束，自己也不节制。为此，继位的唐高宗"以书切责"这位皇叔，希望他能够悔改自新。

正史和野史中，对滕王恶劣行径的记叙委实不少。他的淫逸放纵是屡遭谴责的，白纸黑字，非常清楚。如正史有云："官属美者，绐（欺哄也）为妃召（呼唤使来也），逼私之（逼迫私通也）。"据载，滕王李元婴将属下一位典签（书记小官）崔简的妻子郑氏哄骗去，欲行非礼，崔妻激烈反抗，并用鞋底打得元婴的面门血流淋漓。李元婴羞愧不已，无面目见人，十多天都没有出门。滕王的贪黩凶暴，也是出了名的。有一次，唐高宗赏赐诸王，独独不给贪鄙敛财的滕王（叔）和另一位贪黩的蒋王（弟）以赏赐，并讥讽道："滕叔、蒋弟不须赐……"滕王刚愎自用，听不进别人的意见，对"谏正其失"的人，每每揪打出手，进行人身侮辱以泄愤。录事参军裴聿就是好心不得好报者之一。不过，当时的皇帝李治还不错，因裴参军受到委屈，给他迁升了官职，以慰其心。

滕王李元婴的地位，在唐王朝中颇为特殊，其行为放纵，政声狼藉，非议甚多。他一生东奔西波，在许多地方都当过不大不小的官，似与其亲王、皇弟、皇叔的身份不符，遭遇颇不平凡，给后人留下了许多疑团。他作为亲王，任过金州刺史、苏州刺史、洪州都督、滁州刺史、寿州刺史、隆州刺史、梁州都督等，在交通不便利的古代，要到这许多地方就任实属不易。他是唐睿宗文明元年（684）去世的，这年武则天建元为光宅元年。去世后，还被追赠司徒之位兼冀州都督，并陪葬献陵。有人说，在多事之秋的初唐，滕王能保首领以终，能经历唐朝高祖、太宗、高宗、中宗、睿宗、武则天等几代，也是一个奇迹，其韬光养晦的智慧颇值得探究。从正史上看，滕王几乎是一无是处、毫无所长，但从部分流传于世的诗文野史中，我们似乎能发现这位"帝子"的一些独到之处，发现他性格所具有的多重性。

《豫章古今记》及《江城旧事》中，曾记载过这样两则滕王的小故事。一则题为《滕王师友》，有高安人李思元（字文成），好学善文，行谊峻洁，十六岁举进士，为文林郎，滕王李元婴镇洪州时，请为诗友。一则题为《滕王奠罗姬羊酒》，说的是李元婴在洪州任职期间，有一女子叫罗文姬（字叔善），系南昌罗元干之女，幼时就以贤德闻名邻里。十六岁时嫁给郑氏，过门不久，其夫病危。临终前，郑氏拉着文姬的手说道："你正盛年，今后望要改嫁，勿误终身！"而罗文姬发誓守节，决不改嫁。未几，郑氏因病不治而死。罗文姬在办完丈夫的丧事后，也投环自缢。对此，乡人以为贞节，李元婴听说这件事后，以都督之尊，奠以羊酒，以表哀悼，一时传为美谈。

正史所载，不得不信，但史笔也未必面面俱到，况且与当朝者喜好相悖的往往会被隐去。固然类似小说《隋唐演义》中所云"忆昔滕王元婴，东征西讨，做下多少功业"，未必可信，但传世诗文中讲滕王年幼时认认真真读了些书，很有悟性，有多方面的才能，这应该不是假的。仅仅因滕王的胡作非为，冒之以"文人无行"也未必妥帖，或者说是因政治上失意而沉湎于酒色逸乐，乃至于给人假象以避祸患，也有可能。明人陈文烛在《重修滕王阁记》中说：

滕王阁者，唐高祖子元婴建也。永徽中，都督洪州。工书画，妙音律，喜蝴蝶，选芳渚游，乘青雀舸，极亭榭歌舞之盛，以王而名阁，系封于地也。

从这段话看，滕王颇有才情，是一位艺术家。李元婴是一位丹青手，善画蝴蝶，这几乎是公认的，有"滕派蝶画"鼻祖之誉。唐人张彦远在《历代名画记》中对此有明确记载，宋人《宣和画谱》中亦有评介，至今在河南、广东仍有其传人，已传至十九代。当年滕王所绘的蛱蝶图是极珍贵而难得的，唐代著名诗人王建有诗云："避暑昭阳不掷卢，井边含水喷鸦雏。内中数日无呼唤，拓（一作"写"）得滕王蛱蝶图。"（见《宫词》）从此诗可知，滕王的蛱蝶图在宫廷中备受喜爱，宫娥们不被呼唤的时候，常常摹写滕王的蛱蝶图。宋代诗人陈师道也说：

蝶画

"滕王蛱蝶江都马，一纸千金不当价。"（见《题明发高轩过图》）将滕王画的蛱蝶与江都王画的马相提并论，认为其价值连城。在《滕王阁诗文广存》中，收录了不少历代咏诵滕王蛱蝶图的诗章。清人黄凤题对《唐书》中只字未提滕王善丹青一事颇感不平，他说："当日滕王留粉本，千秋知有彩毫夸。""如何新旧唐书在，不载丹青绝妙才？"（见《滕王阁雅集录·蛱蝶图》）

滕王是一位画家，同时也是音乐家，很懂歌舞。当年创建高阁，乃"极亭榭歌舞之盛"，所谓歌舞兴阁。滕王阁是歌舞之地，是文化殿堂，追根溯源离不开滕王的创举。滕王李元婴被其侄儿唐高宗远放江南，都督洪州，也把中原地区及北方民族地区的音乐歌舞带了过来，客观上推动了江西地方文化的发展与繁荣，从王勃、杜牧、白居易、李涉等诗人的有关滕王阁的咏叹之作中，我们依稀还能感受到当年的大唐之风。

"滕王阁上唱伊州，二十年前向此游。半是半非君莫问，西山长在水长流。"（李涉《重登滕王阁》）滕王李元婴的是是非非，恐怕三言两语难以说清，连唐人都感到困惑，何况千载之后的后人。当年初唐诗人王勃作《滕王阁序》时，滕王尚健在，直到创阁三十一年后才谢世。细细琢磨王勃"阁中帝子今何在，槛外长江空自流"的诗句，寓有无限的感慨，诗人心目中滕王的形象究竟如何，始终是一个难解之谜。

◆· 李元婴建阁初意

李元婴是唐高祖李渊最小的儿子，玄武门之变后，他的二哥李世民在李唐宫廷权力之争中，翦除了几位与之作对的兄弟。李渊长子建成、四子元吉被杀，七子元昌、十子元礼、十四子元轨、十七子元裕、十九子灵夔，一个个文韬武略，下场都不甚了了。作为第二十二子的元婴，自然而然怀有一种枉生于帝王之家的怨恨，在政治上未免有些消极颓唐。在李世民登基十二年后，即贞观十三年（639），李元婴始封为滕王。十年后，皇兄太宗驾崩，侄儿李治继位为高宗。唐高宗以其在金州任职期的种种劣迹，特别是在太宗丧期，公然召集僚属"燕饮歌舞，狎昵厮养"，不得不下御书严词切责。永徽三

授滕王李元婴金州刺史诏

年（652），滕王迁任苏州刺史，次年又转任洪州都督，"长安日远"，高宗对皇叔的态度似乎可想而知。

洪州，也就是现在的南昌，就当时而言，是比较偏僻的蛮荒之域，是安置谪降官员的地方。滕王是一个颇有才情的"龙子"，然而政治上不得志，一而再，再而三地被贬谪到远离京都的地方，郁郁不乐是必然的。天高皇帝远，贵为皇叔的元婴到了地方上，也就无所顾忌了，将高宗的警告置之脑后，心灵的空虚总得填补，声色犬马，为所欲为，做了不少荒唐事。据传，滕王爱好畋猎，到了洪州依然定期到郊外山林中打猎取乐。有一次，逐猎到了赣江东岸，但见西山横翠，南浦云飞，碧水如练，江上帆影绰绰，鸥鹭翔集，洲渚花发蝶舞，一派江南美景，不禁流连忘返，每每日暮而归。后来，滕王再次带着一班僚属和歌舞伎，来到章江门外的冈峦之上，远眺近观，心旷神怡。高兴之余，就地摆开筵席，歌舞相陪。可是，在城外的丘冈之上，乱石杂草遍布，歌舞伎们实在难以施展技艺，倘若风雨骤至则更为狼狈，面对如此美景，滕王总感到有某种难言的遗憾。王侯们的心理，总有人去揣测和迎合，随行的一位幕僚提议在临江的冈峦之上建一座楼阁，既可揽山川之秀，又可极歌舞之乐。这正合滕王心意，他连连称善。回府后，立即下令召集能工巧匠，精选木石，择日破土，昼夜营造。几个月后，一座瑰伟的高阁就在滨江的丘冈上落成了。

楼阁落成后，滕王常常和一帮狎客在阁中饮酒赋诗，歌舞作乐，有时则自度曲律，轻敲檀板，慢拢丝弦，横吹玉笛，亲为伴奏。此外，又打造青雀舸，率僚属狎客游乐江中，或踏歌洲渚。洲渚上野花竞发，彩蝶纷飞，善丹青的滕王，其心境不言而喻。滕王阁本是李元婴为供自己"游观宴集"而兴建的，他怎么也想不到日后有王勃写下的千古名篇《滕王阁序》，且客观上又给洪州地方留下了一笔宝贵的文化遗产，对南北文化的交流以及江南歌舞的发展和繁荣起到了重要的作用。

滕王游宴无度，荒废政事，屡遭切责，屡次被迁谪。李元婴在洪州任都督不久，高宗下诏令削去了他的食邑，贬到安徽滁州，转而授寿州刺史，后来又千里迢迢转到四川偏僻之地，任隆州（今阆中市）刺史。江山易改，本性难移，滕王在隆州依然我行我素，宏修衙宇，名曰"阆苑"，在苑中又建一座亭阁，时人或称"滕王亭"或名"滕王阁"。当然，巴蜀的"滕王阁"远不及豫章的滕王阁闻名于世，但两者有一点是相同的，那就是滕王创建楼阁的初意，都是为了游乐宴集而已。

◆ · 阁名何以冠滕王

滕王阁自唐初创建，迄今已一千三百多年，此楼阁之名一直为"滕王阁"。历史上有三个滕王阁，分别位于山东滕州，江西南昌和四川阆中。有人会问，阁名为何冠之以"滕王"，而不是别的什么？为什么称阁，而不叫楼？前一个问题，历来说法不一；后一个问题则不难回答。

明代方志学家曹学佺《名胜志》载："阁成而滕王之封适

至，因以名之。"这一说法，显然是错误的，因为《唐书·太宗纪》中记载得明明白白，贞观十三年（639）六月，李元婴十一岁时被封为"滕王"，到山东滕州就藩，在滕州修建了第一座滕王阁。永徽三年（652），被贬为苏州刺史，滕州的滕王阁也逐渐湮没无闻。永徽四年（653），李元婴被任命为洪州（今江西南昌）都督，在赣江岸边建起了第二座滕王阁。上元二年（公元 675 年），洪州都督阎公重修滕王阁，并在重阳节举办宴会，王勃路过此地受邀参加，写下了千古名篇《滕王阁序》，南昌滕王阁名扬天下。调露元年（679），李治又把他这位小叔叔李元婴遣派入蜀，改任隆州（今四川阆中）刺史，在嘉陵江边的玉台山腰建起了第三座滕王阁，时称"滕王亭子"。杜甫旅居阆中时，曾两次登临阆中滕王阁，并写下了两首《滕王亭子》。滕中、洪州建阁、隆州建亭，均以"滕王"名之，只不过是由滕王所营建而已，是供其"游观宴集"之用罢了。然而，前文已述，滕王李元婴是个风流帝子，游观宴集，纵情歌舞，终日寻欢作乐，甚至在为太宗李世民居丧期间，仍然我行我素，照常"集官属燕饮歌舞，狎昵厮养"。他营建滕王阁的目的，只"不过骋游观、供宴赏已尔，非有流风善政"（见清·刘绎《重建滕王阁记》）。《隋唐演义》中云："忆昔滕王元婴，东征西讨，做下多少功业，后来为此地（洪州）刺史，牧民下士，极尽抚绥，黎庶不忘其德，故建此阁，以为千秋仪表。"小说之言，不足为据。《阆苑记》及《方舆胜览》并云："（滕）王刺隆州时，宏修衙宇，名曰'隆苑'（后因明皇讳，改阆州阆苑），建有'滕王亭'。是滕王在洪州建阁，在隆州建亭，均以滕王名，非因封至始名。"

是他本人命的名，或是其下属命的名，抑或是后人叫出来的，亦各有说法。《滕王阁志》云：阁成之后，因李元婴曾在贞观十三年被封为"滕王"，洪州官员以李元婴的封号而冠阁名，故称"滕王阁"。此说似较合乎情理。

滕王阁为何称"阁"而不称"楼"呢？楼与阁在型制上不易明确区分，人们也时常将"楼阁"二字连用。"楼"是重屋，上下都可以住人。"阁"是架空的楼，不同于一般的"楼"。"阁"是由干阑建筑（即以树干为栏的木阁楼，曰"干阑"，亦作"干栏"）演变而来的。古代关于阁的记载比较多而且早，一般是指底层空着或作次要用途，而上层作主要用途的单体建筑，供贮藏或观览之用。一般的阁都带有平坐，这平坐也可以说是楼与阁的主要区别之所在。滕王创建之阁"峻修广袤，非常制所能拟及"（唐·韦悫《重修滕王阁记》），背城临江，高踞丘冈，架空营造，所以是"阁"而非"楼"。第二十九次新落成的滕王阁亦按"阁"的型制设计，设有近十米的高台平坐，平坐之上为阁之主体建筑。

◆·**创阁年代众家说**

关于江西南昌滕王阁的创建年代，众说纷纭，但归纳起来大致有以下三种说法：

一为创建于显庆四年（659）说。

明末清初新建县（今新建区）乡土名人陈弘绪《江城名迹记》载："滕王阁，在府城西，临章江，唐显庆四年，滕王元婴都督洪州时建。"嗣后，邹维琏的《重修滕王阁记》，白潢的《西江志》，谢曼的《江西通志》，以及《南昌府志》《新建县志》皆因袭其说。滕王阁创建于李元婴在洪州任都督期间，这是确凿无疑的，但时间不应是显庆四年，因为《旧唐书·李元婴传》记载："永徽三年（652），元婴迁苏州刺史，寻转洪州都督，又数犯宪章，削邑户及亲事帐内之半，谪置滁州。"永徽三年（652）滕王李元婴又从苏州任上转迁洪州任都督，因"数犯宪章"，不久就"谪置滁州"，这均是永徽年间的事。显庆年间，滕王李元婴早已离开南昌了。永徽三年（652）距显庆四年（659）达七年之久，故滕王阁创建于显庆年间之说是经不起推敲的。

二为"阁成而滕王之封适至"说。

此说的代表是明人曹学佺，他在《名胜志》中说："阁成而滕王之封适至。"后来《江西通志》亦沿袭此说，改云："落成之日，诏封'滕王'。"按这种说法，滕王阁当建于唐太宗贞观年间，因为唐太宗李世民是在贞观十三年（639）封皇弟李元婴为"滕王"的。如此则将建阁的年代提前了十几年，显然也是错误的。清人朱銮在《江城旧事》中已辩驳了曹学佺的说法，后来刘坤一、曾作舟、刘于浔、魏元旷及近人辛际周、杨绰庵都据《唐书》，否定了曹学佺的说法。

三为创建于永徽四年（653）说。

唐人韦悫于大中二年（848）八月撰写的《重建滕王阁记》中有云："考寻结构之始，盖自永徽后时，滕王作苏州刺史转洪州都督之所营造也。"《旧唐书·李元婴传》中明确记载：李元婴于"永徽三年（652），迁苏州刺史，寻转洪州都督"。据此，建阁于永徽三年（652）后当无疑问。《江城旧事》有云："永徽三年前，滕王当在金州（按：应为苏州），其四、五年或迁洪州都督，则建阁当在此时。"近人辛际周在《滕阁胜谭》（载1941年《江西文物》一卷5期）一文中写道："阁为唐滕王元婴都督洪州时所建，盖游观之所也。创建之年代，难可考定。然检《旧唐书·元婴传》，督洪事在永徽三年或四年间。其谪置滁州史，不详时日，故以何年去洪州，则无从臆断。唐韦悫《记》，谓阁建于永徽后时。永徽共六年，云'后时'者，当是三年以后事，大中上距永徽，不过二百年，其说或可据。"李元婴具体创建杰阁的年代，近年来学者多认定在永徽四年（653），此说与韦悫《记》不悖，这年正是滕王由苏州刺史"转"洪州都督之际，是比较可信的。

二 名声鹊起道王郎

滕王阁自初唐创建后，因其景观之美，受到人们的赞誉，名声颇大。古人云："江山之好，亦赖文章为助。古今不朽之业，其必有藉以存乎！"究其名声之鹊起，一时间名噪天下，海宇内外，老叟童稚，有口皆碑，应该说是借助了一介书生王勃的文章——《秋日登洪府滕王阁饯别序》。

滕王阁因滕王而有阁，赖王勃一序而名世。由于这位"神童"的生花妙笔，石破天惊，使这座帝子阁一鸣而为天下知，惹得墨客骚人接踵而来，竞相吟咏。至贞元六年（790），又有王绪、王仲舒分别作了《滕王阁赋》《滕王阁记》（均佚）。元和十五年（820），大文学家韩愈撰写了《新修滕王阁记》，并谓"词列三王之次，有荣耀焉"。滕王阁临观之美在江南首屈一指，若无"三王一韩"之文恐亦难以盛传不衰。只可惜韩公所称道的"三王"文章只有王勃的《滕王阁序》流传至今，而王绪的《滕王阁赋》、王仲舒的《滕王阁记》已无从拜读了。

下面，就将与王勃序文相关的话题谈一谈。

◆ · 时来风送滕王阁

关于诗人王勃于重阳日登上滕王阁作序的神话般的故事，最早的记叙恐怕要算《唐摭言》了。《唐摭言》的作者王定保（870—940），是唐五代时的一名进士，南昌人。《唐摭言》为笔记，其中一些记载可补正史之缺。此后，在《新唐书》《太平广记》《唐才子传》等著作中也都有繁简不一的记载。至明代，文学家冯梦龙根据典籍及民间传说的故事，写成话本小说《马当神风送滕王阁》，并收入《醒世恒言》中。嗣后，郑瑜又据此编杂剧《滕王阁》，分北调与南腔两折。清代以后，以此为题材的戏曲不少，直到现代，仍有为此编剧的，如王树勋的《王勃与滕王阁》（六场京剧），此外还有电视剧《滕王阁的传说》，等等，不一而足。由于小说、戏曲与平民百姓的生活最为贴近，小说、戏曲中的故事、人物也就广为传播，家喻户晓。"时来风送滕王阁"这句话，恐怕是人尽皆知的了。王勃登阁作序的传说故事，梗概如下：

王勃著《滕王阁序》，时年十四。（《唐摭言》）

王勃被逐王府，父亲王福畴受到牵累，被贬迁南海炎热之乡的交趾（今越南北部）为官。上元二年（675），王勃从山西动身，自北向南万里迢迢去交趾看望父亲。坐船经长江中下游时，逆流而上，来到江西与安徽地界。在彭泽县东北，东流县西南，有一座马当山，形势险峻。唐朝诗人陆鲁望有《马当山

铭》为证："山之险莫过于太行，水之险莫过于吕梁，合二险
而为一，吾又闻乎马当。"

王勃的船到马当，突遇风浪。船不能开。王勃问："船已
到什么地方？"艄公说："已到马当山下。"于是，避风马当山
庙下，船上人都登岸纵览风光去了。

王勃也到庙里观瞻了一番，又赏玩江景多时，正想回船
去，突然见一位老者坐巨石块上，须眉皓白，貌若神仙，王勃
整衣向前，与老人作揖，老人遥指，问："来的是王勃吗？"

王勃大惊，说："正是，不知长者何以得知？"老者说：
"明日重九，滕王阁有高会，若往赴宴会，作为文章，足垂不
朽。"

王勃笑，答："老丈有所不知，此地距洪都六七百里，一
个晚上哪里到得了呢？"

老者也笑道："你只管上船，我当助清风一帆，使你明日
早达洪都。"

王勃肃然起敬，问："拜问老丈，你是神还是仙？"

老者笑而远遁。隐隐听见"吾即中源水君"。只觉祥云缥
缈，瑞气盘旋，脚底下船如箭一般朝鄱阳湖方向而去。果然
是：时来风送滕王阁，运去雷轰荐福碑。

第二天一早，正是九月九日，洪都府阎都督果然开宴，遍
请江右名儒。席上有澧州牧学士宇文钧，还有进士刘祥道、张
禹锡等。阎公再三起身，对诸儒道："帝子旧阁，洪都绝景，
在座诸公，欲求大才，作此《滕王阁记》，刻石为碑，以记后

来。"原来，阎公女婿吴子章早隔宿草就序文，故在座诸公假装不敢轻受，只一心要推让给吴子章，好让阎公翁婿名利双收。恰好轮到王勃面前，王勃便不推迟，慨然受之，满座俱惊。阎公哂笑，暂退更衣。喊："敬酒。"王勃欣然持觚，对客长饮，酒酣，索笔求纸，文不加点，满座又惊。小吏跑步报所写诗文，当报到"南昌故郡，洪都新府"时，阎公道："此乃老生常谈，谁人不会！"吏又报"星分翼轸，地接衡庐"，阎公道："此故事也。"吏三报"襟三江而带五湖，控蛮荆而引瓯越"，阎公不语。吏又报到"物华天宝，龙光射斗牛之墟；人杰地灵，徐孺下陈蕃之榻"，阎公喜，说："此子视我为知音。"吏再报"落霞与孤鹜齐飞，秋水共长天一色"，阎公听罢，以手拍几，说："此子落笔若有神助，真天才也！"满座尽皆失色，阎公更衣复出，携王勃之手，盛酒满觚，王勃酣醉。阎公大喜，说："帝子之阁，有子之文，风流千古，使吾等今日雅会，亦得闻于后世。从此洪都风月，江山无价，皆子之力也。吾当厚赏千金。"席散，公府官吏余兴未消，问王勃下人："请问你家王博士，常酒醉写文章吗？"

下人笑答："博士凡写文章前，不堪精思，先磨墨数升，一饮而尽，然后蒙被大睡，称为腹稿。然后，一跃而起，写成文章，不改一字。王博士今日只饮酒，假若饮墨，其文章更好。"

众人听完，面面相觑，将王勃誉为神人。

传说，王勃大笔挥毫作了《滕王阁序》，不待辞别，携了下人，便匆匆离席下楼，直奔江边而去。

众人正告退之际，阎都督又喝一声："慢，请诸位回来。怎么结尾一诗，末一句空一字未写？"

众人近前，果见诗空一字。

阎公说："只怕是我等轻慢了王诗人，故空一字作难大家来猜，大家就猜猜罢。"众文人面面相觑。

便有人说，"槛外长江□自流"，所空的字应是"独"字，也有的说是"船"字。问到吴子章，他冥思苦想了良久，也只是说"水"字。

阎公露不喜之色，说："独字太浅，不合王郎诗境；船字太俗，不足论；水字太露，毫无诗意。"众人直琢磨到天亮，竟没有猜出佳句来。

阎公问："此时王勃船到何处？"

衙卫答："最快到了丰城。"

阎都督命令："你快马先追王郎，千金求其一字。"衙卫得了都督之命，快马加鞭，追上王勃，衙卫说明来意，王勃但笑，久之，说："王勃乃一介书生，岂敢戏弄都督大人！我将这一字写在你手心上，你定要握紧拳头，见了都督方可伸掌，否则此字会不翼而飞。"便索了一支笔，并不蘸墨，就在衙卫手心里画了一阵，令其握拳，拜别。

只说衙卫回府，就阎都督面前伸开手巴掌，竟空无一字。阎公自语："怎么会空空如也，空空如也呢？千金难买一字啊！"猛然一惊："莫非是一'空'字？"

"妙哉！好一个'空'字！"众文人齐声附和称赞。

阎都督拍案称绝："'阁中帝子今何在，槛外长江空自流。'这个'空'字用得妙，万千感慨，尽在这个'空'字上！"

◆·子安一序垂千古

> 天下好山水，必有楼台收。
>
> 山水与楼台，又须文字留。
>
> 黄鹤盘鄂渚，岳阳据巴邱。
>
> 吾乡滕王阁，鼎足成千秋。
>
> ……
>
> 自到江湖来，外人咨不休。
>
> 倘非子安序，此阁成荒陬！
>
> ……
>
> ——尚镕《忆滕王阁》

一座以滕王命名的楼阁，沧海桑田，兴废频仍，然而历千载而盛誉不衰。一旦颓塌焚毁，旋即有人重新修复，兴兴废废，废废兴兴，有文可考者达二十九次之多，如此之现象，实乃史不多见。原因何在，颇费思索。

是因为创建者滕王的名声么？

滕王李元婴，是一位龙子王孙，虽颇有才情，通音律，擅画蛱蝶，但名声叫人不敢恭维。白纸黑字，史书上写得明明白白，李元婴是一个"骄纵失度""猥昵厮养""所过为害"的花花亲王。从"以丸弹人""以雪埋人"到畋游误农，以及"摔辱下吏"、逼淫官眷、贪财好色，实在是劣绩昭著，屡被"切责"、削户、谪迁，声名狼藉，不可闻问。元代文学家虞集曾感慨地说："且一阁之遗，见称于今昔者如此，彼滕王何其幸欤！"连古人都认为名阁的名声与滕王有关系，但并不突出，反倒是出名之阁使李元婴有幸名留千古。但是无滕王阁，就无《滕王阁序》，无《序》也就无千古名阁之誉。

是因为"江南多临观之美，而滕王阁独为第一"（韩愈语），"得江山之胜"（范致虚语）么？可以说是，也可以说不完全是。诚然，滕王始创之阁"冠八郡风俗之最，包四时物候之异"（韦悫语），唐宋盛期的滕王阁的确壮观辉煌，其"堂皇之峻，丹腰之华，至者观骇"（范致虚语）。然而，在历史上此阁的规模不一，代有丰俭，有些时期甚至陋俗不堪。宋人范成大曾云："余至南昌，登滕王阁，其故址甚侈，今但于城上作大堂耳。"元代兵连祸结，有"风雨凌震，榱桷腐落"之谓。明正统初，"阁名实俱亡"，改为"迎拜制诏之所"的"迎恩馆"。尤其是清代，虽废而复兴十数次，但工程"殊感草率"，一度成了"瓦砾榛莽之墟"。1926年10月，在兵燹中化为灰烬，六十三年后高阁重建，规模空前。

那么，滕王阁千载盛誉不衰的原因究竟何在呢？本文开首所引清代诗人尚镕《忆滕王阁》五言古诗的诗句作了极好的回答。原因就在于初唐四杰之一的王勃写了一篇脍炙人口的千古绝唱《秋日登洪府滕王阁饯别序》。据传，神童子安即席挥毫，

"年十有四，时誉斯归"（杨炯语）。此文有如石破天惊，顿令滕王阁名噪天下。

自王勃的《序》问世，相继有王绪作《赋》，王仲舒写《记》，简称为"三王"文章。一百多年之后，时任袁州刺史的韩愈又撰写了一篇著名的《新修滕王阁记》。他在盛赞"临观之美""江南第一""瑰伟绝特"之后，郑重地写道："窃喜载名其上，词列三王之次，有荣耀焉。"这位文起八代之衰的文坛大家公然宣称，以名列于"三王"之后为荣耀，对扩大王勃《序》文的影响自然起到了推波助澜的作用。

"王勃一序，脍炙千古。"（王夫之语）后世文人为滕王阁所作的诗文连篇累牍，难以胜计，但"言必称王序"，亦无一篇能与之相媲美。清顺治年间，巡抚蔡士英重建滕王阁，并大量征集诗文，他曾引滕子京《与范经略求记书》中语："楼观非有文字称记者不为久，文字非出于雄才巨卿者不为著。"此话有理，子安一序，滕阁千秋。这座迭废迭兴的江南名楼，乃是一部"文以阁名，阁以文传"的历史佳话。

序以阁名，阁以序传。滕王阁之所以名扬天下，历千载而盛誉不衰，全赖王勃的不足千字的序诗。其实，岂止滕王阁如此，湖北的黄鹤楼、湖南的岳阳楼、山西的鹳雀楼也未尝不是这样！黄鹤楼赖崔颢的诗，岳阳楼赖范仲淹的记，鹳雀楼赖王之涣的五绝，无文人之笔，何论楼阁之名！立功立德者也得靠"立言"者为其立传，方可千古流芳。

滕王李元婴一生，颇具传奇色彩，亦赖王勃一序而垂远。

其《蛱蝶图》至今已传十九代传，而滕王阁屡废而屡兴，则赖神童之功。这种道理，古人也是深知的。巴陵太守滕子京有云："楼观非有文字称记者不为久，文字非出于雄才巨卿者不成著。"明人陈文烛云："使非三王之文，安知阁之名不湮没草莽耶？"明人王在晋云："临江之阁，以王子安而重；初唐之笔，以滕王阁而传。"

滕王阁历次被毁后的故址废墟上，根本就谈不上"临观之美"，然而探踪觅迹者不断，吊古怀幽者不断，甚至于发出"不见斯阁，情何所倚，魂何以安"的慨叹。翻阅自唐以来二十余篇重建滕王阁的记文可知，一旦阁毁后，不论官方还是民间，都一致呼吁重建，并慷慨解囊，捐资赞助，期盼再现杰阁的风姿。这一切都体现了中华民族的文化之魂是不朽的。正是这种不朽的文化之魂激励世代人在一次次变成废墟的焦土上，又一次次地再造辉煌。

滕王阁堪称集自然美与人文美的合璧。

◆·**王勃其人及作序时间**

1980年元月，荣获诺贝尔奖的美籍华人杨振宁博士，在广州粒子物理学术会上热情地发言说："一千三百多年前的初唐时代，南昌曾有一次盛会，诗人王勃在《滕王阁序》中，用了'物华天宝''人杰地灵'这样美丽的词句描写了当时中国的潜力。以后，盛唐文化是当时世界之冠。今天，王勃的名句仍然能用来描述中华民族的无比潜力。"人们不禁深思，滕王阁上一位"等终军之弱冠"的诗人七百一十七个字的序文，千载之后，还被一位海外赤子、学术巨擘引用念诵着，这是一种什么样的感染力和影响力啊！

中国封建社会步入其黄金时代——唐代，正是一个需要巨人、诞生巨人的时代。王勃，便是在这样的大环境下诞生的文学巨子。

王勃，字子安，绛州龙门（治今山西河津）人。王勃《春思赋》序文说："咸亨二年，余春秋二十有二。"据此上推，勃当生于永徽元年（650）。若据《旧唐书·文苑·王勃传》所载推算，其生年为贞观二十二年（648）。据杨炯《王子安集原序》所载推算，则其生年为贞观二十三年（649）。王勃本人记载比较踏实可靠。勃卒于唐高宗上元二年（676），终年二十六岁。

王勃出身于书香世家。从勃起上推八世，多数世祖居官，说到著

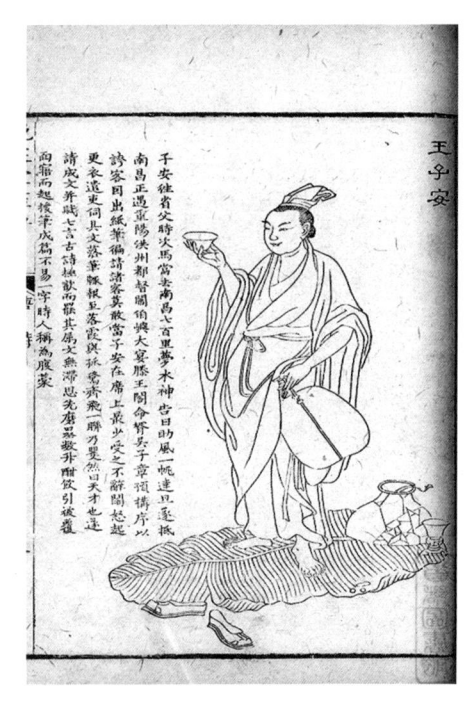

王子安像

述则八世以来人人皆有。八世祖王玄则著有《时变论》，七世祖王涣有《五经决录》，六世祖王虬有《政大论》，五世祖王彦有《政小论》，四世祖王一有《皇极谠义》，曾祖王隆有《兴衰要论》。祖父王通，是隋末大学者、大教育家，曾任蜀都司户书佐、蜀王侍读，后弃官，以著书讲学为业，依《春秋》体例著《元经》，又依《孔子家语》《法言》体例撰《中说》，皆为儒士所称，死后门人议谥为文中子。父亲王福畤，在唐历任太常博士、雍州司功参军、六合、交趾二县令，以及齐州、泽州二长史等，撰《王氏家书杂录》。王福畤生六子，即勔、勮、勃、助、劼、劝，勃排行第三。王勃兄弟都以能文为人称道。《旧唐书》说王勔、王勮、王勃都有文才，父友杜易简曾称许他们是王氏"三珠树"。又说，其后王助、王劼"又以文显"。又说，王劝"亦有文"，韩思彦看了王劝的文章后说："生子若是，可夸也。"

王勃与两位哥哥皆有"神童"之誉。《旧唐书》说："勃六岁，解属文，构思无滞，词情英迈。与兄勔、勮，才藻相类。"九岁时，读颜师古注《汉书》，撰《指瑕》十卷，指摘颜氏失误。十岁时，在较短的时间内，精通了六经。此后又师从长安名医曹元学习《周易章句》及《黄帝素问》《难经》，将近两年的时间。

传说王勃十岁那年，重阳节，父亲带他郊游赏菊。见秋光正浓，黄花正盛，不免诗兴大发。

父亲吟得上联："重阳游郊，郊野黄花如金钉，钉满野郊。"

王勃不假思索地题了下联："中秋赏月，月浸白蘋如玉盏，盏尽浸月。"听罢，父亲暗吃一惊，心里高兴口里却不露。

快回到城门，见有关帝庙一座，父子稍息于庙内，接过和尚的茶，一边喝，一边四周观看，只见关云长雕塑雄伟：左手托三绺长须，右手握青龙偃月刀，秉一支红烛，读一本《春秋》，后侧有一黑面周仓，牵赤兔马以侍。父亲突然萌生一联，对王勃说："捧青须三绺，对青灯读青史垂青名手中握青龙偃月。"王勃正看那匹泥马呢，猛听到父亲出考题，眼睛一亮，便脱口而出："芳赤县千古，秉赤面揣赤心输赤胆胯下骑赤兔追风。"这一回，父亲连声说："好，好，好！"

王勃在十四岁时，已知名于世。与王勃同时代并齐名的杨炯，在其所撰写的《王子安集序》中述道："年十有四，时誉斯归。太常刘公，巡行风俗，见而异之，曰：'此神童也。'因加表荐，对策高第，拜为朝散郎。"这"时誉"是怎么"归"的，又怎么在十四岁这一年"归"，杨炯没有具体说明，这不能不引人深思。后世许多学者以为这可能与王勃十四岁在滕王阁宴会上即席写出《滕王阁序》和《滕王阁》诗有密切联系。或认为在杨炯写《王子安集序》时，王勃即席作序的事已脍炙人口，序中只提"年十有四，时誉斯归"，读者也就可以全然理解而知其所指。《新唐书》中也记载道："麟德初，刘祥道巡行关内，勃上书自陈，祥道表于朝，对策高第。年未及冠，授朝散郎，数献颂阙下。"王勃十六岁上呈《乾元殿颂》，十七岁献《宸游东岳颂》，并被沛王贤看重，擢为王府修撰。十八岁时，为《黄帝八十一难经》作注并序。十九岁时，献《九成宫颂》《拜南郊颂》。这几年，是王勃短暂的人生中最春风得意的几年。

嗣后，王勃便步入了多舛多艰的命途。二十岁时，因当时诸王以斗鸡为戏，勃为文，戏檄英王鸡。高宗李治看了此文，大怒，下令将勃赶出沛王府。总章二年（669）五月，王勃由长安入蜀，客居剑南，"文章憎命达"，患难中的王勃吟咏之作自然不少，自编《入蜀纪行诗三十首》（序存诗佚）。咸亨元年（670），举办时选，朝中显要先后征召王勃，勃因病辞谢。这年，与卢照邻、邵大震等诗人登游唱和，有《蜀中九日》《圣泉宴》等诗。在入蜀的三年中，他先后到许多州县，诗文很多，影响很大，"每有一文，海内惊瞻"（杨序）。咸亨三年（672），王勃二十三岁，由蜀还长安。后至虢州（今属河南）任参军，因匿杀官奴曹达的问题，应判死罪，碰巧遇大赦，仅除名，一年后又复旧职，但勃已"弃官沉迹"。其父因受牵累而由雍州司功参军被贬为交趾县令。

上元二年（675），是王勃短暂人生的最后一年。弃官为民的年轻诗人，这年春天便开始了赴交趾省父的行程，他由山西龙门南下，到桑泉，继而渡河至潼、崤抵荆门。又由荆门东下，八月至楚州，九月抵达江宁，有学者认为此间王勃来滕王阁参加盛会并作序文。王勃于十一月初七到达南海（县名，今广州），后渡海赴交趾，次年返回时，不幸溺水受惊而亡，卒年二十六岁。王勃诗文唐初就已有集，"四杰"之一杨炯曾为王勃作过集序，序今尚存。新旧《唐书》、宋王尧臣《崇文总目》都载《王勃集》三十卷，后亡佚。现存《王子安集》十六卷，收在《四库全书总目》集部中。

关于《滕王阁序》究竟是何时所作，历来颇有争议，大致有两种说法：一为王勃十三、十四岁时省其父至江西而路经南昌所作；另一为王勃二十五岁赴交趾省父而路经南昌所作。

唐末王定保《唐摭言》中提到："王勃著《滕王阁序》，时年十四。"宋李昉等《太平广记（一七五）》中提到："（勃）年十三，省其父至江西（指洪州），会府帅宴于滕王阁。帅府有婿善为文章，帅欲夸之宾友，乃宿构《滕王阁序》，俟宾合而出之，若为即席而就者。既会，帅果授笺诸客，诸客辞，次至勃，勃辄受。帅既拂其意，怒其不让，乃使人俟其下笔，初报曰：'南昌故郡，洪都新府。'帅曰：'此亦老生常谈耳。'次曰：'星分翼轸，地接衡庐。'帅沉吟。移晷，又曰：'落霞与孤鹜齐飞，秋水共长天一色。'帅曰：'斯不朽矣。'"《唐书·文艺·王勃传》也有记载，但没有言明年龄，仅云："初，道出锺陵，九月九日都督大宴滕王阁，宿命其婿作序以夸客，因出纸笔遍请客，莫敢当，至勃，泛然不辞，都督怒，起更衣，遣吏伺其文辄报。一再报，语益奇，乃矍然曰：'天才也！'请遂成文，极欢罢。"这里的"初"乃"当初"之意，若是王勃已成年，似不至用此字。这些记载与杨炯《王子安集序》"年有十四，世誉斯归"颇呼应。最重要的是《滕王阁序》中的内证，即"三尺微命，一介书生""童子何知，躬逢盛饯"之语。聂文郁《王勃诗解·王勃年谱》中，对王勃十四岁作序的考辨甚详。在元代以前，认为《滕王阁序》是王勃"神童"之作，有异议者几乎寥寥。直到清代姚大荣《王子安年谱》面世后，才将《滕王阁序》说成是晚期之作，即溺水受惊而亡之前不久的作品。王勃才高气盛，非谦虚之辈，六岁能文，九岁撰《指瑕》十卷指颜师古之失，十五岁有《上刘右相书》(书中有"虽国有大命，不资童子之言"的话)。成年且负盛名的七尺男儿谦卑地自称"三尺微命""童子何知"，恐非王勃之所为。笔者倾向《滕王阁序》为其十四岁作品的传统说法。

◆·王勃序文及历代评价

王勃《滕王阁序》一文，全称《秋日登洪府滕王阁饯别序》，又称《宴滕王阁序》《滕王阁诗序》，是其重阳节于阎都督在滕王阁举行的盛宴上即席而作的。王序问世，阁名远播，一千多年来，脍炙人口，引无数骚人墨客慕名而来，登临赋诗，留下佳篇。物华天宝、人杰地灵的江西，赖文人之笔而传美天下，不断吸引四海来客和八方嘉宾。下面，将王序全文照录，分段介绍一下。

王序可分为四段。首段叙作者"躬逢胜饯"的缘由。先从地理形胜落笔，然后转到盛会，文曰：

苏东坡书《滕王阁诗序》之一、之二（《晚香堂苏帖》）

南昌（或认为应作"豫章"，误也。句谓南昌者，故郡郡治之所在也，与下句正相对应）故郡，洪都新府；星分翼轸，地接衡庐。襟三江而带五湖，控蛮荆而引瓯越。物华天宝，龙光射牛斗之墟；人杰地灵，徐孺下陈蕃之榻。雄州雾列，俊彩星驰。台隍枕夷夏之交，宾主尽东南之美。都督阎公之雅望，棨戟遥临；宇文新州之懿范，襜帷暂驻。十旬休假，胜友如云；千里逢迎，高朋满座。腾蛟起凤，孟学士之词宗；紫电青霜，王将军之武库。家君作宰，路出名区；童子何知，躬逢胜饯！

第二段，概写三秋时节滕王阁的万千气象和周遭景物异彩纷呈的画面，使人置身于美的时空之中，文曰：

滕王阁诗序

南昌故郡，洪都新府。星分翼轸，地接衡庐。襟三江而带五湖，控蛮荆而引瓯越。物华天宝，龙光射牛斗之墟；人杰地灵，徐孺下陈蕃之榻。雄州雾列，俊彩星驰。台隍枕夷夏之交，宾主尽东南之美。都督阎公之雅望，棨戟遥临；宇文新州之懿范，襜帷暂驻。十旬休暇，胜友如云；千里逢迎，高朋满座。腾蛟起凤，孟学士之词宗；紫电清霜，王将军之武库。家君作宰，路出名区；童子何知，躬逢胜饯。时维九月，序

时维九月，序属三秋。潦水尽而寒潭清，烟光凝而暮山紫。俨骖騑于上路，访风景于崇阿。临帝子之长洲，得仙人（一作"天人"）之旧馆。层峦（一作"台"）耸翠，上出重霄；飞阁流丹，下临无地。鹤汀凫渚，穷岛屿之萦回；桂殿兰宫，列冈峦之体势。披绣闼，俯雕甍。山原旷其盈视，川泽盱其骇瞩。闾阎扑地，钟鸣鼎食之家；舸舰迷津，青雀黄龙之轴。虹（一作"云"）销雨霁，彩彻云衢（一作"区明"）。落霞与孤鹜齐飞，秋水共长天一色。渔舟唱晚，响穷彭蠡之滨；雁阵惊寒，声断衡阳之浦。

第三段，以简笔写重九之宴，以繁笔抒人生之感慨喟叹。此段大量用典，借古讽今，情真意切，文曰：

苏东坡书《滕王阁诗序》之三、之四（《晚香堂苏帖》）

遥吟（一作"襟"）俯（一作"甫"）畅，逸兴遄飞。爽籁发而清风生，纤歌凝而白云过。睢园绿竹，气凌彭泽之樽；邺水朱华，光照临川之笔。四美具，二难并。穷睇眄于中天，极娱游于暇日。天高地迥，觉宇宙之无穷；兴尽悲来，识盈虚之有数。望长安于日下，指吴会于云间。地势极而南溟深，天柱高而北辰远。关山难越，谁悲失路之人；萍水相逢，尽是他乡之客。怀帝阍而不见：奉宣室以何年？嗟乎！时运不齐，命途多舛；冯唐易老，李广难封。屈贾谊于长沙，非无圣主；窜梁鸿于海曲，岂乏明时？所赖君子安贫（一作"见机"），达人知命。老当益壮，宁移（一作"知"）白首之心；穷且益坚，不坠青云之志。酌贪泉而觉爽，处涸辙以犹欢。北海虽赊，扶摇可接；

遥吟俯畅，逸兴遄飞。爽籁发而清风生，纤歌凝而白云遏。睢园绿竹，气凌彭泽之尊；邺水朱华，光照临川之笔。四美具，二难并。穷睇眄于中天，极娱游于暇日。天高地迥，觉宇宙之无穷；兴尽悲来，识盈虚之有数。望长安于日下，指吴会于云间。地势极而南溟深，天柱高而北辰远。关山难越，谁悲失路之人；萍水相逢，尽是他乡之客。怀帝阍而不见，奉宣室以何年。呜呼！时运不齐，命途多舛。冯唐易老，李广难封。屈贾谊于

东隅已逝，桑榆非晚。孟尝高洁，空馀（一作"怀"）报国之心（一作"情"）；阮籍猖狂，岂效穷途之哭！

最后一段是尾声，写了自己的抱负和报国无门的悲愤，写了躬逢盛会的喜悦心情，并抛砖引玉，赋成四韵八句以收束全文，文曰：

勃三尺微命，一介书生。无路请缨，等终军之弱冠；有怀投笔，慕宗悫之长风。舍簪笏于百龄，奉晨昏于万里。非谢家之宝树，接孟氏之芳邻。他日趋庭，叨陪鲤对；今晨捧袂，喜托龙门。杨意不逢，抚凌云而自惜；钟期既遇，奏流水以何惭！呜呼！胜地不常，盛筵难

苏东坡书《滕王阁诗序》之五、之六（《晚香堂苏帖》）

再；兰亭已矣，梓泽丘墟。临别赠言，幸承恩于伟饯；登高作赋，是所望于群公。敢竭鄙诚（一作"怀"），恭疏短引；一言均赋，四韵俱成。（请洒潘江，各倾陆海云尔。）

> 滕王高阁临江渚，佩玉鸣鸾罢歌舞。
> 画栋朝飞南浦云，朱帘暮卷西山雨。
> 闲云潭影日悠悠，物换星移几度秋。
> 阁中帝子今何在，槛外长江空自流。

自王勃《滕王阁序》问世以来，评说甚多，褒贬不一。以下略述其概：

据现有史料考证，最早评说王勃诗文的，恐怕是其同时代

始不逢梅凌雲而自惜鍾期既遇奏
流水以何慚嗚呼勝地不常盛筵難
再瀚亭已矣梓澤坵墟臨別贈言
幸承恩於偉餞登高作賦是所望
於群公敢竭鄙誠恭疏短引一言均
賦四韻俱成

诗云

滕王高閣臨江渚佩玉鳴鸞罷歌
舞畫棟朝飛南浦雲珠簾暮卷
西山雨閒雲潭影日悠悠物換星
移度幾秋閣中帝子今何在檻
外長江空自流

的"初唐四杰"之一的杨炯。他在《王子安集序》中，对王勃有较全面的评介，说勃"每有一文，海内惊瞻""八纮骋于思绪，万代出没于毫端""长风一振，众萌自偃""积年绮碎，一朝清廓；翰苑豁如，辞林增峻。反诸宏博，君之力焉""随时以发，其惟应变；稽古以成，其殆察微"。杨氏虽没有具体地评论《滕王阁序》，但对王勃的赞赏是昭昭然的。

稍后，盛唐时代现实主义大诗人杜甫，对王勃等"初唐四杰"亦有评诗《戏为六绝句》，其一云：

> 王杨卢骆当时体，轻薄为文哂未休。
>
> 尔曹身与名俱灭，不废江河万古流。

晚唐诗人李商隐亦有评诗《漫成五章》，其一云：

> 沈宋裁辞矜变律，王杨落笔得良朋。
> 当时自谓宗师妙，今日惟观对属能。

这两位大诗人对王勃等人诗文仅抽象作评，未具体地针对《滕王阁序》而论，但对王勃应该说是推服的。

具体地针对王勃序文进行评价的，当首推"唐宋八大家"之首的韩愈。他曾在江西做过官，任袁州（治所今宜春市）刺史。这位古文大家虽反对六朝以来绮靡的骈偶文，提倡散体，但对王勃的序文仍保持赞赏态度。唐元和十五年（820），滕王阁新修竣工后，韩愈应主修者御史中丞王仲舒之请，于十月撰写了《新修滕王阁记》，他一开篇就说：

> 愈少时，则闻江南多临观之美，而滕王阁独为第一，有瑰伟绝特之称。及得三王所为《序》《赋》《记》等，壮其文辞，益欲往一观而读之，以忘吾忧。

韩愈对王仲舒之请的反应，其欣幸之情，在文章的收尾处，说得非常清楚，这也足以看出王勃在其心目中的地位，其文曰：

> 工既讫功，公以众饮，而以书命愈曰："子其为我记之。"愈既以未得造观为叹，窃喜载名其上，词列三王之次，有荣耀焉，乃不辞而承公命。

唐代古文运动的倡导者韩愈认为能位列"三王"之后是极

荣耀的事，其对王勃的推崇可想而知。

晚唐诗人罗隐，曾名重一时，从其一首七律《滕王阁》中，不难看出他对王勃的景仰之情，其诗曰：

> 水神有意怜才子，欻忽威灵助去程。
> 一席清风雷电疾，满碑佳句雪冰清。
> 焕然丽藻传千古，赫尔英名动两京。
> 若匪幽冥风送客，至今佳景绝无声。

整个唐代，对王勃诗文基本上是肯定的，是赞赏的，明代学者杨慎在他撰写的《丹铅总录》中说的好：

> 杜子美、韩退之极其推服，良有以也。使勃与杜、韩并世对垒，恐地上老骥不能追云中俊鹘，后生之指点流传妄哉。

但是，贬王勃其人其《序》的，也代不乏其人。唐代的裴行俭曾说过："勃等虽有文才，而浮躁浅露，岂享爵禄之器耶！"尤其是宋代，菲薄王勃之声迭起。他们首先从公认的天才联句"落霞与孤鹜齐飞，秋水共长天一色"入手，进行贬损，代表人物乃王应麟，他在《困学纪闻》中，如是说：

> 庾信《马射赋》云："落花与芝盖齐飞，杨柳共春旗一色。"王勃仿其语，江左卑弱之风也。

这菲薄的顶点，恐怕是南宋江万里。宋大观戊子年（1108），左丞范致虚《重建滕王阁记》中载道："阁中旧刻王勃《序》，古心江万里将漕日，易置居后，取韩文公所为《记》

列于前，且为跋语云：唐之文三变而至韩，韩之文一倡而遂古，绦章绘句如王所为《序》，则其未变时也；未变之作虽先焉，已有自我作古者突过其上，孰能为先于古也哉！……为千古计，敬取韩《记》大书特书之居中位，正以示森严而溯沿穆，王也（指王《序》）姑附见焉。"江万里认为王勃的文学地位不应高于韩愈，硬将阁中旧刻王《序》撤到一边，换上韩《记》，并大书特书之居阁之中位，强行取代历史上王勃序文的正中位置。然而，没过多久，人们又将王《序》重新换回正中。南宋大词人辛弃疾曾在其《贺新郎·赋滕王阁》中，赞叹道：

王郎健笔夸翘楚，到如今、落霞孤鹜，竞传佳句。

明人舒曰敬曾说："问昌黎（指韩愈）序于今人，无能诵者；然无不能诵绛州（指王勃）者。"王夫之在《江行代记》中虽曾贬之为"腐辞"，但也明确地指出：

滕王阁……徒以王勃一序，脍炙千古！

元、明、清三代，对王勃序文的评价，赞赏者多，非议者少。纵有非议，仁者见仁，智者见智，乃文坛常事，不足为怪。现将为修阁作记的文士评说，摘录数则如下：

噫！昔韩文公之记是阁也，犹以名列三王之次为幸；今韩、姚（指姚燧）两文公之文，卓然相望于千载之上，而辱俾集（虞集）记之，能弗称之惧乎？（元·虞集）

昔贤之记阁也，韩文公以名列三王之次为幸，虞文靖以弗称韩、姚之继为惧，今循（陈循）于诸君属，虽无可以为辞。而幸且惧之至，亦莫之或与比。（明·陈循）

昔退之文章擅天下，记滕王阁犹以刻名三王之次为喜，顾予之鄙，得以芜词缀名于公之后，其不喜且幸欤！（明·萧镃）

吁！记斯阁者多矣，必其文之典，人之贤，斯其为传也远。（明·罗钦顺）

盖阁在南昌都门外，大江西山环抱之，东汇泽为彭蠡，北起山为匡庐，美哉！江山之固乎，而子安、昌黎之文吐符灵晖，又屹乎如高山，浩乎如长江者哉！……使非二三公之文，安知阁之名不湮没草莽耶！（明·陈文烛）

嗟乎！江山风物，千古如新。异时歌舞宴游之踪，尽与塞烟衰草相为湮没。独其功泽及人，文章耀世，令人徘徊徙倚有馀慕焉。（明·张位）

且临江之阁，以王子安而重；初唐之笔，以滕王阁而传。（明·王在晋）

王子安少年英妙，洗六朝之浮艳，作五言之先鞭，躝座命笔，珍词绣句，愈为斯阁增胜，而斯阁亦时时在人睐眄之前矣。（明·解学龙）

夫高贤名笔，而后可以表山川，重楼阁，如王子安天才勃发、挥毫如画是也。（明·邹维琏）

余髫时，读王子安《滕王阁序》，见其凭吊今古，俯仰山川，状都邑之瑰丽，悉人文之美秀。……未尝不掩卷神游，低徊欣慕而不能释也。（清·蔡士英）

得王子安诗序，以纪一时胜会。洎乎重修之年，又有韩文公一记。前后辉映，而滕王遂以阁传。然则，江山之好，亦赖文章为助；古今不朽之业，其必有藉以存乎！（清·刘绎）

千年滕阁，兴兴废废。对于王勃，也是贬贬褒褒。中国科学院文研所编写的《中国文学史》中，有这样一段话："即以创作而论，他的诗文在四杰中也是最有特色的。《王子安集》十六卷，有很多作品中透露出由于政治上不得意而发出的不平之鸣。"这种评价是中肯的。

关于王勃这篇序文的文字，至今尚有些历史遗留下来的问题，笔墨官司不断，恐怕有些疑案要想搞个水落石出也非易事。下面就几个问题谈一谈。

首先说说王勃《滕王阁序》开篇首句，究竟是"南昌故郡"，还是"豫章故郡"？

这一问题本不应成为问题，因为《王子安集》（四库全书本），宋代大书法家、文学家苏轼书写的《滕王阁诗序》，明代画家、书法家、文学家文徵明书写的《滕王阁序》，以及明版《滕王阁集》等，均是"南昌故郡"，而非"豫章故郡"。有些学者则认为"南昌故郡"不妥，应作"豫章故郡"才对。理由是"南昌"一直是县名，只作过豫章郡（或洪州府）的治所，并非郡名。其实,《序》中的"故郡""新府"乃骈文中的对偶句,"郡""府"不过是"都府""郡邑"的泛指,不必拘泥于行政建置的郡、府。"南昌故郡",即南昌这座老郡城,没有什么不妥,因为南昌是郡治所在,是豫章郡的郡城。若要死死揪住"南昌非郡"不放,那么第二句"洪都新府"也有问题了,因为南昌这座城从未叫过"洪都府",只称过"洪州府"。写文章的人未必如此刻板,一定要先考证而后落笔。

其次,是《序》文中有"都督阎公之雅望,棨戟遥临"之句,句中所称东道主洪州都督阎公仅有姓而无名,或谓名伯屿,对否?

《旧唐书》中未曾谈到王勃参加滕王阁重阳盛会作序一事,《新唐书》只是说"九月九日都督大宴滕王阁",杨炯的文章中也未言及,故无从考证其名。现有文献中提到阎伯屿姓名的,有明代陈文烛所撰《重修滕王阁记》(万历十五年)、明代解学龙《滕王阁记》(崇祯六年)、明张逊业校正《王勃集》序及曹学佺《舆地名胜志》等。《江城旧事》(卷四)云:"勃传载都督阎公,而名不署,其婿亦未署其名氏。伯屿,天宝朝,官起居舍人,后贬涪川尉。溯勃作序时,去七十八年。"近人辛际周在《滕阁脞谭》一文中说:"今世所传阎伯屿者,盖沿明张逊业校正《王勃集》序及曹学佺《舆地名胜志》之误。……因事牵连,偶附一名,浅人不察,妄以之(指阎伯屿)当高宗时之洪州都督,不堪为之捧腹耶!"

再次,关于王勃重阳作序的旧闻中所提到的人名,如阎公

文徵明书《滕王阁序》（局部）

婿吴子章、新州之懿范宇文钧，乃是话本《醒世恒言》中所署，未必可靠，小说毕竟是虚构的。王勃《序》中，"孟学士之词宗""王将军之武库"具体指哪两位，今已不可考。

最后，王勃序文结尾处，有的版本在"一言均赋，四韵俱成"后多两句，即"请洒潘江，各倾陆海云尔"。这两句当是衍文，苏轼手书《滕王阁诗序》中就没有，明《滕王阁集》录《王子安集》亦无此文，可为证。《滕王阁》七言诗，版本也不少，不少文字有异，如"鸢"作"銮"、"珠"作"朱"，均可通。第六句"物换星移几度秋"，按苏书则是"物换星移度几秋"，明《唐诗品汇》仍之。

三　文采风流贯古今

滕王阁，一座高雅的文化大殿堂。

一千多年来，滕王阁沧桑兴废之频率恐非天下任何楼阁可比拟，而围绕斯阁所展示的文化现象，更是多姿多彩。唐代是我国封建社会的鼎盛时期，文学艺术的繁荣景象是空前的。滕王创建这座江南第一名阁后，诗人王勃作序赋诗，古文大家韩愈欣然为记，从而开创了"诗文传阁"的先河，自兹人文荟萃，形成了世代相继的传统，这无疑给江西文坛带来了很大影响。自初唐以后，赣文化与中原文化的进一步融合汇流，滕王阁起到了重要的媒介作用。

滕王阁以其自然及人文景观，激发了世代以"登临抒怀"为契机的创作，给不同时代、不同流派的文学家、艺术家提供了以文会友、相互切磋的机会与场所。滕王阁的文化潮，溯其源，自然是"神童"王勃的《滕王阁序》，随后文人学士登阁题诗作赋相习成风，墨客骚人莫不以登阁挥毫为荣。他们指点江山，激扬文字，抒发思古之情、爱国之心、报国之志。诚如古人所云："不遇子安徒有阁，千秋寂寞永无名。"

> 神童一诗序，惊起千秋风雨；
>
> 杰阁频兴废，引来百代才人。

◆·名人名篇繁若星辰

清代末年，诗人尚镕说得好："天下好山水，必有楼台收。山水与楼台，又须文字留。"这几句诗道出了自然景观与人文景观间相生相济的关系。山山水水、亭台楼阁、诗词歌赋，三者的结合，构成了东方古典园林特有的风光。

南昌有秀美的山水，丰饶的物产，为南方昌盛之地。滕王李元婴由苏州来此不久，就在赣水之滨兴建了"上出重霄""下临无地"的杰阁。临观之美，江南首屈一指。神童王勃乘风而至，参加重九盛会，即席挥毫，写下了《滕王阁序》。名地、名人、名作，令江南一阁享千秋不朽之誉。

"江山之好，亦赖文章相助。"文思之妙，触景而发。当年若无"四美"（美景、良辰、赏心、乐事）、"二难"（贤主、佳宾）皆备的话，恐怕王勃才思再敏捷，也是无米之炊，难以激发创作的灵感，写出洋洋洒洒的大文。特殊的条件，特殊的环境，特殊的才人，特殊的文章，将一座楼阁渲染得如此特殊，如此名噪天下。今人方蕖在《南昌滕王阁记》中这样写道："论者尝谓文人藻思，须得江山之助；今则江山胜迹，转赖文人之笔墨以传。"说的也是这一道理。王勃盛赞南昌"物华天宝""人杰地灵"，无疑是对这块南方昌盛之地的经久不衰的宣传。千百年来，许多人正是从《滕王阁序》开始认识江西、认识南昌，正是这位神童的生花之笔引得人们慕名接踵而来。

自王勃重九登阁作序后，滕王阁一时间声名鹊起，宛如一花催得百花开，一蝶引得万蝶来，从此文人雅士、词客骚人、达官大儒慕名登临者络绎不绝，竞相吟咏，游目骋怀，发思古之幽情，为这一江南名楼增添了无限的光彩。

王勃不幸谢世八年后，滕王元婴也于唐武则天元年（684）薨。人亡物在，贞元六年（790），中书舍人王仲舒始来南昌，值新修之阁落成，作《滕王阁记》（今佚）书于壁间，又王绪作《滕王阁赋》（今佚），并王勃所作《滕王阁序》，韩愈均极赞赏，合称"三王所为序、赋、记"。韩公在《新修滕王阁记》里这样说道："愈少时，则闻江南多临观之美，而滕王阁独为第一，有瑰伟绝特之称。及得三王所为序、赋、记，壮其文辞，益欲往一观之，以忘吾忧。"自是以后，凡谈及滕王阁名人名作时，莫不将王勃、王绪、王仲舒所作序、赋、记相提并论，推为首席上座，合称"三王文章"。

在整个唐朝，登临过滕王阁的名人非常之多，或留下了作品，或有题咏而至今散失不传，"三王文章"仅存王序一篇就是一例。诗仙李白有《豫章行》之作，虽未提及滕王阁，但或许也来过，何况他的作品在结集之时已"十散其九"了。张九龄、孟浩然、崔国辅、綦毋潜、戴叔伦等人，都留下了有关南昌的咏诵，当时高阁突兀临江，若不登临，倒是咄咄怪事，只可惜无作品流传下来罢了。但是，有幸留下诗文的唐代名家也不少，诸如钱起、郎士元、白居易、李涉、杜牧、张乔、曹松、韦悫、陈陶、罗隐、贯休、慧超等人，五七言诗都有，或短歌或长篇。通过他们的作品，我们可以想见当时名人登阁的情景，可以感受到唐风的浩荡。兹录二首：

滕王阁秋望

（唐）张乔

创来人世殊，几度绕汀芦。

叠浪有时有，闲云无日无。

早凉先燕去，返照后帆孤。

未得营归计，菱歌满旧湖。

江行杂诗

（唐）钱起

幽怀念烟水，长恨隔龙沙。

今日滕王阁，分明见落霞。

宋代的江西，文风极盛，人才辈出。以文传世的滕王阁，自然成了文豪诗翁们雅集咏诵的殿堂。唐宋八大家中，宋四家欧阳修、王安石、苏辙、曾巩，都登临过滕王阁。除欧阳公仅对王勃序留有评说外，另三位都有咏叹之作。值得一提的是，被誉为"中国十一世纪的伟

王安石像

大改革家"的王安石，因推行新政受阻，二度辞相，一次在返归老家临川（今江西抚州）的途中，专程登阁，并拓取韩愈碑文以解心中的愁烦，题七绝《滕王阁》一首以抒其"白浪翻江无已时"般的愤懑。诗云：

> 白浪翻江无已时，陈蕃徐稚去何之？
> 愁来径上滕王阁，覆取文公一片碑。

宋时"江西诗派"风靡诗坛，其中领袖人物黄庭坚在南昌留下许多作品，虽然说没有关于滕王阁的诗作，但是他对同登杰阁赋得七古一首的刘敏求大加赞许的佳话却传颂至今。刘敏求本是位名不见经传的乡土人士，泰和人，登阁题诗云：

> 阁中环佩知何处，游子再来春欲暮。
> 莺鸣烟柳树摇风，犹是当年旧歌舞。
> 古来兴废君莫嗟，君看红日西山斜。
> 西山不改旧颜色，换尽行人与落霞。

这一介"小人物"的佳篇，很得黄庭坚的赞赏，认为一代滕王阁的诗文无出其右者，刘敏求也因此而诗名大振。

宋代爱国词人辛弃疾，是一位戎装大诗人，两次来洪州，见大宋半壁江山已沦敌手，朝廷主和派当政，自

文天祥像

己屡遭排挤，郁闷地会诗侣于滕王阁，泪眼看江山，留下《贺新郎·赋滕王阁》的悲怆之词。南宋末年，爱国诗人文天祥（江西吉安人），在以都督之职率军进入江西时，江西已成为他最后的战场了。他预感到国运将衰，难挽颓波，作为一个大丈夫，只有以死殉国了。经过十年的漂泊，他登上滕王阁，举目四眺，西山依然横翠，南浦依然云飞，山河未改而家国破碎，不禁感慨万千，思如泉涌，长歌当哭，写下了堪称"诗祭"的七律诗《滕王阁》，诗曰：

> 五云窗户瞰沧浪，犹带唐人翰墨香。
> 日月四时黄道阔，江山一片画图长。
> 回风何处持双雁，冻雨谁人驾独航？
> 回首十年此漂泊，阁前新柳已成行。

这首七言八句诗，赞美了滕王阁的景观和"三王"文章的流溢墨香，深感当时抗元斗争形势的严峻，呼吁爱国的志士仁人奋起救国，同挽狂澜。慨叹十年为朝廷漂泊奔走，眼前昔日所栽的新柳也已枝壮叶茂，葱郁成行了。从字里行间，不难看出诗人的报国之志，不难看出诗人对未来抗元斗争的信心和希望，以及他不屈的英雄性格。

文天祥壮志未酬，他离开南昌后不久，即被元军所俘，押至元大都（今北京）。他迭经威胁利诱，始终不屈，终被杀害。名楼的盛衰与国运相系，名人登阁留名篇，可以从中找到阁运与国运的变化轨迹。整个宋代，留下诗文的名人甚多，除上述人物外，还有朱熹、夏竦、严羽、杨万里、范致虚、洪炎、戴复古、江万里、王庭珪等等，举不胜举。兹录二首：

登滕王阁和秀野刘丈寄示南昌诸诗

（宋）朱熹

滕王阁下水初生，闻道登临复快晴。

帝子岂知陈迹在，长江肯趁曲池平？

山楹雨罢珠帘卷，檐铎风惊玉佩鸣。

满眼悲秋今古恨，人生辛苦竟何成？

登滕王阁

（宋）严羽

高阁凭空浩荡开，当时遗迹几荒苔。

烟含晚市悠悠见，沙带澄潭渺渺回。

此日登临分壮气，百年沦落忆雄材。

可怜万古神交意，日暮荒凉一叹哀。

陆游和岳飞也都来过南昌，曾访游过与滕王阁互为"对景"的西山，并留有诗作。他们也不可能没有上滕王阁，惜无可考，或许今后还会有所发现。

元、明、清三代，滕王阁兴废频繁，为之系心萦怀的名人，难以胜数。仅为重修或重建而作记的名公巨卿就有二十多人，如：姚燧、虞集、陈循、刘俨、李奎、萧镃、谢一夔、罗钦顺、陈文烛、张位、王在晋、王思任、方大美、夏良心、解学龙、邹维琏、蔡士英、范文程、李明睿、张能麟、陈预、刘坤一、刘绎等人。为古阁作赋题诗的文学之士，为之作画书碑的名家，以千百为计，其中最著名的有：赵孟頫、胡俨、曾棨、王直、解缙、杨士奇、李梦阳、王阳明、唐寅、高旭、夏言、汤显祖、董其昌、文徵明、王夫之、李嗣京、熊文举、陈宏绪、谭元春、袁枚、曹学佺、黎元宽、钱谦益、朱彝尊、蒋士铨、阮元、陈维崧、尚镕、徐世溥、翁方纲、毛奇龄、黄景仁、黄爵滋、姚鼐、高鹗、彭玉麟、文廷式，等等。

明正德十四年（1519），江南才子唐寅（字伯虎），应南昌宁王府之聘，来给娄妃授课教画，曾登滕王阁。嗣后，唐伯虎曾作《落霞孤鹜图》并题诗。万历二十六年（1598），巡抚王佐设宴，邀当时大戏剧家汤显祖登阁，观演《牡丹亭》。汤显祖不胜感慨，题诗二首。这些都为名阁增添了光彩。明代末叶，文人结社之风甚盛，以舒曰敬为盟主的滕王阁社，汇聚了一大批名士，往来唱和、题赠，成为当时滕王阁诗坛的盛举，题留之篇都汇编在《滕王阁续集》中。清初顺治年间，巡抚蔡士英建阁征文，一时间千年古阁盛名重振，收得名流之作近五百篇，后都结集刊行于世。名人颂名阁，至今传为美谈。

自唐至清，滕王阁重建重修二十八次实属天下名楼所罕见。王勃作序后，多少名公巨卿、宿儒学究、诗翁词客为之魂牵梦萦，为滕王阁留下了大量的佳篇名作和许多动人的逸闻趣事，极大地丰富了这座文化大殿堂的内涵。

滕王阁的诗文有多少？历来没有一个全面的统计。直到现在，也难以得出一个比较准确的数字。明正德九年（1514），董遵首次将自唐至明的诗文编辑成《滕王阁集》十卷，刊行问世，今不传。继而于明崇祯六年（1633），由李嗣京广事搜求明代中叶以来诗文，遴选编成《滕王阁续集》十九卷，堪称一时之盛。清顺治十二年（1655），中丞都御史蔡士英巡抚江西，主持重建滕王阁，并为重建之举亲撰《重建滕王阁征诗文檄》，广征当时名人诗文460余篇，编为《重建滕王阁汇集》（又名《滕王阁征汇诗文》）。嗣后，又将自唐至明的滕王阁诗文编为《滕王阁全集》（又名《滕王阁古今诗文汇选》），凡十三卷。蔡士英除自撰序文外，并请得当时大文豪钱谦益、熊文举作序。乾隆修《四库全书》时，钱、熊二人诗文被焚毁，而此书二序却得以保存，也尤为珍贵。此外，在江西地方古文献中，亦收录了一些关于滕王阁的诗文，如《江西通志》《南昌府志》《新建县志》《南昌诗征》《江城名迹记》《江城旧事》《滕王阁考初编》及《豫章丛书》（类书）等书籍中。1990年出版的《滕王阁诗文广存》，堪称集成之编。根据上述可资考证的典籍，编者对民国以前的诗文数量进行初步统计，大致如下：序16篇，赋21篇，记30篇，跋记7篇，檄文1篇；五言古风81首，五绝25首，五律208首；七言古风99首，七绝156首，七律1214首；词56首。合计1970篇。此外，散曲、杂剧、楹联、匾额及话本均未统计。

滕王阁诗文以明、清居多，其原因是多方面的，其一是随着历史的推移，古阁的名声更大了，游观者更多了，故题留之作也相应增加。其二是明、清时文人中结社之风颇盛，如明末万历三十五年（1607）秋月，推舒曰敬为盟主的"滕王阁社"成立，一月一聚，拈题为诗。崇祯七年（1634）秋，解石帆又雅结"环漪阁社"，唱和者众。其三，明代先后有董遵、李嗣京，清代有蔡士英，征集汇编刻印了诗文集，使大量诗文得以保存下来。创作、结社、编辑、出版的系列组合，也使滕王阁无愧地获得了"文化阁"的地位。

由于滕王阁的临观之美和风雅之盛，欣然命笔者至广，文武百官，布衣僧侣，翁叟弱冠，或他乡游子，或本土才人，甚至还有不少未登临斯阁而慕名咏诵者。这座文化的殿堂，诚然是诗风长吹，文笔生花，万紫千红。

◆·图画碑刻多姿多彩

滕王阁，这座名闻古今的文化殿堂，词客骚人们留下了丰厚的诗文佳作，而那丹青翰墨高手们则留下了多姿多彩的图画碑刻，更令杰阁绚烂增辉。

滕王阁的图画，今人所知最早的作品，是唐五代李昇的水墨画《滕王阁宴会图》及《滕王阁图》，收录在宋人《宣和画谱》中。《玉堂佳话》称："上绘人物宴集情况甚盛。"又道："五代（一作"南唐"）卫贤所画《滕王阁图景》，与李昇所作，世称'三绝'。"因年代久远，今已失传。

今人所能见到的，以宋画院所绘《滕王阁图》为最早，乃工笔界画，收录于大收藏家项子京天籁阁藏《宋人画册》中。

此图非常精细，碧瓦丹柱的重楼，楼内衣冠楚楚的人物，丘冈林木，临江城堞，江上帆送才人，滔滔赣水，迤逦的远山，描绘得异常逼真。或谓此图出自大画师郭忠恕手笔。（见彩页）郭曾有《王勃对客挥毫图》（今不传）。宋画还可见《晚香堂苏帖》所收录《滕王高阁图》，传为宋太祖七世孙赵伯驹所绘，明代书画家沈周题跋曰："尝读子安《滕王阁序》而叹千古杰作，惜无有人为之补图。余不敏，欲仿佛写数笔而未果。适余友朱鹤坡案头见赵伯驹图及东坡真迹一卷，足称双绝，所谓连城璧，有美必合。不意四百余年竟复得此，受缀数语以志幸。正德丁卯，后学沈周。"

宋阁图（宋人郭忠恕绘，天籁阁藏）

滕王高阁图（明人林灵岩临赵伯驹本）

畫棟珠簾煙水中 落霞孤鶩渺無窮

無端千罩渾如夢 只借龍王一陣風

晉昌唐寅為

德輔鄞君先生作詩意

圖

落霞孤鶩图（明人唐寅绘）

元代夏永（一说五代人）尝以头发绣制《滕王阁图》，细若蚊睫，巧夺天工，乃稀世佳作，惜今无传。另有传世绢本《滕王阁图》，元贞二年（1296）的作品，画面颇类宋画，左上角题有《滕王阁诗序》，刊于民国二十年（1931）《故宫周刊》上。明代的《滕王阁图》画本，仅见林灵岩临赵伯驹《滕王高阁》图，《滕王阁志》

唐伯虎像

《滕王阁诗文广存》中均刊载。此外嘉靖版《江西通志》刊有木刻画《滕王阁图》。

明正德十四年（1519），江南著名才子唐寅，字伯虎，应宁王朱宸濠礼聘，由专人自苏州请来南昌宁王府任职，教娄妃习画。不久，唐伯虎返回苏州，宁王起兵造反被俘，娄妃投江自尽。他得此消息，心有余悸。秋水长天之景依稀在目，于是援笔绘制了一幅《落霞孤鹜图》，并自题七绝一首，诗云：

画栋珠帘烟水中，落霞孤鹜渺无踪。

千年想见王南海，曾借龙王一阵风。

清人所绘的滕王阁图则比较多见。清代历次所修的《江西通志》《南昌府志》《南昌县志》《新建县志》诸书，卷首都附有滕王阁的木刻图，近景、中景或远景，画面各异。宣统三年（1911），南昌画家袁戴春以六尺绢绘数幅南昌名迹大中堂画，

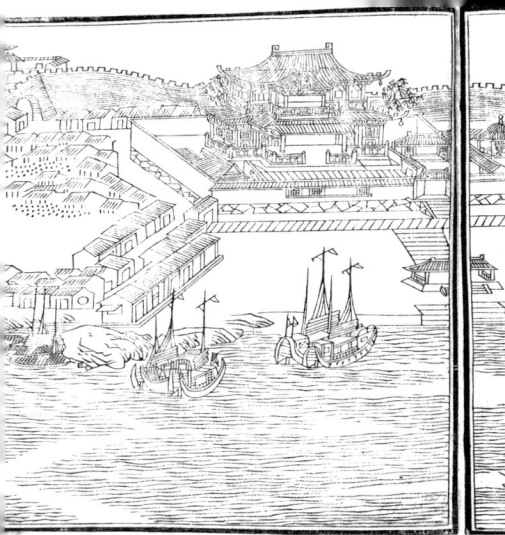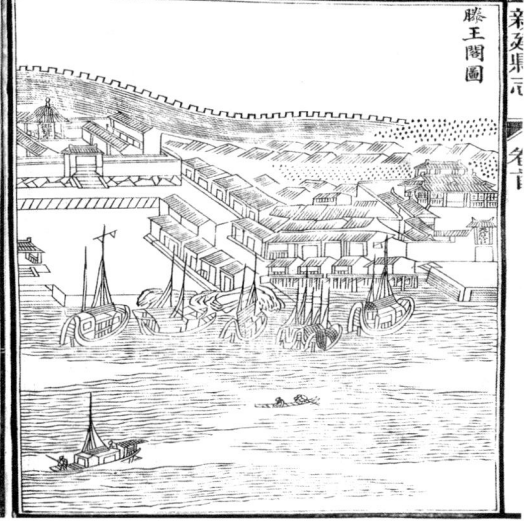

滕王阁木刻图(《新建县志》)

其中便有一幅《仙人旧馆图》，据说历时三年才完成，今藏于江西省博物馆。在晚清景德镇的瓷瓶画中，常见滕王阁景，近年乐平市所发现的青花天球瓶即属此类作品。

摄影技术于晚清时期由海外传入我国，传到南昌就更晚了，已到了民国时期。关于滕王阁的早期摄影作品，至今尚留有数帧。民国四年（1915），上海商务印书馆拍摄了一幅滕王阁牌楼式大门图，横匾"滕王阁"三字行书及楹联"大江东去""爽气西来"均清晰可见，刊于《东方杂志》二卷四号中。另外，民国十四年（1925），南昌最早的"鹤纪"照相馆，亦拍有一幅滕王阁图，赣水拍岸，近有"棨戟遥临"牌坊，远为滕王阁，照片陈旧，虽觉模糊，但仍可辨。现存市档案馆中。

滕王阁的碑刻墨迹，难以胜数，但由于种种原因，得以保存至今的就为数不多了。唐及五代，尚未发现，然而，据

滕王阁照片（1925年摄）

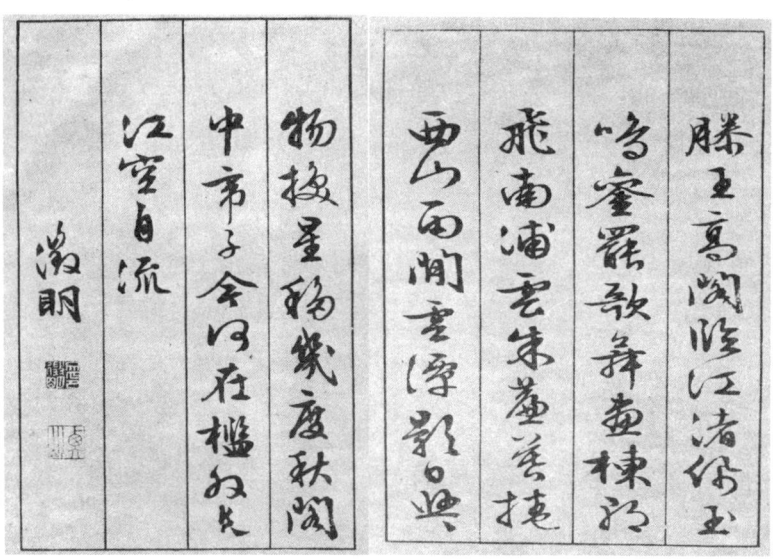

文徵明书《滕王阁序》局部

记载，"三王"的序、赋、记及韩文，均有碑刻，或嵌于壁间，或覆之以亭。现存最早的，当首推宋代大书法家苏东坡所书《滕王阁诗序》，为小行书，米芾称其"刚劲而有韵"，与赵伯驹《滕王阁图》足称"双绝"，刻入《晚香堂苏帖》（系明末清初石刻本）。次为元代赵孟頫所书《滕王阁记》，明人杨士奇称其"笔意精妙绝伦"，并专为此《记》作跋。明嘉靖五年（1526），陈洪谟重修滕王阁时，又重写了一篇记文，并请得王世懋书碑。崇祯六年（1633），江西巡抚解学龙新修滕王阁落成时，特意请大书画家董其昌书写王勃《滕王阁序》，复重刻韩愈《新修滕王阁记》。另外，明代大书法家文徵明草书《滕王阁序》，墨迹保存至今。

清代以来，碑刻尤多。康熙四十五年（1706），郎廷极重建之阁落成，清圣祖玄烨御临董其昌所书王勃序，巡抚张志栋

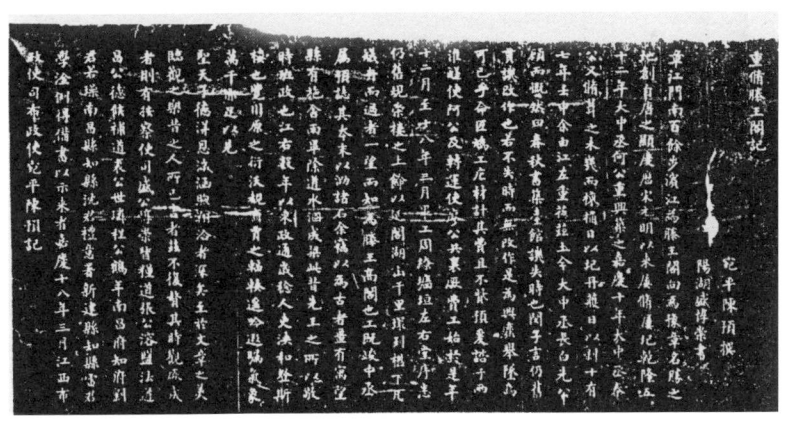

（清）陈预《重修滕王阁记》拓本

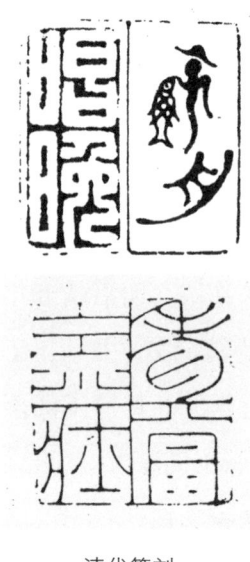

清代篆刻

重摹刻石，置于滕王阁南面的"御碑亭"中。乾隆五十二年（1787），巡抚何裕成新修滕王阁，金石学家翁方纲任江西学政，特书《滕王阁序》刻于阁的屏门上，字大如碗，今尚存拓本。后来，又有书法名家王文治以楷体书写陈维崧所作《滕王阁赋》，刻诸石碑。乾隆六十年（1795），江西巡抚陈淮、学政沈初等八人集滕王阁联句，沈初书碑，娟秀可爱。嘉庆十七年（1812），先福重修滕王阁，陈预撰《重修滕王阁记》，盛惇崇写刻于石，今拓本尚存。同治十二年（1873），重建阁时，刘坤一、刘绎均作有《重建滕王阁记》，分别由李文田、夏献征书碑，今亦

"滕王阁"石廇（1946年发现）

存拓本。最后是日本侵华占领南昌期间，曾由伪市长请得万皆（江西新建人，工书画）以楷体书写王勃序文，并刻于青石碑上，于1984年6月20日发掘出土，现藏江西省博物馆。抗日战争胜利后，滕王阁遗址上辟建有小学堂一所。1946年秋，该校在拆除旧房时，发现壁上有一块刻有"滕王阁"三字的青石匾额，无款识，制作年代和出自谁家手笔均不得知，现存南昌市博物馆中，这是古阁唯一幸存的遗物，今复制立于阁上。

1989年10月，重建滕王阁落成，阁中图画碑刻不少，另章表述。

◆·匾额楹联竞妍争辉

匾额楹联，是一种特殊的文学艺术形式，在宫廷建筑、古建筑、园林、民居民宅中都能见到，它起着特有的装饰作用，往往有画龙点睛之妙，是东方文化独特的结晶。滕王阁的匾额楹联，是滕王阁文化的奇葩，在江南园林中闪耀着异彩，是一笔珍贵的遗产。

滕王阁历经风雨沧桑，古往今来，凭吊登临的词客骚人有感而发，留下了难以胜数的诗词歌赋，也留下了许多字字珠玑的至今传诵的匾联奇文。匾额出现较早，楹联形成较晚，宋代以后才渐渐发展起来，直到明清时期开始盛行，滕王阁也是如此。

首先说说滕王阁的匾额。匾额少则二三字，多则四五字，五字以上的尚未发现。内容则不外乎建筑物题名及风景题名。关于唐代是否有匾额，史料有缺，不得而知，但据唐人韦悫《重建滕王阁记》中云"有巨阁称滕王者"，或许在当时"滕王阁"三字匾额就已存在。北宋以后，悬挂匾额则有文可证，从宋人范致虚所作的记直到清末人的文章中都曾提到，尤其是蔡士英的《重修滕王阁自记》中说得尤为详细。下面将古阁旧额及今阁新匾（包括附属建筑），抄录如下：

旧额：

滕王阁（唐·正阁外）

压江、挹翠（宋·南·北亭）

西江第一楼（明·正阁外）

迎恩馆（明·正阁外）

环漪阁（明·附属楼）

二忠祠（明·附属楼）

江湖廊庙（明·正阁内）

西江第一观（清·正阁门庭）

迎恩亭、御碑亭（清·亭）

水天空霁（清·正阁外，西）

栋宿浦云（清·正阁外，南）

朝来爽气（清·正阁外，北）

百花裀褥（清·正阁外，东）

江山入座（清·正阁内）

棨戟遥临（清·牌坊）

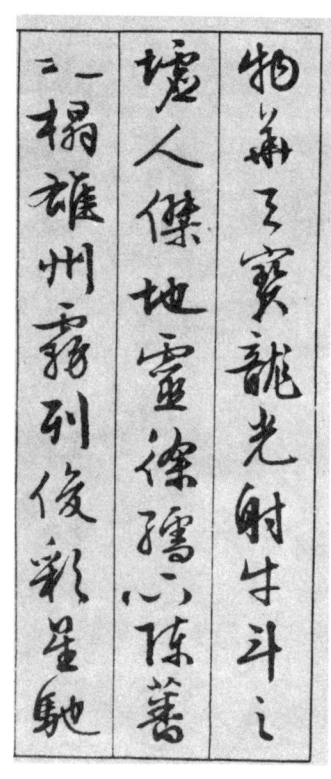

王勃《滕王阁序》局部（文徵明书）

新额：

滕王阁（正阁大檐下，东、西两块）

东引瓯越（正阁三檐下）

南溟迥深（正阁三檐下）

西控蛮荆（正阁三檐下）

北辰高远（正阁三檐下）

江山入座（正阁二檐下）

栋宿浦云（正阁二檐下）

水天蘋空霁（正阁二檐下）

朝来爽气（正阁二檐下）

瑰伟绝特（正阁一檐下）

下临无地（正阁一檐下）

襟江、带湖（正阁，南、北廊门）

压江、挹翠（正阁，南、北二亭）

西江第一楼（阁内一楼）

俊彩星驰（阁内二楼）

高朋满座（阁内三楼）

雄峙（阁内四楼）

翰墨、丹青（阁内五楼）

九重天（阁内六楼）

棨戟遥临、美尽东南（南牌坊）

地接衡庐、雄州雾列、星分翼轸（东街）

胜友如云、千里逢迎（东小门）

物换星移、闲云潭影（东小门）

滕阁秋风（东街大牌坊）

胜友如云（东街大牌坊）

　　滕王阁中，自宋以来楹联极多，或写景，或抒情，或情景交融，有怀古叹今，有言志报国，可谓异彩纷呈。既给人以艺术享受，又给人以思想启迪。下面仅将新阁中采用的古今楹联，抄录如下：

落霞与孤鹜齐飞；

秋水共长天一色。

［唐·王勃］

南浦云开，秋水共长天一色；

西山雨霁，落霞与孤鹜齐飞。

［宋·佚名］

千载登临容我辈；

一灯读序忆旧时。

［清·何栻］

帝子长洲，仙人旧馆；

将军武库，学士词宗。

［清·阮元］

新阁犹古阁，出重霄，临无地；

今人非旧人，破巨浪，乘长风。

［匡山人］

天际识归舟，南浦水波春绿；
窗中列远岫，西山爽气朝来。

［清·禹门］

我辈复登临，目极湖山千里而外；
奇文共欣赏，人在水天一色之中。

［清·姚莱］

登阁感兴亡，滚滚江河从不废；
凭栏怀忧乐，悠悠天地总关情。

［匡一点］

依然极浦遥山，想见阁中帝子；
安得长风巨浪，送来江上才人。

［清·宋荦］

阁中序播千秋，重认长洲鸿印记；
江上帆收万里，恍疑华表鹤归来。

［清·宋延春］

杰构鼎新，依然飞阁流丹，层峦耸翠；
贤才辈出，不让睢园绿竹，邺水朱华。

［沙孟海］

三秋一序，常令八方墨客小心掷笔；
巨浪长风，又送四海才人大胆题联。

［常江］

楼阁一时新，蛱蝶图传，谁向唐初寻旧迹；

文章千古在，斗牛光射，能居王后便奇才。

［清·程修礼］

高阁撑天宇，地灵人杰，拥大江东去；

名城雄翼轸，物华天宝，迎紫气南来。

［王屋山］

层峦耸翠，飞阁流丹，巧穷南国千般艳；

上出重霄，下临无地，控压平江十万家。

［羽岩］

楼阁重新，对南浦西山，形胜平分吴楚界；

宾朋如昨，想词宗武库，襟怀高把古今秋。

［清·胡寿椿］

高阁识中兴，耸翠流丹，把酒试论陵谷变；

骚坛驰凤誉，长天秋水，凝眸不尽古今情。

［潘力生］

重看杰阁临江，残劫喜全消，留得湖山真面目；

回忆连樯拒敌，十年经百战，合当歌舞起楼台。

［清·刘于浔］

今古几重阳，依然天高地迥，万里长风送秋雁；

东南一都会，正是虹销雨霁，千家山郭尽朝晖。

［清·李联琇］

有才人一序在上头，恨不将鹦鹉洲踢翻，黄鹤楼槌碎；

叹沧海横流无底止，慨然思班定远投笔，终子云请缨。

［清·江峰青］

峰碣已千年，事往人来，且低回楼观古今，山川开阖；

阑干仍百尺，隔邻呼酒，须领略帆樯星斗，车盖风云。

［清·李文田］

滕王何在，剩高阁千秋，剧怜画栋珠帘，都化作空潭云影；

阎公能传，仗书生一序，寄语东南宾主，莫轻看过路才人。

［清·周峋芝］

海宇庆澄清，百绪皆兴，依然飞阁流丹，突兀云霄雄杰势；

江天开旷远，群山如拱，愿共凭栏浮白，评量风景古今秋。

［清·刘达泉］

文章有神，载地灵天宝以传，阅世千年，依然见画栋飞云，珠帘卷雨；

湖山无恙，擅吴头楚尾之胜，凭栏四顾，况更睹金绳摩汉，铁柱凌霄。

［清·李文敏］

阁中歌舞已尘埃，问何人克副子安才，对霞鹜齐飞，润色江山留一序；

劫后楼台新结构，喜此地依然滕王迹，记雪鸿印爪，送迎冠盖又经年。

［清·贺宏勋］

杰阁得公论之先，瑰伟绝特，江南著名景观，数黄鹤岳阳，而此独为第一；

高阁有人文之最，雄奇壮丽，唐代文章巨子，除王郎韩愈，更谁侧显其间。

[魏向炎]

高阁此登临，数历代名贤，领千载风骚，地灵人杰，云开五岭，美尽东南，须知远海波扬，犹美唱晚渔舟，气腾彭蠡；

匡庐遥在望，阅古今兴替，记百年功过，秋去春来，脉络三江，光辉寰宇，赢得群伦景仰，长忆阳明白鹿，道贯九州。

[刘汉屏]

杰构倚晴霄，自王子安题序表扬，旧馆犹存，长洲无恙，浔阳九派，挟赣水以俱东，匡巅千重，挂银河而直上，北门锁钥，骄踞小孤，南服屏藩，高盘大庾，鄱湖展明镜，波光照耀海隅，石钟奏古乐，仙韵传来，江左春花秋月，结伴登临，美景岂胜收，风物八方归品藻；

名区饶伟迹，溯陶靖节赋诗先导，才人踵接，作者辈兴，永叔雄辞，得马班之嫡嗣，浯翁雅咏，与白苏为比邻，奕叶清芬，缅怀祖巩，两间正气，秀出文山，远公辟道场，莲社遂成净土，雪个痛宗祧，丹青蔚起，艺林玉振金声，乘时奋厉，前修宜可则，云龙百代盛贤豪。

[曾霁虹]

◆·滕王阁与南浦西山

天下名楼无一不以景观胜，滕王阁自然也不例外，否则"临观之美""独为第一"的赞词绝不会从韩愈的口中道出。大凡名建筑之美，一是本身，二看环境，明珠投暗总会叫人感到遗憾。滕王阁的美，一是自身的瑰伟绝特，二是坐落的大环境的秀美。滕王阁依古城，临赣水，近南浦，面西山，构成了一个和谐统一的立体画面。古往今来，令多少登临送目者心旷神怡，流连忘返。天下名楼倚城临水者不少，而近浦面山者恐怕就屈指可数了，这或许就是滕王阁不可多得的优势了。自唐代以来，墨客骚人们在登阁咏诵之时，无不乐道阁南的洲浦、阁西的远山，也就是"南浦"和"西山"。发现其美，赞叹其美的第一人，无可争议的是才子王勃。他在《滕王阁序》的尾诗中诵咏道：

画栋朝飞南浦云，珠帘暮卷西山雨。

王勃首唱，和者不绝。赞叹滕王阁临观之美，几乎也就离不开南浦和西山了。宋代一位佚名文士，写过一副被公认为最早的滕王阁楹联，联中上下句分别以"南浦""西山"开头：

南浦云开，秋水共长天一色；
西山雨霁，落霞与孤鹜齐飞。

此联气象雄奇，意境高远，几乎全用王勃序诗中词语，仅以"开""霁"二字画龙点睛，上下通贯，天衣无缝，可谓出神入化。

历代题咏临江滕阁，将南浦、西山入诗，其篇章之多，不胜枚举。明代诗人别出心裁，以组诗的形式，一景一诗。胡俨有《豫章十景》，曾棨有《南昌八景》之作，将滕王阁大景观中的组成部分"南浦"与"西山"，单篇咏诵，题为《南浦飞云》《西山远翠》。

下面具体说一说滕王阁大景观中的南浦与西山。

南浦，位于滕王阁之南约一公里处的抚河故道之滨，古时有南浦亭、南浦驿，今建有抚河桥，桥头辟了南浦园。浦，意为水滨。南浦，指南边的水滨。屈原《九歌·河伯》中有"送美人兮南浦"之辞，江淹《别赋》中有"送君南浦，伤如之何"之句。古人一般将南浦泛称为送别之地，而与滕王阁相关的"南浦"则是实指。在唐朝以前，这里就建有避风躲雨的南浦亭，唐时辟有南浦驿，是古城门（桥步门）外往来舣舟之所，迎送客人的休憩处。南浦一带，景色秀丽，是豫章古城的游览胜地之一，是滕王阁风光画卷的一部分。张九龄在昌为官时，有"城楼枕南浦"的咏诵。白居易路过豫章时，曾写过五绝《南浦别》。宋代的王安石、范成大、文天祥，明代的胡俨、王阳明、曾棨等名家也都有咏叹之篇。在民间，至今还流传不少关于南浦的旧事逸闻。

西山，位于赣江西侧，距城区中心约三十公里左右。因为

滕王阁与南浦、西山木刻图（《新建县志》）

此山在南昌古城之西，故名。西山，雷次宗《豫章记》称"厌原山"，《水经注》称"散原山"，《太平寰宇记》称"南昌山"。西山横卧鄱湖之滨、赣水之畔，周回三百里，主峰海拔841米，地跨新建、安义、湾里等县区，是南昌西面的天然屏障。在西山的中段，有一座岭曰"梅岭"，因汉代南昌尉梅福而得名，南昌人往往将"西山"和"梅岭"混称。西山山势迤逦，峰岭怪石嶙峋，山间流水潺潺，茂林修竹葱茏，山幽鸟鸣，风景如画，是游览避暑的好地方，所以人们常以"小庐山"称之。这里是道教列为"三十六小洞天"之一的"西山洞"，"七十二福地"之一的"逍遥福地"。自汉晋至明清的一千九百多年间，西山以其绮丽的景色和幽僻的环境，吸引了许许多多的宗教人士、文人、学者。释、道二教竞相在此山中建寺立观，故名迹甚多。历朝历代的名士，如郭璞、谢庄、张九龄、陈陶、杜牧、陆游、朱熹、汤显祖、胡俨、曾棨等，都在此留下了传诵千古的佳篇。

滕王阁迷人的景观，诚然与西山、南浦是密不可分的。每逢雨后，滕王阁上凭栏，远眺西山，苍翠欲滴，景色如洗；放眼南浦，白云飞动，野渡笼烟。游人们置身于一派诗情画意之中。走笔至此，不禁令人想起南宋诗人况志宁所吟的七绝《滕王阁》，诗云：

千年杰阁斗牛间，珍重鸣銮去不还。
徒倚阑干吟未稳，浦云迎雨过西山。

四 历史功能何其多

纵观滕王阁的历史，屡废屡兴，千古盛名不衰，滕王李元婴当年创建这座"瑰伟绝特"的江南名楼，其主观上不过是"极亭榭歌舞之盛"。这位历经六世的亲王怎么也想不到，自神童王勃一序后，声名远扬，成了不朽之阁，而且其功能大大超出了他的初衷。历朝历代重建的滕王阁及其附属建筑，规模与规格均不一样，但基本上是官建、官管、官用。这座文化大殿堂，在历史上曾是游观、雅集、歌宴、拜诏、迎送、祭奠之地。当今，则仍然是具有多功能的千古名楼。下面，就其历史功能简略地说一说。

◆·登临观赏的佳境

> 杰阁犹存帝子名，登临不尽古今情。

滕王阁，由于建筑在赣江东岸的冈峦之上，诚如王勃所云

"层峦耸翠，上出重霄；飞阁流丹，下临无地"。碧瓦丹柱，画栋雕梁，飞檐翘角，高接云天，是登临观赏的佳境。登阁远眺，可见迤逦横翠的西山，风起云飞的南浦，翱翔上下的鸥鹭。凭栏俯望，江水浩浩，渔帆点点，洲渚片片，城郭万家。所以，历来赢得人们的向往，皆欲登临游观，以一睹"落霞与孤鹜齐飞，秋水共长天一色"的景色为快事。

唐代韩愈盛赞道："愈少时，则闻江南多临观之美，而滕王阁独为第一，有瑰伟绝特之称。及得三王所为序、赋、记等，壮其文辞，益欲往一观而读之，以忘吾忧。"这话不仅代表了韩愈，也代表了许许多多文人的心声。临观之美，文辞的魅力，吸引了许多后来者。所以，一千多年来，登阁赏临观之美者如潮似涌。唐人韦悫在《重建滕王阁记》中，对滕王阁四季的"临观之美"作了非常详细的描绘：

钟陵郡（即南昌）控连山大江，环合州城，揭起楼榭，游之者莫不目骇魂褫，号为一方胜概。……是阁也，冠八郡风俗之最，包四时物候之异。春之日，则花景斗新，香风袭人，凭高送归，极目荡神；夏之日，则鹦舌变哢，叶阴如栋，纨扇罢摇，绮窗堪梦；秋之日，则露白山青，当轩展屏，凉风远来，沉醉易醒；冬之日，则檐外雪满，幄中香暖，耐举樽罍，好听歌管。则斯阁之盛，纵游之美，赏心乐事，庸可既乎！

凭登古阁揽胜，可谓四时皆宜。春夏秋冬，各有特色；风晴雨雪，各有情趣；贵贱贤愚，各有感受。自唐以来，登阁观赏的人士不计其数，上至皇帝，下至布衣；有的慕名而来，有的宦游而来。登临即席挥毫者有之，登临而归后咏诵者有之，梦游登临者有之，长忆登临者有之。从流传下来的诗文来看，不乏名人名篇，明人谢一夔在《重修滕王阁记》中的一段与"登临"相关的话，似乎值得一录，其文曰：

> 古人建国，必筑台以察灾祥，时观游，节劳逸；阆之建，即其遗意也。岂直夸崇高、侈富丽为宴乐计哉！诸君政治之暇，相与登临此阁，凭高望远，而湖山数千里地，宛在目睫间，能不悠然而动遐思！如曰圣天子大位重禄以宠吾侪者如何？今日大江以西，宜民之利，宁无未兴者乎？而其蠹民之弊，宁无未剔者乎？学政宁无未举者乎？风俗宁无未美者乎？讼狱宁无未清，而奸贪宁无未戢者乎？饥寒疾苦宁无未周，鳏寡孤独以及闾里行伍愁叹之声，宁无未苏息者乎？于是归而同寅协恭，益思所以处之，则是阁之登，实足以发舒诸君之精神，而兴起忧国忧民之心，虽数宴游其间，非过也。

谢氏的这一番忧国忧民论，值得称道。谢一夔（1425—1487），南昌新建区人，天顺四年（1460）进士第一（状元），官至工部尚书。他一家有些不平凡的遭遇，其祖父因避仇家，依匿姻丈王氏，遂从姓王。直到一夔显贵，全家才开始恢复谢姓。谢氏颇体恤民情，因此才会向地方官员们提出：宜民之利有未开发的吗？损害百姓的弊端剔除了吗？人才用了吗？风俗和美了吗？倡廉肃贪了吗？有冤狱吗？有饿殍吗？鳏寡孤独和兵丁妥善安置了吗？作为封建王朝中一位居庙堂之高的官吏，登临滕王阁尚能反思上述一连串的问题，勤政爱民，有所建树，难能可贵。

登临滕王阁，其乐无穷，然而老百姓的登游之乐与士大夫的乐趣则有所不同。明人王思任在重游滕王阁之后，撰写的《重修滕王阁记》中，对平民的登游之乐，描绘得颇为生动：

> 阁之胜万千，不具论，而其乐事有二：有众人之乐，有公之乐。请如宋玉之论风事。氓之蚩蚩，游闲杂沓，反接嬉遨，邪许劳憩，虽无领会，亦有嗟叹，一乐也。酤酒网鲜，持泰挈核，拉老扶稚，挥拳握槊，不醉无归，一乐也。贾客东还，居停缩算，琵琶送行，贿赂赠讫，鄙吝已销，杨华拍和，一乐也。五月竞渡，九日插茱，有女如云，有人如蚁，曲江初霁，上河新雨，城闉尺咫，肩毂招摇，一乐也。

在明王朝的极盛时期，位处地理环境优越的南昌，商业贸易及手工业比较兴旺发达，内河航运异常繁忙，社会相对稳定。滕王阁坐落之处，也正是南来北往、人货聚散的闹区，平民百姓虽不会吟诗作赋，但劳顿之余，登阁游览，也是一大快事。故滕王阁不仅是士大夫登临观赏的佳境，也是老百姓登临观赏的好去处。

现摘录若干描写滕王阁景观的作品。

写春景：

> 云廊春静独徘徊，高阁何人更举杯。
> 只有滕王图里蝶，满庭烟草自飞来。

[清·张鹏冲]

写夏景：

　　三伏群生一火间，别寻净土种真如。

　　酒仍河朔盈樽日，人是东林把臂余。

　　泛爱胸中怜虿虱，忘机江上看鸥鱼。

　　清凉国在炎州内，说法泠泠暑气除。

[元·虞集]

写秋景：

　　滕王高阁罢崔嵬，谁筑西江第一台。

　　云雨不收歌舞地，文章空叹古今才。

　　丰城夜气闻龙起，彭蠡秋风送雁来。

　　几欲乘槎问牛斗，不知平地有三台。

[明·李东阳]

写冬景：

　　树影江涛雪气中，水天和雪白微同。

　　响残万瓦警残浪，舞向千村急暮风。

　　渔艇懒如鸥自在，螺峰幻胜雨空蒙。

　　凭栏却忆豪吟伴，看到梅花第几丛。

[明·陈道亨]

　　使君征斾点青骢，一艇留连泛雪中。

　　只恐渔翁江钓白，故邀诗客酒炉红。

　　寒侵貂颖情添暖，波漾蟾涛赋益工。

　　喜轸玉虬双献瑞，遥瞻新阁碧云笼。

[清·吴驭英]

写雨景：

> 送客逢淫雨，聊此阁上游。
>
> 云迷山没岸，水涨树低舟。
>
> 帝子名谁识，才人序独留。
>
> 读碑论往事，兴废若关愁。

[明·徐中恒]

写夜景：

> 宋玉悲秋正黯然，登临送远赋情牵。
>
> 半帘明月生高树，一缕微云界淡天。
>
> 落水泛波舟趁叶，浮灯接汉草如烟。
>
> 愁来我暂因风去，高阁留名对昔贤。

[明·黎遂球]

◆·文人雅集的胜地

> 自有王勃作序后，别是人间翰墨场。

滕王阁的自然美与人文美，堪称合璧联珠。自王勃作序后，历朝的官绅、文士常以此阁作为雅集之地。无论是真正的博雅君子，或是附庸风雅的俗客，应该说对这座江南名楼都有不同程度的兴趣，这也体现了自然与人文的感染力。他们或三五相邀，或结社集会，或无定期，或有定约，凭登杰阁，把酒临风，相与酬唱应和，视雅集滕王阁为人生中一大快事。

江西素为文章节义之邦，诗风文风极盛。以滕王阁为轴心的诗文创作，从初唐王勃作序就开始了，此后或有起有伏，但一千多年来，文涛滚滚不断。晋永和九年（353）暮春之初，王羲之与当时名士四十余人于会稽兰亭雅集。群公赋诗，王羲之挥毫写下了文章与书法双绝的《兰亭集序》，成为千古佳话。同样，重九之日，王子安在滕王阁雅集，不让群贤，挥毫写下了不朽名篇《滕王阁序》。事有偶然，似又是必然，兰亭集会的诗文，除王羲之的《序》外，无一篇传世；滕阁盛会的群公登高之作也无片言只字留传，仅王子安的《序》脍炙千古。

　　滕王阁创建后，文人雅集之作保留至今的不少。从这些作品中，我们仿佛能想象到当时的情景。唐人杜牧有《怀钟陵旧游》之作，描述了雅集歌宴的盛况。宋代一位诗僧，名惠洪（1071—1128），就屡于滕王阁雅集赋诗，作有《重阳后同邹天锡登滕王阁》《世明九客同登滕王阁索诗，口占》《同世承、世英、世隆三伯仲，蔡定国、刘达道登滕王阁》等诗。宋代诗人戴复古（1167—1248）在七律《滕王阁次韵刘允叔》中云："消遣客怀寻胜事，酒杯诗卷得同携。"这些都是雅集之作。著名爱国词人辛弃疾，在调任隆兴知府兼江西安抚使时，曾邀诗侣于滕王阁雅集，自己也填了《贺新郎·赋滕王阁》这首词。元至元三十一年（1294），奉政大夫姚燧在《新修滕王阁记》中，也有雅集盛会的记述："落成之日，省之一二公，与尹是府，各偕其属，携燧登望。"元至元己丑（1349）九月，魏观在其七律《滕王阁》的小序中，这样写道："至正己丑九月，定子静、李从义诸公，邀予登阁饮酒，各赋一首。"魏观与诸

元阁图之一（夏永绘）

公雅集赋诗，略具文人结社之雏形。

　　明代，南昌的经济、文化一度繁荣，众多书院涌现，文人结社之风颇盛行，以滕王阁为轴心的文化活动很频繁，尤以明末为盛。万历年间，江西左布政使李长庚，曾邀江西十三郡的才人文士，首创豫章社。嗣后，南昌文社有滕王阁社、江天阁社、杏花楼社、悬藜社、环漪阁社等。

　　明万历三十五年（1607）秋月，傅朝佑与舒曰敬等二十二人，登阁赏景，举觞吟诗，雅结"滕王阁社"，进士舒曰敬被推为盟主，并相约一月一聚，自由出题，抽签拈题，或为诗，或为文，或感遇怀古，或论时议政。这些诗文当时汇编成初集与二集，舒亲自为两部集子作序。他在《滕王阁社业二集序》中，说道：

盖自丁未之秋至于今，无月不从诸君子会滕王阁上。把酒临江，阅晨夕阴晴，并觉会心。有时天宇旷然，波平如掌。上下鱼鸟，恍从镜中飞跃。渔舟画舫，汀草岸沙，共献融怡于槛外，为乐可知……

崇祯七年（1634）八月，江西巡抚、右佥都御史解学龙（号石帆），在滕王阁畔的附属建筑环漪楼落成之时，大倡风雅，设宴滕王阁，邀请文士词客，相与唱和赠答，“一时唱和者凡百数十章”，并缔结“环漪阁社”，其中不乏名流大儒，如谭元春、李嗣京、刘一煜、熊明廷等。

解学龙先后编《滕王阁集》《环漪阁社集》。现录三首：

环漪楼

（明）解学龙

环漪新自阁西开，菡萏盈盈窈窕回。
千雉陡惊摩汉出，双龙疑欲渡江来。
天低曲槛山云歇，秋满层台木叶催。
几度登临频太息，先忧无策极蒿莱。

环漪阁落成登览即赋

（明）李嗣京

攀星网月瞰江开，镂槛玲珑复道回。
章贡合流声北去。匡庐纷翠势东来。
连沙簇暖笼烟细，断笛吹寒入浪哀。
莫羡五城仙海外，洪崖觌面胜蓬莱。

滕王阁

（明）解学龙

公余选胜此淹留，尽日盘桓兴未酬。

江入栋帘涛意远，文垂金石古音道。

可中三对章江月，大有初逢太史秋。

最喜翚飞能抱郭，凌然百尺巩南州。

此间，舒曰敬还在滕王阁上开坛讲学，人才济济，门人弟子中有不少杰出的人物，如著名文学家万时华、徐世溥、陈宏绪、贺贻孙等，还有科学家宋应星、欧阳斌之等人，可谓盛况空前。当时文人雅集所赋之诗，经李嗣京遴选编成《滕王阁续集》。

清代，自蔡士英主持重修滕王阁后，又时废时兴。但每次重建或重修后，必有雅集盛会。在陈预《重修滕王阁记》中，就罗列了一大堆名字，可见一斑。直到 1926 年清阁终毁以前，滕王阁一直是文人雅集的胜地。

◆·歌舞宴乐的殿堂

滕阁中春绮席开，柘枝蛮鼓殷晴雷。

唐代，是我国封建社会的鼎盛时期，文学艺术空前繁荣，中外文化大交流，各民族文化大融合。滕王李元婴正是成长和生活在这一多姿多彩的历史时期。在宫廷艺术的熏陶和影响下，他具有一定的学识，并"工书画，妙音律"，但更"喜蝴蝶、选芳渚游，乘青雀舸，极亭榭歌舞之盛"（陈文烛语）。初唐的洪州（治今南昌）已是江南的一大都会。永徽年间，李元婴调任洪州都督时，为了歌舞游宴的需要，创建了滕王阁。当时，他把宫廷艺术及被汉族吸收融化的蕃乐胡舞，从中原带到了江西，客观上推动了赣文化的繁荣发展。

滕王阁建成后，李元婴在阁中与群僚们游观宴集，极歌舞之盛。后来，他被贬至滁州（今安徽滁州市），滕王阁似乎冷寂了下来，故王勃在《滕王阁序》中有"佩玉鸣鸾罢歌舞"之叹，然而，滕王以歌舞创阁的流风，一千多年来却绵长不绝。古阁迭废迭兴极频繁，历朝历代在重建之后，几乎所有的洪州地方长官们，每逢庆典、接官、送客、宴宾、会友等事，均要在滕王阁中举行规模不等的歌舞盛会。所以，这座江南名阁，一直被人们称为"歌舞之地"。王勃的《滕王阁序》即是"歌舞之地"上盛开的第一朵不朽的艺术之花。当年诗人白居易结束被贬江州司马的生活，就任四川忠州刺史前夕，特路过南昌，当时的地方官员亦在阁中饯送诗翁。白居易曾为此赋七绝《钟陵饯送》，诗曰：

> 翠幕红筵高在云，歌曲一声万家闻。
> 路人指点滕王阁，看送忠州白使君。

唐时，在滕王阁上所表演的歌舞，主要是宫廷燕乐，以及当时流行的民歌民舞，比如春莺啭、菩萨蛮、六么、杨柳枝、伊州大曲、柘枝舞、胡旋舞、胡腾舞等。唐代诗人李涉在七绝《重登滕王阁》中写道：

> 滕王阁上唱伊州，二十年前向此游。
> 半是半非君莫问，西山长在水长流。

伊州曲，是唐朝天宝年间盛行的大曲，出自西域伊州（今新疆维吾尔自治区哈密市），初由西凉节度使献于朝廷，后经乐署改编教习，很快流行开来。此曲直到宋代，依然在滕王阁中传唱，宋人洪炎七绝《月夜登滕王阁》可为证，诗曰：

> 桃花乱打散花楼，南浦西山送客愁。
> 为理伊州十二叠，缓歌声里看洪州。

晚唐诗人杜牧（803—852），在就任江西观察使沈传师的从事之职时，常登阁游观和参加宴集。在他离昌泊舟九江溢浦（今龙开河）之时，写了数首《怀钟陵旧游》，其中即有对滕王阁上歌珠舞翠的生动描绘，诗云：

> 滕阁中春绮席开，柘枝蛮鼓殷晴雷。
> 垂楼万幕青云合，破浪千帆阵马来。
> 未掘双龙牛斗气，高悬一榻栋梁材。
> 连巴控越知何事，珠翠沉檀处处催。

诗中的第二句，写的就是以鼓吹伴奏的柘枝舞。此舞原为西北少数民族舞蹈，后经教坊改编而流行。由于是小型舞蹈，由两女童踩莲对舞，故当时地方官员的家宴上也有柘枝舞的表演。

滕王阁上的歌舞，与时代盛衰紧密相连。宋、元两代，不少诗词对阁上歌舞的盛衰也作了客观的描述。现随拈数例如下，以见一斑。

北宋名臣夏竦，天圣年间知洪州府时，在七律诗《题滕王阁》中，描述了深夜歌舞未歇的情景：

> 面临江水势凌霞，却倚重城十万家。
>
> 当槛晓云依鹤岭，拂阶残雨下龙沙。
>
> 词人乐石文皆在，帝子欢游事未赊。
>
> 好是良宵金鼓动，阑干牛斗逼檐斜。

北宋文人潘兴嗣，自号清逸居士，与王安石、曾巩相友善，他在《滕王阁偶成》一诗中写道："蛱蝶图成春未晚，柘枝筵动客多才。"与胡铨有深交的王庭珪，在其两首七律《登滕王阁》中，这样描述："当时帝子鸣銮后，歌舞重翻又几秋。""尚有残霞伴孤鹜，时闻晚唱下长泷。"南宋诗人陈杰，在七律《滕王阁》中，亦有"西风何限凭高事，铁笛吹愁酒一卮"之句。

南宋爱国将领、大词人辛弃疾于淳熙八年（1181）夏，第二次抵赣任职时，以悲愤的心情，填《贺新郎·赋滕王阁》，对阁中歌舞衰歇咏叹道："物换星移知几度，梦想珠歌翠舞。为徙倚，阑干凝仁……"而辛弃疾的诗友赵善括在酬唱中，则有"樱歌柳舞俱柔弱，罗衣不奈江风恶"（《醉落魄·江阁》）

之叹。与之同时代的诗人龙紫蓬在赋《齐天乐·登滕阁》中，也有同样的感慨："歌珠舞翠，怎禁得无情、一江流水……新碑旧记，更古今匆匆，一番兴废。立尽斜阳，共谁评半语？"

元代，深重的民族矛盾，致使国无宁日，滕王阁上的歌舞自然也停歇了。吴元德在七律《题滕王阁》中叹道："宝剑气沉龙去远，玉箫声断雁来迟。美人粉黛归何处，才子文章有断碑……"元代大家虞集亦沉吟道："豫章城上滕王阁，不见鸣銮佩玉声。"元末明初，"吴中四杰"之一的杨基于至正二十二年（1362）朱元璋大败陈友谅后，在阁中设宴祝捷。不久后，阁倒塌，他又来南昌，作《登豫章城忆滕王阁故基》，叹咏道：

> 豫章城郭楚江滨，帝子笙歌迥不闻。
> 十载以前犹有阁，三王之后岂无文？

明代，滕王阁这一歌舞之地又再度复兴。朱元璋在滕王阁上大宴文武群臣，上元节在阁中观灯（袁贞吉《上元滕王阁，高皇帝尝观灯于此，恭赋》为证），后虽几经兴废，但歌舞连绵不断，有关的吟诵之作亦不少。明初大文人胡俨五律《滕阁秋风》中，有"酒阑歌舞散，吹送彩云还"之诵；茶陵诗派领袖李东阳登阁时浩叹"云雨不收歌舞地，文章空叹古今才"；樊尚璟在《环漪阁新成即赋》中云："杰阁登临尽俊英，当筵鼓吹杂涛声。"这些吟咏也都反映了当时歌舞的盛况。

尤其值得一提的是，明万历二十七年（1599）重阳佳节，新修滕王阁落成。江西巡抚王佐在阁中大排宴席，并演出了

《牡丹亭》。退位吏部尚书张位和剧作家汤显祖及大小官员们，同观此戏。汤显祖赋《滕王阁看王有信演〈牡丹亭〉》二首，记述了演出的情景，诗云：

其一

韵若笙箫气若丝，牡丹魂梦去来时。

河移客散江波起，不解销魂不遣知。

其二

桦烛烟销泣绛纱，清微苦调脆残霞。

愁来一座更衣起，江树沉沉天汉斜。

滕王阁上演出《牡丹亭》，开创了在阁上演戏的先例。

清朝以后，滕王阁上依然是歌舞不绝，戏剧不断，而且阁畔的宽阔江面也成了歌乐场。每逢节庆，游人如织，或踏歌，或乘舟轻唱。宁元模《西江竹枝词》中，有一首便对此作了生动而形象的吟诵：

滕王阁下木兰舟，远笛声声渡水流。

喜和洋琴歌一曲，弋阳腔调豁新愁。

滕王阁上的歌舞，自滕王李元婴首倡以来，历经唐、宋、元、明、清五个朝代，流风不断，虽时有强弱而不息，无怪乎自古就有人将滕王阁称为歌舞宴乐的殿堂。

◆·迎来送往的"驿馆"

清秋霁晓豫章城，滕阁留欢送客情。

上面两句诗，是明代进士陈冠七律《滕王阁送张宪使之云南》中的首二句。这两句诗也确实道出了滕王阁是豫章城中一处迎来送往的理想之所，是不称驿馆的"驿馆"。滕王阁得临观之美，且人文荟萃，人所共和。古时，交通以水运为主，滕王阁所处的位置，正是豫章古城外的近港之处。"接官送府章江门""吹吹打打章江门"。章江门，古称昌门，是由水路入城的门户。章江门外是古港口，有迎送官员的章江驿。章江驿与滕王阁毗邻，故迎来送往大都在临观之美的滕王阁。宴客饯别，迎宾洗尘，主效阎公，客慕王郎，能在名阁上迎送宾客，宾主双方也都感到十分荣耀。

应该说自滕王创阁之后，在这座江南名楼中迎来送往就非常频繁，其中不少迎送被后世传为佳话，或演为动人故事。阎都督重阳设宴盛会，王勃即席挥毫，写出洋洋洒洒的《秋日登洪府滕王阁饯别序》（简称《滕王阁序》），被后人传诵着，以其为题材的话本、戏曲均有，可称得上是滕王阁上迎送的第一大话题，这里就不细说了。下面举其他几例历朝名士在滕王阁中迎送的旧事谈一谈。

唐元和十三年（818），结束被贬江州司马的白居易，赴任四川忠州刺史前夕，转道南昌。南昌地方官员在滕王阁中饯送诗人，南昌的老百姓亦欲一睹诗人的风采，在高阁下观看送别诗人的场景。为此，白居易特赋七绝《钟陵饯送》，诗云："……路人指点滕王阁，看送忠州白使君。"

宋熙宁年间，政治家兼文学家王安石，在神宗的支持下，实行变法，因阻力很大，两度拜相，两度被罢免。他退隐后，曾"愁来径上滕王阁"，摩碑赋诗。他曾与友人在滕王阁上饯宴道别，后来忆及此事，特集古人诗句（共二十四句）作七古《忆滕王阁，集句送吴显道》，以赠友致意。

元元统二年（1334），滕王阁新修落成，文学家虞集为此撰写了《重建滕王阁记》。在《记》中，对这座名楼迎来送往的功能，也有记述，文曰："来莅是藩者……与往来之公卿大夫、观风之使、四方之宾客……相与登临览观于斯阁……"至于元人在滕王阁上迎送的诗篇，在董遵所编《滕王阁集》中收录了一些。

明代，滕王阁上迎来送往的活动非常频繁，保留下来的这类作品也非常多。南昌的地方官员们，在阁中迎送过开国皇帝朱元璋。朱元璋也在阁中大宴功臣，并于上元日观灯于此。嘉靖三十八年（1559）进士、太子太保衷贞吉曾赋七律《上元滕王阁，高皇帝尝观灯于此，恭赋》，以记此事，诗云：

> 帝业楼船第一功，长天高宴故王宫。
> 春临泽国鱼龙出，晚御章门观阁崇。

半壁风云乘浪白，万家灯火逼波红。

山川昔为宸游壮，明月金尊此夜同。

下面仅列举几例当时名流的诗题，即可想见当年滕王阁上迎来送往的情景：

王宠（画家、诗人）《赋得滕王阁送庐驾部师陈》；

黄洪毗（进士）《豫章滕阁重会傅桌长近山、杨都阃石岩，追忆夷门，赋赠》；

朱谋玮（明王宗室、学者）《宿夜滕王阁，送郭次甫归金山》；

黄汝良（进士、尚书）《甲午，祇役江右，开府陆仲鹤招饮滕王阁，有赋二首》；

刘一焜（浙江巡抚）《九日滕王阁送弟季晦，时弟以御书差回，且有宫赞之命》；

万时华（诗人学者）《春夜滕王阁同诸子别郑谦止太史》；

陈冠（工部郎中）《滕王阁送张宪使之云南》；

张宪臣《滕王阁同僚饯别》……

明崇祯八年（1635），乙亥二日，即正月初二，滕王阁社

滕王阁赣江边迎来送往

初集于滕王阁，并饯送社友朱梦得拜官北上，词朋赋友们以诗相赠，一时传为佳话。《滕王阁续集》中，收录了当时许多学者名流的赠诗，如：朱徽、万元吉、万时华、刘鸣谦、刘斯玮等人。下抄录进士朱徽《乙亥二日，滕王阁社初集，送朱梦得拜官北上》：

> 新酺暖气透江城，江水含光物自清。
> 竞读阳春传凤律，联歌雅调订鸡盟。
> 阁中何似高今古，海内能多几弟兄。
> 好托东风随胜饯，宗臣怀主有深情。

清初，巡抚蔡士英重建滕王阁，后又多次兴废，但每次重建之阁都是迎来送往的最佳场所。乾隆十四年（1749），江西布政使彭家屏于阁后增建"迎恩亭"，为接恩诏、拜御赐之所。乾隆四十一年（1776），巡抚海成又将"迎恩亭"移于阁前作为迎送官员们的礼仪场所。该亭具有典型的江南古建特色，四角攒尖，木质结构，既古朴又灵巧。亭的外围有栏杆，设座椅，可容纳二三百人。亭前有石头砌成的阶梯，直达水边泊舟处。当举行迎送典礼时，亭中摆设香案座椅，主客各就其位。当时铁路、公路未通，往来显贵巨富都是至此登岸或乘舟，故南昌民谣有云："送客滕王阁，接官章江门。"自清初至民国阁毁二百多年间，有关在滕王阁上迎来送往的诗数不胜数，下录近人蔡可权在清末时写的一首七律《滕阁留别南昌诸旧好》：

乡国群贤好自为，滕王阁上话襟期。

本心试认三春草，世事何殊一局棋。

胸有町畦非志事，眼空恩怨是男儿。

行行暂与诸君别，无限莺声入梦思。

◆·拜迎诏诰的礼厅

章江江上有楼台，起绝闾阎实壮哉！

时逛星槎云外至，每迎天诏日边来。

上面四句诗，是明代宣德八年（1433）进士，诗人兼画家高旭咏诵"西江第一楼"的前四句诗。他曾任江西提学佥事，写过滕王阁组诗。他的这几句诗，则道出了滕王阁作为迎拜诏

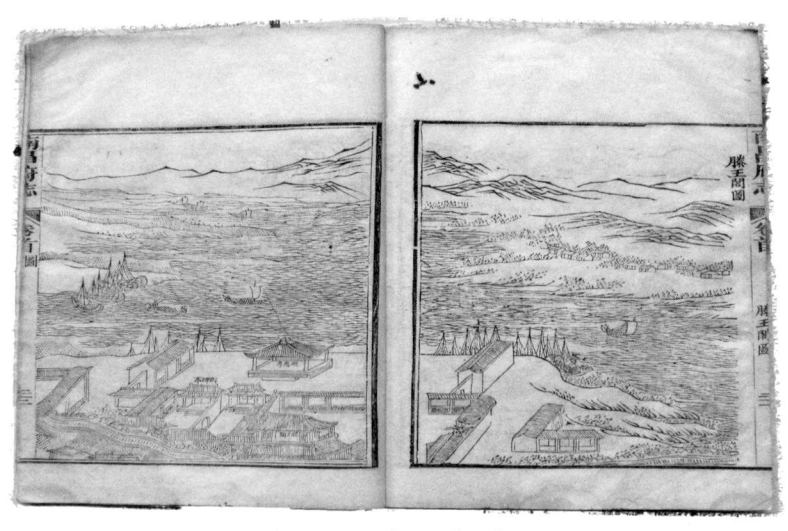

滕王阁图（《南昌府志》）

诰之所的特有功能。这种功能，始于明代。

明正统初年（1436），滕王阁因其基础受到大水的冲击，江岸崩塌，渐渐沦陷于江。于是江西左布政使吴润在原阁遗址修筑了一座"迎恩馆"，作为"迎拜制诰之所"。文渊阁大学士陈循《重新迎恩馆记》有载："南昌郡城之迎恩馆，在故滕王阁之遗址。"时过十六年，即明景泰三年（1452），迎恩馆毁于火。当年，姑苏韩雍（字永熙）以都察院佥都御史奉敕来抚江西，适逢馆毁，韩重视之极，认为"此既迎拜制诰之所，名曰迎恩，则事之所重者莫先，新之岂可缓乎？"于是抓紧在旧址重建，历时七十九天竣工。落成后的新楼阁，"有堂有楼，堂高逾二十尺，而楼又逾其半。宏深伟丽，庶几昔之所谓阁者。"在韩雍手中，总算基本上恢复了元末时滕王阁的风貌。面对新阁，韩雍感到用原名"迎恩馆"似于规模不符，若恢复旧名"滕王阁"又有违重建"迎恩馆"的初衷，于是取韩愈《记》中"江南多临观之美，而滕王阁独为第一"之意，定名为"西江第一楼"，而将前馆匾称"迎恩之馆"。对此，陈循在其《记》中亦记述甚详。李奎在《西江第一楼记》中写道："凡恩诏南颁，迎候于此；使节往返，饮饯于此。"刘俨《西江第一楼记》中也写道："凡朝廷恩命之下江西，首于此拜受，而后颁于郡县。"这些规矩，此后一直沿用至清代。

清乾隆元年（1736），江西总督赵宏恩、巡抚俞兆岳，见滕王阁自雍正九年（1731）被焚毁已逾五年，于是鸠工集材，予以重建。至乾隆八年（1743），江西布政使彭家屏对滕王阁又进行了一次修葺。六年后，他又在阁后增建了"迎恩亭"，作为"接恩诏、拜御赐之所"。清代康熙之治，至乾隆年间，已达到鼎盛时期，皇上的恩诏与御赐颇多。诏书所至，地方官员都要沐浴焚香，穿戴整齐地前往拜接，因而需要有个迎拜制诏之所。增建的迎恩亭在阁之后，占地面积不大，容纳不了大小官员，到了乾隆四十一年（1776），巡抚海成又易地重建，建在阁前的空旷之地，面江近岸，占地面积大了，增加了容纳量。道光二十六年（1846）、二十八年（1848），滕王阁两次遭遇火灾，经过一次重修和一次重建，在规模上、景观上已不如从前。咸丰三年（1853），滕王阁遭兵燹，"颓坏荒残"，已成了"瓦砾榛莽之墟"。同治十一年（1872），中丞刘坤一再度任江西巡抚，来南昌后，他与同僚来到滕王阁，"方谋修举废坠，次第兴作"，修阁建亭。这次的重建之举，"无忝前人，无废后观"，刘绎在《重建滕王阁记》中则云："不费民财，不劳民力，规制仍旧而气象聿新。"奉诏宣赐的"迎恩亭"落成后，刘坤一与僚属"数至亭下，周视垣舍，慕往哲之丽迹，仰圣世之荣渥……"

清末，朝廷腐败，内忧外患，难以自保。八国联军攻占北京时，刘坤一策划了所谓的"东南互保"。迎恩亭已无恩可迎了，后来成了所谓的"接官亭"。民国肇始，南浔铁路建成通车，官员走水路的也少了，接官亭也开始冷落凋敝，最后成了吊古之所和市民们游憩追凉之处。

◆·祭祀先贤的祠坛

> 高阁重修仿旧规，二贤秩祀展新仪。
> 乾坤正气吾人共，湖海高情隔代知。
> 风激橹声潮未落，云连潭影日初移。
> 年来忧世怀应切，已觉蹉跎两鬓丝。

这首七言律诗，是明代文学家陈洪谟（1467—1527）任江西巡抚时所作《滕阁新成兼祀二忠十首》中的第二首。明正德十四年（1519），宁王朱宸濠在南昌发起叛乱，移地重建已六十余年的滕王阁（景德三年重建之阁），因这次叛乱，"戎马之迹相寻，阁以益敝"（罗钦顺《重建滕王阁记》）。明嘉靖五年（1526）秋季，都御史陈洪谟出任江西巡抚，见滕王阁已残破不堪，"遂撤其旧而重新之"。重建工程始于嘉靖五年（1526）秋，落成于次年仲春。据罗钦顺《记》，"阁凡七间，高四十有二尺，视旧有加。堂凡五间，大门前峙，其壮皆与阁称。阁之后为堂三间，以祠文文山（文天祥）、谢叠山（谢枋得）二公，名曰'二忠祠'，盖以义起者也。自大门以达于祠下，左右各有庑廊，以次相承为间，通计三十有二。祠有垣，以严其限，中垣为门，以时启闭"。从此，滕王阁内便有了祭祀先贤的祠堂。

二忠祠中所祭奠的，即南宋的两位名臣文天祥与谢枋得。

文天祥（1236—1283），字宋瑞，又字履善，号文山，吉水庐陵（今江西吉安）人，宝祐四年（1256）中进士第一名，为宁海军节度判官。开庆元年（1259），元兵南下，宦官董宋臣请迁都，文天祥上疏请斩董宋臣，并提出御敌之计，未被采纳。咸淳十年（1274），知赣州。次年，尽以家财为军资，组织勤王兵万人入卫。兵至临安（今杭州），被遣知平江府（今苏州）。德祐二年（1276），知临安府。南宋降，文天祥以右丞相兼枢密使前往元营议和，被扣留。后于镇江脱逃，经真州、扬州、通州，入海至温州，与张世杰、陆秀夫拥立益王赵昰，坚持抗元，拜右丞相。景炎二年（1277）进兵江西，收复州县多处，不久败退广东，坚持抵抗。次年在五坡岭（今广东海丰北）被俘。元将张弘范命为书招降张世杰，文天祥以《过零丁洋》诗与之以明志，末两句云："人生自古谁无死，留取丹心照汗青。"发送大都（今北京）后，始终不屈。至元十九年十二月（1283年1月），文天祥被杀于柴市口。他所遭险难及战友事迹，都作有诗歌，题名《指南录》。在大都狱中所作《正气歌》尤为世所传诵。有《文山先生全集》行世。

谢枋得（1226—1289），字君直，号叠山，江西弋阳人。宝祐四年（1256）与文天祥同科中进士。次年，任建康（今南京）考官，出题以贾似道政事为问，因罪贬逐。德祐元年（1275），以江东提刑、江西招谕使知信州（今江西上饶市），抗击元军，城陷，流亡建宁（今福建建宁），以卖卜教书为生。至元二十三年（1286），程钜夫荐宋臣，以他为首，辞不就。

至元二十五年（1288），留梦炎亦荐之，不就。福建行省参政魏天祐强迫他北行，至京师绝食而死。编有《文章轨范》。其诗沉痛苍凉、悲愤感伤，辑为《叠山集》。

二忠祠的建立，给滕王阁增加了新的人文景观，丰富了文化内涵，多了一重功能。明清两朝，来南昌的人没有不登临滕王阁的，到滕王阁的人无不瞻拜祭奠二忠祠。陈洪谟诗云：

> 文章气节两堪传，前有三王后二贤。
>
> 自是忠贞裨世教，从来奈物孕山川。
>
> 撑扶宋室谁能并，崇祀江乡理则然。
>
> 蘋藻秋风瞻拜处，巍巍北斗正高悬。

文、谢二人不愧是江西的人杰，甚至其敌人元世祖也叹二人为"真男子"。清末代皇帝溥仪登基之年（1909），重修杰阁，在阁后仍辟建有二忠祠，直到1926年才随阁毁于兵燹。

五　物换星移话兴废

一千多年来，滕王阁饱经人世沧桑，迭兴迭废，迭废迭兴，所受到的折腾是天下名楼中很少见的。它既经历了歌舞升平的昌盛年代，也渡过了满目疮痍的艰难岁月。这一枝中国古建筑之花，饱尝治乱风雨，开而复谢，谢而又开。正如明代解学龙在其《滕王阁记》中所云：

> 昔唐高祖之子元婴，出为洪州刺史，负风流之资，乘兴王之气，暇日，泛青雀舫，涉江皋，遂就章水之滨，创建高阁，以济登临。……斯阁自唐以来，春夏屡更，沧桑代变……其倾圮者，不知几时；而修葺者，亦不知几人！

幸有前人文章在，考其千载兴废，尚可知端倪、理头绪。

◆·千载兴废的次数

据现有的史料考证，滕王阁历经唐、宋、元、明、清几个封建王朝，直到民国十五年（1926）毁于兵燹，其间一千多年，创而修，修而毁，毁而建，迭废迭兴达28次之多，至1989年10月进行第29次重建。

唐代的兴废情况如下：

唐高宗永徽年间（一般认为是永徽四年，即公元653年），滕王李元婴创建；

唐高宗上元二年（675），洪州都督阎公重修，一说咸亨初重修；

唐德宗贞元六年（790），中书舍人王仲舒重修；

唐宪宗元和十五年（820），中书舍人王仲舒时任御史中丞，视察江南西道，见阁将圮，再度重修；

唐宣宗大中二年（848）夏，阁首次毁于火。江西观察使纥干众率众扑救不果，当即决定重建，至次年秋八月竣工。

宋代的兴废情况如下：

宋徽宗大观二年（1108），侍郎范坦帅江西时重建；

南宋时，滕王阁移建城墙上。《江城名迹记》引范成大语："余至南昌，登滕王阁，其故甚侈，今但于城上作大堂耳。"元人姚燧《新修滕王阁记》谓宋阁"其基城为阁……大抵非唐屋矣"。均可证宋南渡后已移建城墙之上，惜南宋无《记》传世，不详其始末。

元代的兴废情况如下：

元世祖至元三十一年（1294），裕皇太后出资重建；

元顺帝元统二年（1334），平章马合睦重建，十二月动工，次年五月落成。

明代的兴废情况如下：

明英宗正统元年（1436），江西布政使吴润在阁旧址上筑迎恩堂，也称迎恩馆，人们虽仍旧视之为滕王阁，但名实俱亡了。

明代宗景泰三年（1452），迎恩馆毁于火，江西巡抚韩雍于馆之东，改构"西江第一楼"，取韩愈《记》中语意名之，"庶几昔之所谓阁者"。

明宪宗成化元年（1465），布政使翁世资锐意重建，乃于成化四年（1468）五月正式重修，同年十月落成，复"滕王阁"名。

明世宗嘉靖六年（1527），都御史陈洪谟重建，九月动工，次年二月落成。

明神宗万历十五年丁亥（1587），南昌太守范涞重修［陈文烛《记》云："今皇上御极十有五年……丁亥之秋，阁方理新。"王咨臣《滕王阁兴废系年考》误为嘉靖六年丁亥（1527）］；

明神宗万历二十七年（1599），巡抚夏良心主持重修，一说为王佐主修；

明神宗万历四十四年（1616），左布政使王在晋重建；

明思宗崇祯六年（1633），巡抚解学龙捐俸重修，始于五月，终于八月。

清代的兴废情况如下：

清世祖顺治五年（1648）五月，阁毁于兵燹；

清世祖顺治十一年（1654），巡抚蔡士英重建，十一月动工，次年正月竣工；

清圣祖康熙十八年（1679），十二月毁于火，巡抚安世鼎当即重建；康熙二十一年（1682），阁复毁于火，安世鼎再次重建；康熙二十四年（1685），阁毁于火，中丞宋荦当年经始重建，次年落成；康熙四十五年（1706），阁又遭火焚，巡抚郎廷极重建；

清世宗雍正九年（1731），阁毁；

清高宗乾隆元年（1736），总督赵宏恩、巡抚俞兆岳重建；乾隆八年（1743），江西布政使彭家屏重修；乾隆五十二年（1787），阁圮，大中丞何裕城重建，次年落成；

清仁宗嘉庆十年（1805），大中丞秦丞恩重修；嘉庆十七年（1812），布政使陈预重修；

清宣宗道光二十六年（1846），阁遭火灾，当年重修；道光二十八年，阁复遭焚，傅绳勋重建；

清文宗咸丰三年（1853）五月，阁遭兵燹，荡然无存；

清穆宗同治十一年（1872），巡抚刘坤一重建，次年九月落成；

清德宗光绪三十四年（1908），阁遭火焚；

清溥仪宣统元年（1909），重予修建，规模大逊于前；

民国十五年（1926）10月12日大火，延烧三日，千载古阁兵燹中化为灰烬。

综上所述，唐代创建、重修、毁圮、重建五次，宋代二次，元代二次，明代八次，清代十八次，民国一次，总计三十六次（其中立毁立建者仅计一次，超过一年者则按其兴废次数分别计算，一般所云的二十八次兴废之数计算方法与此有别）。

◆·历次鼎新的变化

建筑是一门艺术，滕王阁的建筑因历经许多次的兴废，所以历次重建后的建筑艺术风格无不打上时代的烙印，在继承的同时又有所变化发展，当然，有时艺术的发展与时代的发展是不平衡的。

滕王当年所创建的高阁，体现大唐之风是无疑的。虽然我们无法获得具体的图样，但是从王勃的《序》文中尚能想见其规模，想见其"瑰伟绝特"的唐风。

王勃《序》中，描绘其雄伟气势的辞句有：

临帝子之长洲，得仙人之旧馆。层峦耸翠，上出重霄。飞阁流丹，下临无地。

其中"耸翠"显指碧色琉璃的大屋顶，"流丹"则是指以红色为基调的梁柱彩绘流荡映现于江水中。又如《序》中，有附属建筑的描述：

鹤汀凫渚，穷岛屿之萦回，

桂殿兰宫，列冈峦之体势。

附属宫殿因地制宜，随高就低。建筑材料，喻之以
"桂""兰"。在《序》中还有建筑外表的描述，如：

披绣闼，俯雕甍……

"绣闼"即如锦似绣的雕花门户，"雕甍"则是雕饰精美的
屋脊。关于外部及内部装饰的描绘诗句，则有：

画栋朝飞南浦云，珠帘暮卷西山雨。

上面的文字虽不多，但可从中窥其规模之雄伟、装饰之豪
华，故韩愈有"瑰伟绝特""独为第一"之赞誉。最初之阁毁
后，历朝屡毁屡建，每次重建之阁又如何呢？下面具体谈谈其
变化情况。

唐贞元六年（790），王仲舒第一次重修，已无史料考证其
规模。唐元和十五年（820），王仲舒第二次重修，有韩愈《新
修滕王阁记》可考。这次重修之阁，平面呈方形，东西长七丈
五（23.33 米），南北阔八丈（24.88 米）。阁高四丈六（14.31
米），包括底层高一丈二（4 米）。二层高一丈（3.33 米），中柱
上通屋脊二丈四（8 米）。东西长七丈五（25 米），共六开间。
附属建筑亦不少。

唐大中二年（848），由纥干众主持重建，韦悫《重建滕王

阁记》中有关新阁建筑的记载非常详细。新阁坐北朝南，平面呈方形，南北阔九丈二（28.61米）；东西长八丈六（26.75米），七开间；阁高六丈（18.66米），包括底层高一丈四（4.67米），二层高一丈三（4.33米），中柱上通屋脊三丈三（11米）。若将台座计算在内，上下三层，自地至屋极，凡增九十余尺（30米）。（唐·封敖《记》）诚如韦《记》所云："峻修广袤，非常制所能拟及。""飞翠叠峦，虎踞龙盘，发地呈形，与山同安。"关于附属建筑的描述，则云：

> 广其邮驿厅事，接以飞轩累榭，复架连楼小阁，对峙高揭。旁通江亭津馆，致巧炫能。迴廊并抱以交映，邃宇相萦而不绝。

唐大中二年（848）重建之阁，规模宏丽，工程亦最为坚固，经二百六十余年，直到宋徽宗大观年间始加重修。据范致虚《重建滕王阁记》所云：

> 为屋广八筵（《考工记》注：一筵八尺），修十八筵有奇，崇三十有八尺。广旧基四十尺，增高十之一。南北因城以为庑，夹以二亭：南溯大江之雄曰"压江"，北擅西山之秀曰"挹翠"。堂皇之峻，丹臒之华，至者观骇。

宋阁的雄姿，我们能在《滕王阁图》（明人项子京天籁阁藏宋画）中得到印证（见下图）。

南宋时，滕王阁改建于城墙之上。范成大云："余至南昌，登滕王阁，其故址甚侈，今但于城上作大堂耳。"宋人宗子文诗曰："高阁连城十二栏。"元人姚燧《新修滕王阁记》谓宋阁"其基城为阁……大抵非唐屋矣。"虞集亦云"郡城之上有曰滕王阁者",又诗云"豫章城上滕王阁",及"高阁城头户牖开"等句,皆可证阁于宋南渡后已移建于城墙之上。惜南宋无《记》传世,不知其详,但在建筑风格上有别于唐,则是肯定的。

元代时,滕王阁两次重建。关于至元三十一年(1294)第一次重建,姚燧在《新修滕王阁记》中云:

> 始为重屋,大其故制之雷九(雷,一沟瓦)。楹飞升显,即深以五筵,崇以七寻,其势则山出而云飞矣。

元统二年(1334)第二次重建落成之阁,虞集《重建滕王阁记》中记载颇详,云:

> 阁之崇为尺四十有四,深如崇之度而广倍之。材石坚致,位置周密,檐宇虚敞,丹刻华丽,有加于昔焉。

现存的元人画《滕王阁图》(见彩页),显见整个建筑物雄伟高耸,屋顶类宋式,檐口斗拱较简洁,基座高大厚实。整体较宋代朴实,雕饰较少,与宋阁有别。

明初,元阁犹存,后因年久失修,风飘雨淋,"颓压以尽,遗址颇沦于江"。明正统初年(1436),遗址上筑馆作"迎恩堂",景泰三年(1452)毁于火,改构"西江第一楼"。就建筑而言,大不如前朝。至成化四年(1468),新建之阁"高四寻，广倍之，深逾于高寻有二尺，四周缭以回廊""阁前构堂，高广半之，用延往来宾客。堂左右庖湢之所咸备。阁后复创观宇，以居习老子教之醇谨者数人，俾供洒扫役工"（见谢一夔《重修滕王阁记》)。明代重修之阁，以嘉靖六年（1527）所修最为宏大，罗钦顺《重建滕王阁记》云：

> 阁凡七间，高四十有二尺，视旧有加。堂凡五间，大门前峙，其壮皆与阁称。阁之后为堂三间，以祠文文山、谢叠山二公，名曰"二忠祠"，盖以义起者也。自大门以达于祠下，左右各有庑廊，以次相承为间，通计三十有二。祠有垣，以严其限，中垣为门，以时启闭。随面势稍拓其基，周垣凡七十四丈者奇。

从以上的文字可以看出，主体建筑与附属建筑的布局颇具匠心。至明代末叶，阁侧增建"环漪楼"。整个滕王阁建筑群，形成一座雅致的江南古典园林，体现了明代人高超的造园水平。解石帆在《滕王阁记》中，对景观有如下的描绘：

> 或散霞成绮而宜晴，或山色空蒙而宜雨，或千岩竞秀而宜春，或江清木落而宜秋，或一碧万顷而宜月，或孤舟独钓而宜，或西山爽气而宜朝，或翠屏晚对而宜暮。则可谓极景之奇，擅丽瞩之致者矣。

清代，滕王阁兴废频繁，其规模均不能与前朝相媲美，顺治十一年（1654），中丞都御史蔡士英所重建之阁颇有代表性。关于建筑规模，蔡氏《重建滕王阁自记》中云：

民国初摄滕王阁（《滕王阁考初编》）

按其阁为五楹（楹，计屋数曰楹，屋一列为一楹），附以群庑，外甃短垣缭绕之，但足为藩篱，不令高蔽吾目也。

阁旧基，面正南……今向移正西，而大空其中址。……无论跻斯阁，可以远眺无迷；即坐邃阁中，直使烟云触户，帆影过几席间矣。

阁之上，其前枋最高而显出者为直额，颜之曰"滕王阁"……其下曰"水天空霁"。南额曰"栋宿浦云"，北额曰"朝来爽气"，东额曰"百花袇褥"。阁之内曰"江山入座"。榜下门庭曰"西江第一楼"。酌古衡今，毋敢侈，亦毋敢陋。

嗣后，清代十余次重修之阁，大体因袭蔡氏，有以下木刻的《滕王阁图》可以佐证：

康熙五十九年（1720）刻本《西江志》卷首图；

乾隆五十四年（1789）刻本《南昌府志》卷首图；

道光二十九年（1849）刻本《新建县志》卷首图。

上述三图，所绘之阁为重檐歇山式屋顶，阁为二层，其下有台座，不全是官式建筑，采用了一些民间营造样式。主阁均倚城面江，附属建筑有廊庑、亭、轩、馆、驿等。四周绕以短墙，构成以主阁为中心的园林式院落。

◆·阁址的变迁

滕王阁的兴废非常频繁，而阁址的变迁，经考证有五处之多。

首先说说唐代的阁址。滕王创建之阁，无图可考，仅有王勃一序为最早的记载：

> 俨骖騑于上路，访风景于崇阿。临帝子之长洲，得仙人之旧馆。层峦耸翠，上出重霄；飞阁流丹，下临无地。鹤汀凫渚，穷岛屿之萦回；桂殿兰宫，列岗峦之体势。

从这段文字来看，唐阁踞高丘、临长洲。"崇阿"，即高丘。《诗经·小雅·菁菁者莪》中云："在彼中阿。"阿：大陵，山曲也。有学者认为，滕王是在"仙人旧馆"旧址上营建高阁的，引王勃序为证，有一定道理。关于唐阁阁址，说得比较具体的是唐人韦悫，他在大中三年（849）秋所撰《重建滕王阁记》中这样写道：

> 先是，背郭郭不二百步，有巨阁称滕王者。……考寻结构之始，

盖自永徽后时，滕王作苏州刺史转洪州都督之所营造也。距今大中岁戊辰，亦将垂二百年。……今按旧阁基址，南北阔八丈，今增九丈二尺……固可谓宏廊显敞，殊形诡状。

文中所说的"郛郭"，即城外之郭，也就是城门之外的地方。唐阁即坐落在背城不到二百步的临江处。

北宋时，滕王阁址犹唐阁址。宋人范致虚《重建滕王阁记》中言之甚明：

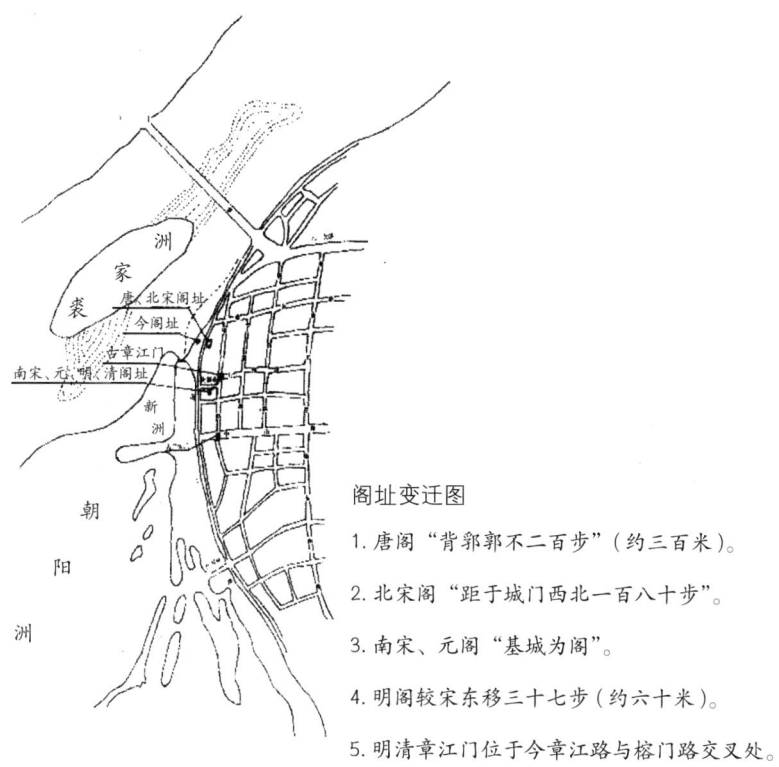

阁址变迁图

1. 唐阁"背郛郭不二百步"（约三百米）。

2. 北宋阁"距于城门西北一百八十步"。

3. 南宋、元阁"基城为阁"。

4. 明阁较宋东移三十七步（约六十米）。

5. 明清章江门位于今章江路与榕门路交叉处。

滕王阁在郡城之西，滕王元婴所建也。……阁距于城门西北一百八十步，元和十五年王仲舒复修。大中初复焚，观察使纪干众鸠工崇成。……自大中后至宋大观戊子，仅三百年，阁复坏，侍郎范坦帅江西，又命新之。

范氏所言与唐人韦悫所言是吻合的。唐、北宋时，西面的城门为古代的昌门，当时叫章江门。阁坐落之处，即在章江门西北一百八十步之处，方位比唐人说得更具体了。

宋南渡后，滕王阁改建在城墙上，此后经历元代二度重修，直至明初洪武年间，均未改变阁址。有以下文字为证：

陈弘绪《江城名迹记》引范成大语：

余至南昌，登滕王阁，其故基甚侈，今但于城上作大堂耳。……其下江面板阔，云涛浩然。

虞集《重建滕王阁记》云：

郡城之上有曰滕王阁者，俯临章江，面直西山之胜。

姚燧《新修滕王阁记》云：

其基城为阁……大抵非唐屋矣。

有关滕王阁坐落城墙上的诗句也不少：

高阁连城十二栏（宋·宗子文）

豫章城上滕王阁（元·虞集）

高阁城头户牖开（元·虞集）

罗钦顺《重建滕王阁记》云：

初入我国朝（明朝），遗构犹在。圣祖亲征伪汉（指陈友谅），尝于此宴诸将领，既而颓压以尽，遗址亦颇沦于江。

衷贞吉有七律《上元滕王阁，高皇帝尝观灯于此，恭赋》：

帝业楼船第一功，长天高宴故王宫。
春临泽国鱼龙出，晚御章门观阁崇。
半壁风云乘浪白，万家灯火逼波红。
山川昔为宸游壮，明月金尊此夜同。

明初洪武年间，元阁犹存。因为江岸崩塌，后为了防御，南昌沿江的城墙内移去江三十步，阁则"颓压以尽，遗址亦颇沦于江"。从此结束了城上建阁的历史。

明正统年间，吴润建"迎恩馆"，系因其地筑馆，已非元时滕王阁旧址。景泰年间，韩雍重修，名为"西江第一楼"，依赣江东岸而构，新址渐移而南，均在城外。后翁世资重修，复旧名滕王阁，此后阁址或进或退，均非旧址。明人曹学佺《名胜志》中载，滕王阁在章江、广润二门之间。清代《南昌府志》《南昌县志》因袭此说。曹学佺记载的重要之处，就是说明到了明代，原在章江门西北一百八十步的唐宋元阁址已南移至章江门与广润门之间了。

关于清阁阁址，嘉庆十七年（1812）陈预《重修滕王阁记》云：

章江门南百余步，滨江为滕王阁，向为豫章名胜之地。

嗣后，刘坤一在《重建滕王阁记》中说：

出章江门迤西，唐滕王元婴之阁在焉，面江背城，翼然临乎埤堄之上，居高临下，千里在掌。

清阁位置，还从诸多方志木刻图中得以印证。如：

康熙五十九年（1720）版《西江志》卷首滕王阁图，阁在章江门外南侧不远处；

乾隆五十四年（1789）版《南昌府志》卷首南昌府城图，阁亦称在章、广二门之间，但距广润门甚远，而近章江门；

道光二十九年（1849）版《新建县志》卷首南昌府城图，阁在章江门外南侧近处。

此外，1980年3月，在江西省乐平县（1992年，设为乐平市）从民间收集到一只青花天球瓶，经专家鉴定，瓷瓶为景德镇晚清时期产品，天球瓶通身绘有一幅滕王阁图，阁在章、广二门之间，其左右画有附属建筑及丹桂芭蕉，城门后则有天后宫，非常写实，是同治时期滕王阁的写照。

民国时期，滕王阁已有照片，系1915年商务印书馆所摄，刊《东方杂志》第十二卷第四号上，牌楼、主阁轮廓分明，匾额、楹联均清晰可辨，如"棨戟遥临""滕王阁""大江东去，爽气西来"等字样。

自1926年滕王阁遭兵燹后，清阁址的确切地点便成了史家争议之谜。即便是《滕王阁考初编》这样的专著，对之也不甚了然。有幸的是，1985年9月初，南昌市城建局施工队在沿江路挖下水道时，发掘出清代滕王阁主体建筑遗址，它坐落在今民德路西端与沿江路交叉处偏北50米处（现已拓为沿江大道，紧靠滕王阁小学）。遗址主体建筑基脚长73米，宽待查（地面有建筑物覆盖，不能挖掘）。基脚高4.5米，两端呈弧形向城内弯曲，一律用0.5～1米长、27厘米左右厚的红石垒成，尚未见底。主体建筑不远处，又发掘到一圆亭遗址。这一发掘，确证志书所记载的位置在章江门外南侧近处是准确的。

国运昌盛，1983年第二十九次兴建滕王阁奠基，1985年重阳破土，1989年重阳落成。新阁阁址选在赣江与抚河故道交汇处的新洲尾，东距唐阁约百米左右，东南距清阁阁址三百多米。填江筑阁，收"飞阁流丹，下临无地"的景观效果，选址是十分理想的。

◆·高阁与火灾、战乱

滕王阁在历史上屡毁屡兴，屡兴屡毁，其原因甚多，而以火灾对滕王阁的危害为最。下面按历史的顺序，将其自身不慎失火和被殃及而遭焚的情况，列叙如下（不包括战火）：

唐大中二年（848）夏夜，毁于火；

明景泰三年（1452），毁于火；

明万历四十四年（1616），毁于火；

清康熙十八年（1679）十二月，章江门外民房失火，被殃及，阁毁；

清康熙二十一年（1682），毁于火；

清康熙二十四年（1685），毁于火；

清康熙四十五年（1706），毁于火；

清雍正九年（1731），毁于火，仅御书亭幸存；

清道光二十六年（1846），章江门外民房失火，被殃及，阁大部被毁；

清道光二十八年（1848），毁于火；

清光绪末年（1908），毁于火。

纵观上述记录，滕王阁毁之于火达十一次之多，尚不包括战乱遭兵燹。其中又以清代最为频繁，竟八次火灾。究其火患频仍的原因，不外乎四点：

一、滕王阁的主体建筑，除基础是石材外，其余均为木质结构，且阁内陈列亦为易燃物，极易引起火患，稍有不慎，便回禄[①]肆虐。

二、古代消防设施落后，建筑物无避雷装置，唐大中年间被焚，韦悫《重建滕王阁记》云"系于天灾"，或许是遭雷击所致。

三、南昌夏季酷热，秋后干燥，且高阁临江，易遇大风，一旦失慎，风助火势，扑灭不易。

---

① 回禄相传为火神之名，引申指火灾。

四、滕王阁外围无隔离带、避火墙。居民稠密，民房、店铺鳞次栉比，且有一些贫民以茅草为屋顶、竹篾作墙壁，一旦着火，随风蔓延，殃及古阁。

南昌古时是容易发生火灾的地方。据史料记载，唐代发生一次空前的火灾，时维元和元年（806）秋，烧毁民舍七千余家，灾民数万人。当时正在南昌的诗人杜牧，曾有诗云："洪始有居，水火是苦。一日除去，人知歌舞。"唐时修建了绳金塔，塔顶上置"镇火鼎"，所谓"水火既济，坐镇江城"，这正是当时人们为避免火灾之害的一种祈求和愿望。

现今新建之阁，台座坚固，整个建筑系钢筋混凝土仿木结构，防火分类为一类，耐火等级为一级，有合理完备的消防设施，有防雷击的避雷装置，当可永保千秋。当然，仍应居安思危，以古鉴今，注意防患于未然，以免万一。

南昌的地理位置，诚如王勃在《滕王阁序》中所言："星分翼轸，地接衡庐。襟三江而带五湖，控蛮荆而引瓯越。"在以水运为主的古代，南昌是重要的港口，贸易较发达，物资较丰富，故战争时代为兵家必争之地。滕王阁位居城外，毗邻码头，攻守时则首当其冲，在历史上屡受战乱之灾。

改朝换代总是与战争相伴，社会不稳定则民不聊生。民不聊生之际，作为文化名楼的滕王阁，只能听凭风雨的剥蚀，所谓"乱世则废"。由于时代久远，文献缺乏，关于滕王阁直接受战乱之灾的记录，元代以前，尚未见诸记载。明代距今数百年，有关滕王阁的文字比较丰富，古阁与战乱的记述则时可发现。

最早关于战乱对古阁直接影响的记载，见诸明人罗钦顺正德十四年（1519）所撰《重建滕王阁记》，文曰：

> 成化乙酉，布政使翁公世资再加修葺，始复其名曰滕王阁，于今六十余年矣。自逆濠构难，戎马之迹相寻，阁以益敝。

文中所说的"逆濠构难"，指的是明正德十四年（1519）夏，明代宗室、世袭南昌宁王的朱宸濠，策划了一场反明室王朝的叛乱。那年七月初三，宁王率叛军，出鄱阳湖，趋安庆，企图一举攻占南京。宁王出师后，南昌城内空虚，当时任右金都御史、巡抚南赣及提督学务的王阳明，檄调高安、安义等诸县的兵力，先行占领南昌，破其巢穴，断其归路，迫使宁王回师。在宁王回师途中，被王阳明围剿，历时四十三天。宁王终于兵败于樵舍一带。在这一场战乱中，"阁以益敝"，使得都御史陈洪谟不得不"撤其旧而重新之"。

清朝初年，滕王阁又毁于兵。范文程《重建滕王阁记》载道：

> 金逆播乱，阁毁于兵，昔之飞云卷雨瑰伟绝特者，空余颓垣败瓦，与江流共凄咽，不可复识已。

张能鳞《重建滕王阁记》中，亦载道：

> 乃罹戊子之劫，顿使千百年来胜概尽付灰烬中。

李明睿《重建滕王阁记》中有"迨戊子之乱，而阁烬矣"

的记述。以上三人均是述说清顺治五年（1648）二月，在南昌发生金声桓反清毁阁的事件，其经过大致如下：

明朝降清将领金声桓，初为明总兵黄龙的裨将，旋投左良玉，同其子金梦庚降于清英亲王阿济格，后受命征讨南明政权。顺治四年，西南抗清斗争一度甚炽，他于次年据南昌叛清廷，并挥戈赣州。清廷乃以谭泰等人率军围攻南昌。顺治五年戊子（1648），五月九日夜，清军围攻之势甚烈，金声桓、王得仁回师救援，宋奎光斩城中内奸、追杀叛逃者。恐城外建筑被清兵利用，为抗清计，下令拆毁，未拆完者则纵火焚烧，毁民房千余栋，滕王阁也付之一炬。最终并未能阻挡清军的进攻，城破后，金中箭负伤，投水自尽。

上述事件是当时发生在南方诸省中最大的反清复明斗争。毁于兵燹的滕王阁，直到六年之后，才由巡抚蔡士英重建落成。

清咸丰三年（1853）春，太平天国建都金陵（今南京），兴师北伐后不久，分兵西征，由太平天国夏官副丞相赖汉英为统领，率水陆部队进军江西。清王朝江西巡抚张芾，因军情紧急，飞檄咨请在九江暂驻的湖北按察使江忠源率部南下救援。同年六月二十二日，江忠源入城后，张芾即委以持掌兵权，巡视城内外形势，布置防务。薄暮时，防务既定，于是下令焚毁七座城门外所有民居、市店、寺观、楼阁，包括南昌城外的滕王阁，紧闭城门以守。在命令中声称："毋令贼据为巢。得藉以乘城，蹈桂林、长沙覆辙也！"此令一下，守军立即四出纵火，城外烈焰熊熊，三日不绝，火光烛天，哭声动地，状极悲惨。六月二十三日，赖汉英率战船千艘、士卒万余，进攻南昌，兵临城下三月。赖汉英登岸时，令全军扑救城外余焰，而滕王阁已化为废墟了。刘坤一在同治年间所撰《重建滕王阁记》中云：

> 咸丰癸丑，寇扰东南，围南昌城三月，燔附郭民居，阁遂毁于兵燹。

刘将焚毁古阁的罪名，强加在太平军头上，实乃颠倒历史。

民国十五年（1926）九月二十一日，国民革命军程潜第六军所属王永西团，攻克南昌，后遭北洋军阀邓如琢部的反扑而撤出。十月，五省联军总司令孙传芳派郑俊彦接替邓如琢为赣军总司令。赣军唯恐城外建筑物为革命军所用，借以攻城，其师长岳思寅便决定焚毁城外建筑。十月十二日，组织工兵四百余名，每人赏银圆五块，令其将城中大批煤油集中于德胜、章江、广润、惠民四座城楼上。然后以消防水龙水枪将煤油喷洒到城外民房商店之上，再投以硫磺弹。弹爆油燃，江岸一片火海，长达十余里的城外街巷尽成焦土。此次大火延烧达三日，滕王阁正处章江门外，自然难以幸免，千载古阁，最终在兵燹中化为灰烬。

◆ · 历代重建重修的记文

在一千三百多年的岁月中，由于种种原因，滕王阁毁了二十八次，毁后又重建重修。每次毁后重建重修，大多数有记，至今留传下来的有不少，还有只留下记文标题及作者之名，而正文却已散佚的。现将可考的情况，列之如下：

一、唐贞元六年（790）重建，王仲舒撰《滕王阁记》（已佚）；

二、唐元和十五年（820）重修，韩愈撰《新修滕王阁记》；

三、唐大中二年（848）重修，韦悫、封敖分别撰《重建滕王阁记》（封《记》已佚）；

四、宋大观二年（1108）重建，范致虚撰《重建滕王阁记》；南宋改建城上无记，《江城名迹记》有记载；

五、元至元三十一年（1294）重建，姚燧撰《新修滕王阁记》；

六、元元统二年（1334）重建，虞集撰《重建滕王阁记》；

七、明正统元年（1436），原阁址构筑迎恩馆，陈循撰《重新迎恩馆记》中提及；

八、明景泰三年（1452），因迎恩馆旧址重建，迎恩馆及西江第一楼二名并存，陈循撰《重新迎恩馆记》，李奎、肖镃、刘俨分别撰《西江第一楼记》；

九、明成化四年（1468）重建，复滕王阁旧名，谢一夔撰《重修滕王阁记》；

十、明嘉靖六年（1527）重建，罗钦顺撰《重建滕王阁记》；

十一、明万历十五年（1587）重建，陈文烛撰《重修滕王阁记》；

十二、明万历二十年（1592）重修，张位撰《重修滕王阁记》；

十三、明万历四十四年（1616）重建，王在晋撰《重建滕王阁碑记》（1618年作）；

十四、明崇祯六年（1633）重建，解学龙撰《滕王阁记》，邹维琏撰《重造滕王阁新阁记》，王思任撰《新修滕王阁记》（1634年作）：方大美、夏良心分别撰《重修滕王阁记》（均已佚）；

十五、清顺治十一年（1655）重建，蔡士英撰《重建滕王阁自记》，应蔡公之请，范文程、李明睿、张能麟分别撰《重建滕王阁记》；

十六、清康熙十八年（1679）、二十一年、二十四年、四十五年，乾隆元年（1736）、八年、五十二年，嘉庆十年（1805），先后八次重建，均未见记文，仅王士祯《渔洋年谱》、朱銮《江城旧事》、魏元旷主修的《南昌县志》有记载；

十七、清嘉庆十七年（1812）重建，陈预撰《重修滕王阁记》；

十八、清道光二十六（1846）、二十八年两次重建，《新建县志》《滕王阁考初编》有记载；

十九、清同治十一年（1872）重建，刘坤一与刘绎分别撰《重建滕王阁记》；

二十、清宣统元年（1909）重建，撰记勒石，石佚，辛际周《滕阁脞谭》有记载。

历代重建重修滕王阁记文，基本上是官员所撰写的。古代以文取仕，这些官员也都是当时的名儒学士。其中韩愈、虞集、罗钦顺等人的名气最大。这些记文，是研究滕王阁历史的重要文献，虽然某些篇章也存在一定的错误，亦有以讹传讹处，但总的来说是可信的。它们记叙了滕王阁历代兴废的缘由，阁址的变迁，阁之规模、功能及景观等。唐、宋、元三朝的重建记文，将当时新修之阁的平面及立面的尺寸记述得非常具体，这对研究江南古建筑也极有价值。清初蔡士英的《自记》中，对规划布局作了阐述，乃至对匾额的数量及文字都作了记载，这对后来的重建工程起到了一定的借鉴和指导作用。历朝的记文中，最著名的无疑是韩愈的《新修滕王阁记》。

下述韩氏作记之概：

唐元和十五年（820），山西太原人氏王仲舒，奉唐宪宗李纯之命，以御史中丞的身份，来任江南西道观察使，于七月抵达南昌。三十年前，即唐贞元六年（790），王仲舒曾以中书舍人的身份来过南昌，并适逢滕王阁第二次新修落成，为新修之阁作过《记》，与王勃《序》、王绪《赋》并称"三王文章"。此次，是王仲舒二度来南昌。

其岁九月，王仲舒与监军使、文武幕僚，宴集于滕王阁。这时的滕王阁距离上次重修，已时逾三十年，木质的栋楹、梁角、板槛有的都腐黑挠折了，屋顶的盖瓦及砖质踏步有的已经破缺不全，赤白为主的彩绘也都漶漫不鲜，成了一座危阁。酒过三巡，与宴的官员们提道："这座大屋，若不修葺，势必倒塌。上次重修时，公曾写有《记》文，现仍镌刻在壁。公三十年后的今日，又来宴于此，岂能无动于衷呢？"王仲舒当即允诺，决定重修斯阁。

王仲舒宴集后即指派官员，作好修葺的准备工作。经始于九月，至十月便告工竣。重修之阁，既恢复了前人的原貌，又不废后人的观览。完功庆宴，时有幕僚进言道："立功者必待立言以传，此次重修之盛举，又岂可无文以记？"王仲舒自忖：群公所言有理，盛举不可无文以记，但文字应当出自大手笔好办。于是，想到了"文起八代之衰"的韩退之，此时他正在属下的袁州任刺史，何不请其出手为记呢！遂立即致书，派遣使者，驰往袁州求文。

韩愈（768—824），字退之，河南河阳（今孟州市）人。其郡望为昌黎，故自称"昌黎韩愈"，后人称其为"韩昌黎"。韩愈收到王仲舒的信，拆开一看，寒暄问候数语后，是直率地求其撰写《新修滕王阁记》的话语。他思忖道："滕王阁，昔日已有三王之文名扬海内，于今我亦能载名其上，词列三王之次，实乃荣耀之至。"于是，欣然命笔，一气呵成，写出了《新修滕王阁记》。

韩愈为《记》之时，已五十有二。他少年时就知道江南名楼滕王阁，后又读过三王之文，但是登阁的愿望，始终未能如愿。韩愈未曾登临杰阁，而又写出了流传千古的记文，恐怕也可算得上是名楼的"一绝"。全文照录如下：

愈少时，则闻江南多临观之美，而滕王阁独为第一，有瑰伟绝特之称。及得三王所为序、赋、记等，壮其文辞，益欲往一观而读之，以忘吾忧。系官于朝，愿莫之遂。十四年，以言事斥守揭阳，便道取疾，以至海上，又不得过南昌而观所谓滕王阁者。其冬，以天子进大号，加恩区内，移刺袁州。袁于南昌为属邑。私喜幸自语，以为当得躬诣大府，受约束于下执

韩愈像

事，及其无事且还，倘得一至其处，窃寄目偿所愿焉。至州之七月，诏以中书舍人太原王公为御史中丞，观察江南西道，洪、江、饶、虔、吉、信、抚、袁，悉属治所。八州之人，前所不便及所愿欲而不

得者，公至之日，皆罢行之。大者驿闻，小者立变；春生秋杀，阳开阴闭；令修于庭户，数日之间，而人自得于湖山千里之外。吾虽欲出意见，论利害，听命于幕下，而吾州乃无一事可假而行者，又安得舍己所事以勤馆人？则滕王阁又无因而至焉矣！

其岁九月，人吏浃和，公与监军使燕于此阁，文武宾士皆与在席。酒半，合辞言曰："此屋不修，且坏！前公为从事此邦，适理新之，公所为文，实书在壁。今三十年而公来为邦伯，适及期月，公又来燕于此，公焉得无情哉？"公应曰："诺。"于是栋楹梁桷板槛之腐黑挠折者，盖瓦级砖之破缺者，赤白之漫漶不鲜者，治之则已。无侈前人，无废后观。

工既讫功，公以众饮，而以书命愈曰："子其为我记之。"愈既以未得造观为叹，窃喜载名其上，词列三王之次，有荣耀焉，乃不辞而承公命。其江山之好，登望之乐，虽老矣，如获从公游，尚能为公赋之。

元和十五年十月某日，袁州刺史韩愈记。

然而，就在为《记》的这年冬天，韩愈又奉圣命离任赴京，过石头驿时曾留有诗，然于南昌滕王阁则未见留有一字，恐亦未偿如愿。四年以后，即长庆四年（824），韩愈不幸病故，终年五十六岁。

韩愈是一位大文学家，反对骈文，提倡散文，倡导唐代古文运动。他主张去陈言和文从字顺。他的文章气势奔放，遒劲有力，是司马迁后杰出的散文家之一，为"唐宋八大家"之首。他为滕王阁所写的《记》，后人评价颇高，甚至有人认为应列于王勃之前。

再录记文佳作二篇：

重建滕王阁记

（唐）韦悫

钟陵郡控连山大江，环合州城，揭起楼榭，游之者莫不目骇魂褫，号为一方胜概。先是，背郭郭不二百步，有巨阁称滕王者，噫！夫峻修广袤，非常制所能拟及。考寻结构之始，盖自永徽后，时滕王作苏州刺史，转洪州都督之所营造也。距今大中岁戊辰，亦将垂三百年。徒嘉乎飞翚叠峦，虎踞龙盘，发地呈形，与山同安；曾不知荡涤必系于天灾，兴废自叶于时数，将利恢复，果凭智谋。故我雁门公按节廉问，方颁条诏，令肃而兵戎詟服，政和而疲瘵昭苏，妙抚循则有袴襦成双之谣，宽赋敛且无杼轴皆空之叹。岁比善熟，俗臻治平，故州民相与称贺。继而歌曰：自公之来，阖境欢洽。饮公之化，若乳婴儿。虽国侨理郑国而多方，长孺维淮阳而布效，方公今日，不足过也。宜乎享亨祉，居全功。无何，值祝融发其灾，回禄煽其焰，曾未竟夕，煤伴秋蓬，则斯阁之制，荡无馀矣。其他廪厩之地，连续邮亭，薨栋缤连，疾飙一惊，遂至延及。公至是领徒夜出，俾撤屋开道，毒焰方炽，逡巡不能救。翌日，公乃往观焉，召将校谓之曰："吾幸得备位廉察，不能恳求人瘼，敬避天戒，致火之患，时予之辜。"遂审量日力，详度费务，役不加重而烝徒凑，事协于中而公用省，众谓难集，我方指期，遂得鼛鼓不胜而筑之阁，阁梓材并构而势已耽耽。自非智用周敏，政齐画一，则安能创规模之丰丽如彼，程制造之速疾如此！不有废绝，孰能兴邦！今按旧阁基址，南北阔八丈，今增九丈三尺；其峻修北自土际达阁，板高一丈二尺，今增至一丈四尺；阁板上旧长一丈，今增至一丈三尺；中柱北上耸于屋脊，长二丈四尺，今增至三丈三尺；旧正阁通龟首，东西六间，长七丈五尺，今增至七间，共长八丈六尺，阔二丈五尺。固可谓宏廓显敞，殊形诡状。革弊鼎新，有如是乎！况前通舟车，回瞰江岭，每值美景宴集，笙歌散迁，远凝霄汉，上轶云雨，即未知三山之灵仙窟穴，五湖之贤达沉浮，其于历览胜负，果又何如耳！故自焚荛之后，又建是阁，广其邮驿厅事，接以飞轩累榭，复架连楼小阁，对峙高揭；旁通江亭津馆，致巧炫能。回廊并抱以交映，邃宇相萦而不绝。则是阁也，冠八郡风俗之最，包四时物候之异。春之日则花景斗新，香风袭人，凭高送归，极目荡神；夏之日则鹦舌变哕，叶阴如栋，纨扇罢摇，绮窗堪梦；秋之日则露白山青，当轩展屏，凉风远来，沉醉易醒；冬之日则檐外雪满，幄中香暖，耐举樽罩，好听歌管。则斯阁之盛，纵游之美，赏心乐事，庸可既乎！夫易旧图新，树非常之绩，天其或者必将候魁岸博达，负出人之能，而俾张大其所为。不然，何当疮痍未复之前，而妙于救药，煨烬已成之末，而遽及经营！况不夺农时，不剿人力，帑藏免竭，日时免赊。观之者咸谓神化翕忽，殆非人力之所为也。噫！夫瑰谲特殊，巍峨相扶；似乘灵涛，涌出方壶。华厦峥嵘，开阖睢盱；用镇遐俗，尤光奥区。是必知后千百年，阁之名与公之政俱垂不朽矣。至如江山之重复，物产之充殷，亭台增葺以云蔓，廨署缮完而栉比，布在图籍，孰能该详？愚今所以为异者，但举乎阁之废矣，自公复兴而已。其他状丽形胜，备列诸公述作，故不能一二觑缕。

时大中执徐岁秋八月，哉生明，韦悫记。

重建滕王阁记

（宋）范致虚

滕王阁在郡城之西，滕王元婴所建也。元婴无赫赫功业，而阁以王名，迄今不易者，非以其得江山之胜，临观之美欤？尝试凭高而四观，景物之富，固不乏矣；而其所谓竞秀争流者，未之兼得也。独于其西有山焉，云烟葱茏，岩岫翁郁，千态万状，毕献于其前；有江焉，则波涛浩渺，岛屿坡陀，春涨秋澄，横陈于其下。岿然杰阁，盖一览而尽有之，兹其名所以并传而不泯欤！阁距于城门西北一百八十步，元和十五年王仲舒复修。大中初复焚，观察使纪干众鸠工崇成。东西增旧规丈有一尺，南北增二丈。上下三层，自地至屋极，凡增九十余尺。礼部侍郎封敖记焉。自大中后至宋大观戊子，仅三百年，阁复坏。侍郎范坦帅江西，又命新之。为屋广八筵，修十八筵有奇，崇三十有八尺，广旧基四十尺，增高十之一。南北因城以为庑，夹以二亭：南溯大江之雄曰"压江"，北擅西山之秀曰"挹翠"。堂皇之峻，丹雘之华，至者观骇。阁中旧刻王勃序，古心江万里将漕日，易置居后，取韩文公所为记列于前，且为跋语云：唐之文三变而至韩，韩之文一倡而遂古，缔章绘句如王所为序，则其未变时也；未变之作虽先焉，已有自我作古者突过其上，孰能为先于古也哉！今人于道滕阁故事，往往王序甚习，韩之记反若薄滋味，曾有不盛于称引，烛于人人。斯阁所表显，亦唯举目首见王序，顾而左始为韩记，是知王于韩先，孰知韩遂为秦汉以来先，不但先唐一代耳。万里被命来洪，兼有漕藩之责，追惟先儒濂溪翁，亦既作之精舍，此一大事，尚须厘正。为千古计，敬取韩记大书特书之居中位，正以示森严而溯沿穆，王也姑附见焉。江南第一瑰伟绝特之处，与千年间出之昌黎伯，同一渊然之光，苍然之色，真可作配而主之，江山为不孤矣。呜呼！不有韩也，此江山此阁固在，而江山之好，江山之外之好，韩之未作与韩之既作不同也。不有韩之记也，此阁此序固传，而文特以江山重，江山以吾文加重，序之专美与记专美不同也。世道不古，文章随之，极目胜概，兴怀时变，有可为长太息者矣。伫立面睨壁间之刻，尚有得于浩然独存者，以接邦人于道，以恢崇人文，发挥世业。虽阁，前日阁也；江山，前日江山也。昔者，人谓斯何？今者，人谓斯何？

左丞范致虚记。

六　新阁临江壮千秋

阁运系于国运，逢乱世则阁废，太平治世则阁兴。1926 年
10 月，清末重修的滕王阁毁于军阀之手，古城百姓无不痛心
疾首。北伐战争后，南昌地区一直处在矛盾的漩涡之中，祸结
兵连，民不聊生。滕王阁名存实亡，其遗址只是一处供路人凭
吊指点的劫灰陈迹而已。然而，半个多世纪以来，人心思治求
安，渴盼百废俱兴。滕王阁，这座江南名楼，实乃国家治乱的
兆物，豫章文明的象征，虽不复存在，但依然美誉在外，盛传
不衰，重建的呼声不绝，人们翘首思盼千古崇阁能重新屹立于
大江之南、赣水之滨。诚如昔人所云："不见斯楼，情无所倚，
魂何以安？"直到八十年代，改革开放，一派盛世升平之象，
已毁五十余载的滕王阁，才应运重新拔地而起，规模空前，圆
了两代人的梦。

◆·重建的呼声

> 闲云潭影日悠悠，物换星移几度秋……

军阀一炬，名阁焦土。半个多世纪以来，企盼重建滕王阁的呼声迭起。滕王阁，非一市之阁，一省之阁，乃中华民族文化遗产之瑰宝。在国步艰难之际，要想重建谈何容易，但人们相信，梦想成真的那一天总会到来。

1929年，即阁毁后的第三年，重建之议首起，4月27日《江西民国日报》载："市长（伍毓瑞）提议，决议通过，市府将拨款修建滕王阁，保存古迹，并推定南昌总商会副会长暨本府欧阳参事、汪秘书长、陈技正、各局局长为组织筹备会委员，由欧阳参事召集。"但此条新闻发布后，再无下文。

1942年，正值抗日战争时期，以办实事著称的江西省建设厅厅长杨绰庵，曾为实现在抗战胜利后重建滕王阁之设想，办了一些实事。他在该年五月初，请中国营造学社主持人——古建筑大师梁思成教授，绘制了《重建南昌滕王阁计划草图》，其中彩色透视图一幅，平面、立面及断面图七幅。同时主持编写了《滕王阁考初编》，将梁氏图纸列于卷首，次年（1943）10月付梓。

抗战胜利后，重建滕王阁也未能提到议事日程上来。在滕王阁旧址——日军养马之所，辟建了一座小学。1946年秋，该校在拆除旧房时，发现破壁上有一块"滕王阁"青石匾额。此匾无款识，制作年代及何人手笔均不得而知。作为唯一幸存的古物，该校给予了保护，将它安放在礼堂的讲台上，时有踏访遗址者前往瞻观。

1949 年新中国成立后，百废待兴，省、市人民代表会议、政治协商会议，都曾有重建滕王阁的提案。1956 年，江西省省长邵式平在北京参加全国人民代表大会期间，曾为此多方奔走，希望中央文化部拨款支持重建。1957 年，江西省文物管理委员会为着手筹备重建工作，向有关单位征集有关滕王阁的文献资料，并对建阁的地址选择和所需经费进行了勘察和估算，对建成后的管理与使用等问题均提出了具体的意见与建议。同年 11 月就此向省委、省人委呈送了详尽的《重建滕王阁意见书》，并致函梁思成教授征求设计图纸的意见。经江西省委书记处办公会议的专题研究，同意《意见书》意见，并决定将建阁计划列入 1958 年江西省国民经济计划，后因政治与经济等诸多原因而搁浅。

1960 年，国家副主席董必武视察南昌，曾寻访滕王阁旧址，并咏七绝一首，诗云：

豫章城郭迹无留，惟见西山水北流。

滕阁尚存一片石，游人亦问百花洲。

董老的咏叹，唤起了人们的关注。1963 年秋，江西省文化部门又旧事重提，并受命下达《滕王阁设计任务书》给江西

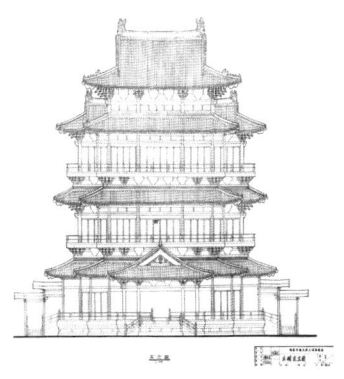

主阁东立面图

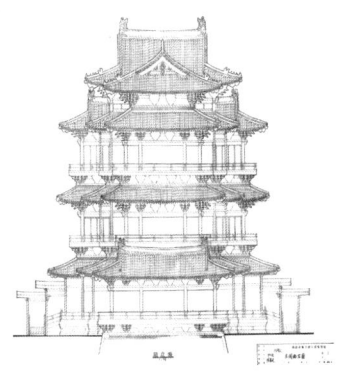

主阁西立面图

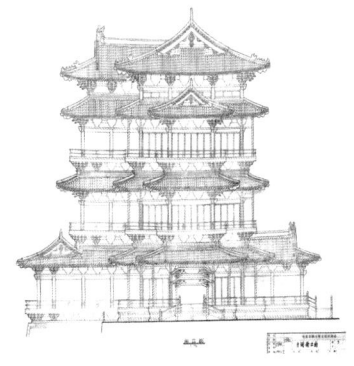

主阁南立面图

省综合设计院，未几又收回了《任务书》。后来，政治风暴愈演愈烈，由"社教"运动转入"文化大革命"，十年动乱，滕王阁的重建也就根本谈不上了。

1976年年底，"文化大革命"结束，经过两年整顿恢复，拨乱反正，气象一新。1978年以后，社会上要求重建滕王阁的呼声，渐渐地高起来，报纸杂志上有关的文章连篇累牍。1980年1月，南昌市基本建设委员会、南昌市土木建筑学会组织专人，对南昌地区名胜古迹进行调查。《调查报告》提出的十条意见中，第一条就是重建滕王阁，建议将其列入市府议事日程。调查组除对有关名迹进行调查外，重点将滕王阁的历史资料进行了较全面的搜集和整理，撰写了《滕王高阁今何在，物换星移几度秋》论文，在全国园林学术讨论会上散发，并呈送了中央、省、市城建口的有关部门。几乎与此同时，《江西大学学报》相继发表了许多有关滕王阁的论文，1981年12月20日《人民日报》又发表了陈俊山呼吁重建滕王阁的文章《寻滕王阁记》。此间，全省也加强了有关文物的搜集，如：在南昌明代宁王府旧址，发现了《滕王阁序》石碑；

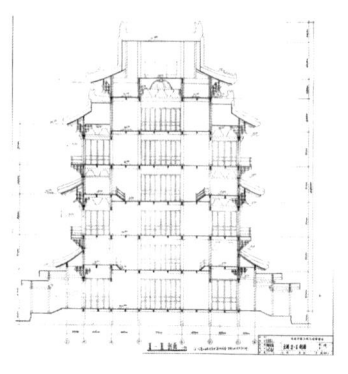

主阁2-2剖面图

乐平县（今乐平市）在民间收集到一件青花天球瓶，从瓶口到腹部，通身绘有一幅清代滕王阁图景；八大山人纪念馆收集到晚清立轴画《仙人旧馆》。这些物件为研究滕王阁的兴衰史和建筑艺术提供了宝贵的资料。

随着国民经济的恢复，市政建设随之发展，在"破四旧"运动中毁坏的名胜古迹，也逐步得到抢救修复，重建滕王阁的呼声则达到了空前的地步。南昌市政府重视舆论，顺乎民意，审时度势，1983年初，将重建名楼正式列入议事日程。同年3月29日，成立了"南昌市重建滕王阁筹备委员会"。至此，半个多世纪重建的呼声，有了结果，名存实亡的滕王阁正式步入重建的实际阶段。

◆·筹备与重建

筹建新阁，选址为先。

经筹委会商讨，基本确定在赣江与抚河交汇处堵河口，填江筑阁。此处距唐代阁址较近，仅100多米。离清代阁址约有300米，不失王勃《序》文中的意境。

阁址既定，新阁采用什么建筑形式，踌躇不定，经反复研究，最后确定为仿宋式。这一抉择，有以下几点理由：

首先，有明代大收藏家项子京"天籁阁"旧藏宋画《滕王阁图》作为依据。此画传为郭忠恕手笔，系彩色工笔界画，极重写实。画中对这座名楼的屋顶、檐角、斗拱、梁柱、回廊、

施工中的滕王阁（1986年）

基座及色泽，均交代得比较清楚，符合宋代营造法式。

其次，宋代建筑与唐代建筑一脉相承，且又有所发展，更趋华丽多彩，并且有宋代建筑巨著——李明仲所撰《营造法式》（颇似当今建筑规范、标准设计）作为准则。

尤为重要的是，1942 年梁思成、莫宗江先生即据宋画绘有《重建南昌滕王阁计划草图》八幅。故采用宋式，并以梁、莫二人草图为依据，重新进行施工图的设计，这与二十世纪五十年代所确定的原则也是一致的。

阁址、建筑形式业已确定，工程技术人员便着手规划方案的设计。当时形成了三个方案，即规则式、自由式和混合式三种。滕王阁久负盛名，重建的影响不难想象。1983 年 9 月 13 日至 18 日，筹委会邀请省内外专家学者在庐山召开"重建滕王阁座谈会"，莫宗江、龙庆忠、徐伯安、潘谷西、张锦秋等名流均参加了此会。在会上，专家们就选址、建筑形式及规划方面的问题，各抒己见。

经筹委会数月的努力，以及各界人士的支持，"重建滕王阁"的筹备工作终于跨出了历史性的一步，1983 年 10 月 1 日上午，在新洲尾隆重举行了"重建滕王阁奠基典礼"。对江南名楼的重建，中央领导极为关注。1984 年 12 月 11 日，胡耀邦同志在昌视察，谈到恢复这座崇阁时，说道：

> 滕王阁是要修的。在旅游上，它可以和庐山联起来。要修就修好，修高一点，地基搞高一点，要有长远的眼光。

胡耀邦同志返京后，又为重建滕王阁的资金问题，致电国家计划委员会和国家旅游局，要他们予以考虑。这对后来中央拨款起了关键作用。

为具体实施重建名阁的计划，1985年1月6日，成立了"南昌市滕王阁工程筹建处"，具体负责建阁事宜。

为了适应滕王阁正式动工兴建的新情况，1985年5月撤销了"南昌市重建滕王阁筹备委员会"，同时成立"南昌市重建滕王阁委员会"。至此，重建的筹备工作已圆满结束，而重建滕王阁计划的具体实施宣告开始。

为开辟阁址，结合城市防洪工程，1984年12月至1985年10月，在距赣江东岸约百米的河道中修筑了以钢筋混凝土为主体、外砌花岗石块的大坝（即挡土墙，坝长272米、高8米，坝底宽4.5米，坝顶宽1米），坝内填筑土方30多万立方米，另靠抚河故道东侧新筑了约200米的堤岸。新阁址这块填河之地的实际面积约4公顷。

1985年10月22日（阴历九月初九，重阳节），在新阁址隆重召开了"滕王阁工程开工典礼"，从而拉开了施工的序幕。

重建之阁，是一座钢筋混凝土仿木结构的仿宋式建筑，它将建造在人工填筑沙土近8米厚的河床上，百年大计，必须设计出万无一失的基础。1985年10月，江西省水利规划设计院的专家对建阁场地的地层岩性特征、分布规律以及岩土的物理力学性质、地基土的承载能力和地下水的化学性质等，进行了工程地质勘探工作。

在进行地质勘探的同时，市政府研究决定：重建的滕王阁施工图以 1942 年梁思成、莫宗江先生所绘《重建南昌滕王阁计划草图》为依据进行设计，对梁思成、莫宗江的草图（两层平坐方案），进行合理调整和完善，决定对滕王阁主体建筑的平面、立面、断面图均进行修改。原象征古代城墙的大台座以上的"明二暗五"（内部实为五层）两层平坐格式，改为"明三暗七"（内部实为七层）三层平坐格式，阁高为 54.5 米（此为结构标高，建筑标高为 57.5 米），主体建筑面积为 9400 平方米。陈星文承担大台座以上的建筑设计，大台座设计则由缪长苏完成。

1986 年 6 月 30 日，基桩工程施工开始，历时四个月，于 10 月 31 日完成。其中直径 1.5 米的基桩 28 条，直径 1.2 米的 64 条，平均深度 22 米，嵌入岩石 4～5 米。1987 年 10 月 20 日，在工地现场召开了基桩验收会，至此，滕王阁工程顺利地迈出了第一步，立稳了脚跟。

滕王阁，位居江南三大名楼之首，当今重建，未可等闲。为确保将滕王阁建成一流的、地道的仿宋式古建筑，筹建处确定了一系列施工队伍所必须严格遵守的施工原则，摘要如下：

一、土建钢筋混凝土框架结构的施工，必须绝对服从古建筑装修的需要；

二、滕王阁系仿宋式古典建筑，钢筋混凝土仿木结构，故梁、柱、枋等均应严格按图施工，一次浇灌成功，避免第二次粉刷。屋面、角梁、椽子、斗栱、云头等，必须严格按宋代

《营造法式》放大样制作、安装；

三、土建框架部分的验收工作，必须严格按古建要求，分阶段、分层次地进行。如果上一阶段的工程不合格，则绝对不得继续盲目地搞下一阶段工序的施工，必须待返工验收合格后，才允许进行下一步的施工；

四、古建筑装修方面，诸如屋脊、正吻、兽头、琉璃瓦、藻井、天棚、门窗、斗栱、须弥座、栏杆以及全部的彩绘工作，都必须严格按图施工，必须符合《营造法式》。凡混凝土的仿木构件，一次预制成功，安装后不搞二次粉刷；

……

1987年11月，进入紧张的基桩上部的施工。12月31日，完成了桩帽、联系梁及桩基平台的施工任务，钢筋混凝土量达1930立方米。1988年3月中旬，土建施工队伍便开始了紧张的平台以上54.5米高的框架施工。10月19日，即"九九"重阳节，完成了主体钢筋混凝土框架结构工程，歇山式重檐大屋顶正式封顶。

在滕王阁框架结构紧张施工的期间，阁内的陈列设施也同步提到议事日程上来。1988年4月，南昌市地方志编纂委员会办公室组织专人着手编纂《滕王阁志》。此后，"滕王阁诗社""滕王阁楹联学会"及"滕王阁书画社"相继成立。

1989年以后，滕王阁工程转入最后阶段。必须完成全部古建装修，包括：屋面琉璃瓦、斗栱、门窗、天棚藻井、梁、柱、枋、地面、须弥座、石栏杆、城墙石、油漆、彩绘等；必须完成水、电、通风、避雷、电梯、电讯等项工程；还须完成外挂巨匾、内部楹联及各层次的陈设，等等。

入春后，整个工程全面铺开，立体交叉施工，日以继夜，近三十几个单位，在统一指挥下，协同工作。10月8日，即"九九"重阳节，上午9时，在新落成的滕王阁举行了极为隆重的竣工落成大典，各界人士近万人参加了这一隆重仪式。至此，在滕王阁千年的兴废史上写下了最光辉的一页——完成了第二十九次重建。

重建滕王阁工程，是国家旅游局、江西省政府和南昌市政府三方投资的一项重大古建工程。为了进一步扩大其海内外的影响，并弥补其建设资金之不足，1987年8月，经南昌市政府同意，向省内外企、事业单位，海内外同胞募集资金。发出《为重建滕王阁募集资金启事》，中、英文版共7000份。此举在当时为宣传江西南昌，扩大滕王阁的知名度，广招天下客，也起到了一定的作用。

募集资金启事发出后，陆陆续续得到了来自美国和中国台湾、香港等地同胞的襄助，得到了国内单位及个人的支援。虽其金额不及全部投资的十分之一，但意义不小。这些资金用于打造汉白玉"闲潭亭"，韩愈《重建滕王阁记》石碑，《时来风送滕王阁》大型浮雕，黄秋园遗作《西山行旅图》《吹箫引凤图》瓷版壁画，"瑰伟绝特"巨匾及部分楹联。诚如今人所赞曰：

阁以人名，阁以文名，有唐文采千秋艳；

境由时造，境由心造，无尽心潮万众歌。

◆·崇阁与重九

　　滕王阁第二十九次重建落成大典，选定的日子是己巳年九月初九重阳节，阳历为 1989 年 10 月 8 日。为何选定这一天，而不择别的吉日呢？说起来也颇有趣，自王勃作《序》至今，滕王阁就与易学中老阳之数"九"，频频相遇，结下缘分。

　　农历九月九日，是我国传统的节日，即重阳节。因此日是两个老阳之数"九"相逢，故亦称"重九"。现定为中国的老人节。关于这个节日的来历，南朝吴均在《续齐谐记》中，有这样的记述：

　　汝南桓景，随费长房游学累年。一日，长房谓之曰："九月九日，汝家当有灾厄，宜急去。令家人缝绛囊，盛茱萸，以系于臂；登山，饮菊花酒，此祸可免。"桓景从先生之言，乃于是日凌晨锁门闭户，率全家登山躲避，藉以免灾。黄昏时分，桓景一家返还，发现家中鸡犬牛羊皆暴死于地。大惑不解，转问其师。费长房告之曰："汝家灾厄已由此鸡犬牛羊代之矣。"

　　据说从那以后，人们每逢"重九"，为了避免灾厄临头，便离家登高，"佩茱萸以避邪，饮菊花酒以驱疫延年"，世代相延成习，乃成重阳节。

南昌自古就有"重九"登高之俗。城外西山梅岭是好去处。因当时交通不便，离城较远，所以去的人不多，城里的人就近登高，则首推滕王阁，此外还有德胜门外的龙沙丘和进贤门外的绳金塔。"重九"成为滕王阁吉庆之日，当追溯到初唐，都督阎公重九设宴，神童王勃即席挥毫，写下了不朽之篇《滕王阁序》。诚如一位老学者所说：

无重九之会，则无子安之文；无子安之文，亦无滕阁之名。是故重九乃滕王阁之吉日也。人或谓"滕阁逢九而有庆"，良有以也。

物换星移，千载之后，滕王阁第二十九次重建，影响之大，规模之宏，实属空前，并且与"九"阳之数屡屡相逢。1983年10月14日"重九"在新洲奠基，1985年10月22日"重九"在今阁址正式破土动工，1988年10月19日"重九"主阁框架结构告竣、歇山式重檐大屋顶全面封顶盛会，1989年10月8日"重九"主阁落成开放大典，1994年10月13日"重九"附属仿古街竣工开张。此外，与"九"阳之数相关者不少，诸如："九"脊歇山大屋顶；"九"层之阁；埋在地下的基桩中有"九"十条与上柱相接（另有二桩为电梯间承重桩，未出头）；大檐下共有十四块巨匾，而其中又有"九"块为"九龙"匾，每匾"九"条龙，总计"八十一"条龙，合"重九"之数（其余五块巨匾的花饰为卷草类）。

自1989年"重九"日举行盛大的万人落成庆典以来，每年的重阳老人节，省市内外许多单位都会组织离休退休的老人们登临滕王阁。当然，随着岁月的推移，社会的发展，古时缝绛囊、插茱萸之习已经没有了，但饮菊酒之俗犹存，代之而起的尊老敬老之风常在。重九之日，登临高阁，或凭栏送目，或阁中挥毫，抚今追昔，讴歌盛世，老人们其乐也陶陶。下录豫章散人已巳"重九"落成之日所撰《重建滕王阁铭》一首，其词曰：

江南三楼，斯阁为首。永徽四年，滕王创就。

王勃作序，传美于后。国运若何，系此名楼。

陵谷沧桑，移星转斗。千载兴废，二十有九。

北伐终毁，今幸重构。新阁仿宋，压江枕流。

南浦飞云，梅岭横秀。雉堞高台，上有层构。

歇山耸碧，飞檐承露。巨龙正吻，脊走灵兽。

丹青梁栋，雕窗剔透。凭栏送目，天地悠悠。

抚今追昔，满怀乐忧。呕心沥血，五度春秋。

江西福建，能工携手。常熟西安，巧匠装修。

落成大典，时维重九。瑰伟再现，千古不朽！

七　瑰伟绝特开新篇

　　自北伐战争中这座名阁化为焦土后，非但豫章之民思盼重见新阁，凡读过王勃《滕王阁序》的人也莫不心驰神往、情系名楼。乱世废，治世兴，经历了半个多世纪的风风雨雨，这座久废未兴、盛誉不衰的"西江第一楼"，终于在二十世纪八十年代末重新拔地而起，屹立江南。新阁巍峨，层楼耸碧，其辉煌壮观的宏伟之姿，远胜前朝。自滕王阁落成开放以来，千里逢迎，胜友如云。一位考察过全国许多古代建筑的老教授，登滕王阁后说："江南三楼，斯阁居首，上出重霄，下临无地，令人目骇魂惊，叹观止矣。"一位老华侨观瞻新阁新姿后，动情地说："国外也有不少中国式的仿古建筑，营造得也颇精巧，但总不地道。今日看到了瑰伟绝特的滕王阁，令人惊叹。是的，中华民族文化的根，毕竟在大陆呀！"

◆·辉煌宏伟雄姿卓绝

重建之阁，坐落于城区之西的沿江大道中段，叠山路口，赣江与抚河故道汇合之处。为建新阁，结合水利防洪工程，填江面积达 4.3 公顷。新阁高峙在这块原是河床的人造洲陆之上。此处距东侧唐代阁址仅百余米，离南端清代阁址约三百米。高阁面城临江，滨临南浦，面对西山，西南水天相接处，南昌大桥依稀可见，其西北与八一大桥遥遥相望，与南昌港紧相毗连。新阁位置之佳，颇能体现王勃《滕王阁序》中的意境。登临送目者，若逢金秋，必可感受到当年王子安挥毫作序时的情怀。

进入滕王阁的正大门，阁前东广场名为太极广场。在广场正中，展示的是远古先天八卦，也叫"伏羲八卦"，中心的"S"形阴阳鱼就像两个首尾相连的"9"字，其外围则为 8 个卦位，"8"与"9"正合滕王阁是 89 年（1989）竣工的年份之数。

在广场两边有"双廊四亭"，设计精巧而古雅。四亭分别名为："腾蛟""起凤""紫电""青霜"，取自于王勃《滕王阁序》中的用语。南北各有长廊，北边长廊为《滕王阁诗词集锦》青石碑，历代名家的 81 首诗篇镌刻在 81 块金星石上，其中有王勃、白居易、杜牧、苏轼、王安石、朱熹、辛弃疾等人的佳作。

南边长廊则是用汉白玉雕刻的《滕王阁序印谱》,《印谱》构思巧妙,有"天下无双序,江南第一碑"之誉。

双廊和四亭的斗拱梁枋采用宋氏碾玉装彩绘。在枋的中间部分,绘有与滕王阁历史相关的江西名人故事及民俗等,如张若谷在滕王阁设宴款待少年王安国;辛弃疾谷雨在滕王阁中会诗朋等,这些都充分展示了滕王阁丰富的文化内涵。

重建之阁,仿古而不泥古,是运用新材料、新技术建造的大型仿宋式古建筑,并非完全复原之作。无论是从西面江上远观,或由东街近瞻,巍巍滕王阁有如一座倚天而立的"山"字。倘若从空中俯瞰,您定会惊异地发现:滕王阁坐落之处,好像是一块巨大的古磬,而主体建筑宛如一只平展两翅、意欲凌波西飞而去的巨大鲲鹏。那东面西首脊上高大的龙形吻头,正像是它的巨喙;那琉璃灿烂的屋顶,正像是它庞然的巨背;那舒展的南北延伸的一层台座,正像是它的巨翼;那一层台座上对称的碧瓦长廊、南北端双亭,正像是它闪光的灵翮及翅尖;而东面两路合为一路的大台阶,则恰似鹏鸟的巨尾。这种绝妙的平面和立面效果,正体现了建筑师们的匠心。

新阁胜古楼。从以往的记载及画图中,我们得知,唐宋之阁自地面至屋脊,最高也不过九丈(约27米),层次不过三层。而今日重建的滕王阁,无论从平面、立面、高度、体量以及结构,都远远超过了前代。新阁,南北长140米,东西宽80米,中央主楼净高57.5米(上下九层,其中下部是象征着古城墙的12米高台座,台座以上的主阁为七层,采用"明三暗七"的格式），整个建筑面积约 13000 平方米。若与黄鹤楼相比，其高度超出 6.5 米，体量是其三倍。这座四重檐、歇山式大屋顶的主体建筑，坐西朝东（偏南 16°），南北对称，耸立于高台之上，平面呈十字形。从立面上看，东西各异，南北相同。其南北两翼为两层高台所簇拥，第一层高台上在南北两端各建一重檐方亭，南曰"压江"，北曰"挹翠"，均有游廊与主体相连，高下曲折有致，对主体起烘托作用，充分体现了唐宋之阁在高丘和城墙之上、"层峦耸翠""高阁连城"的壮观景象。高台按宋式设计成城墙式样，建成后达到预期效果，可谓"堂皇之峻""至者观骇"。东面设广场，有大踏步拾级而上至一层高台，高台下部有水池穿越大踏步拱洞而南北贯流。楼阁云影，倒映池中，盎然成趣。由此再拾级而上至二层高台，然后登阁，有超然出尘之感。

滕王阁主体建筑，其立面造型严格遵循宋代楼阁之制，将其分为四段。第一段是下部台座，为须弥座栏杆；第二段为底层抱厦，回廊及南、北面盝顶高低廊侧门；第三段为中部两层

东抱厦

石作外栏杆

特制"滕阁秋风"瓦当

龟首正吻

平坐及回廊；第四段为顶部重檐。整个造型既严谨又生动，没有宫殿的沉闷，也没有民间园林建筑的琐碎，保留着唐宋时代的那种雄伟、瑰丽、典雅的建筑风格。

屋面的构成富于变化，极为丰富。以该阁核心正方形殿堂之歇山重檐（宋称"九脊顶"）与西部龟首之歇山重檐屋面相接而组成主屋面。南北挟屋之单檐歇山屋面由两侧入二层大檐，出檐深远，檐角按宋式生出，檐椽及飞子在檐口斜出。瓦件、脊兽全部采用宜兴特产碧色琉璃，因唐宋多用此色。鸱吻为仿宋特制，高3.5米。特制瓦当，勾头为"滕阁秋风"四篆字，而滴水为"落霞与孤鹜"图案。

重建之阁，檐椽、斗栱为水泥预制，梁枋立柱为钢筋混凝土现浇，均依宋法仿木质。上部重檐斗栱用六铺作重栱出单抄双下昂。下部单檐斗栱用五铺作单抄单下昂。柱间及补间斗栱按宋制设置。外柱柱头有卷杀，内柱直通，梁枋均仿木卷杀。上下檐口造型古雅典丽，出檐深远（角梁伸出最远者达5.8米），施工极精致。檐部是中国建筑精华所在，古阁依宋法，有极强的艺术感染力。

中国古楼阁的色彩是世界上独一无二的，强烈而华丽，统一在极有规律的基调中。其梁枋彩绘更是华彩之极，尤以宋式彩绘为最。滕王阁正是采用宋式彩绘，以"碾玉装"为主调，辅以"五彩遍装"及"解绿结华装"。室内斗栱用"解绿结华装"突出大红基调，拱眼壁亦然，仅底色用乳黄色。室内外所有梁枋各明间用"碾玉装"，各次间及特殊梁枋则用"五彩遍装"。天花板每层图案各异，支条深绿色，大红井口线，十字口栀子花。椽子、望板均大红色，柱子油朱红色，雕花窗棂门扇为朱红色，室外回廊平坐栏杆均油古铜色。

滕王阁不仅是一座文化殿堂，还是一座书法艺术的宝库。主阁飞檐下有 16 块巨大牌匾，其中有 9 块九龙匾，共九九八十一条龙，很有皇家气派。滕王阁最高层的东、西两面有两块蓝底牌匾，其上"滕王阁"（见彩页）三个大字，

江山入座

是北宋大文豪苏东坡的手笔。第五层飞檐下东、西两面分别是"东引瓯越""西控蛮荆"，取自王勃《滕王阁序》中的"控蛮荆而引瓯越"，是指江西东面与浙江、福建相连接，西面与湖南、湖北接壤。南、北两面分别是"南溟迥深""北辰高远"，

取自王勃《滕王阁序》中的"地势极而南溟深，天柱高而北辰远"，暗寓王勃遭贬离朝廷越来越远了。第三层飞檐下东、西面分别是"江山入座""水天空霁"；南、北面分别是"栋宿浦云""朝来爽气"。第一层抱厦前，是一块九龙匾——"瑰伟绝特"，此4字是集唐代书法大师怀素的狂草号称"天下第一草书匾"。"瑰伟绝特"出自韩愈的《新修滕王阁记》，盛赞了滕王阁的瑰丽、雄伟、奇绝、

水天空霁

瑰伟绝特

独特。西面是"下临无地"，南面牌匾是画家吴作人所书"襟江"，北面是启功所书"带湖"。

这座巨阁，有大小立柱726根，横梁1114根，斗栱716组，各类椽子3632根，琉璃筒瓦计20余万块（盖瓦66550块，底瓦142175块），混凝土量7500立方米。通体内外宋式彩绘，层层落地雕花木质门窗，层层花岗石磨光地面，有现代化的水、电、通风、消防及电梯设施。重建之阁，诚然是一个宏伟的垂名百世的大工程。

古建筑学家梁思成在《古建序论》中写道："建筑是人类

一切造型创造中最庞大、最复杂，也最耐久的一类，所以它代表的民族思想和艺术更显著，更多面，也更重要。"而重建的滕王阁，正是充分体现民族思想和艺术的大手笔，既是南昌文化古城的象征，也是中华民族文化的瑰宝。

◆·阁内陈设丰富多彩

历史上的滕王阁，为登临抒怀之处，接诏拜官之所，属"官建""官管""官用"的歌舞宴集之地，人文荟萃，有文化名楼的美誉。当今重建之阁，自当集古今之大成，将其建成一座自然景观与人文景观浑然一体的文化艺术殿堂。故新阁的内部陈设，既有历史文化的渊源，又充满着古城情趣和乡土气

"滕阁秋风"牌楼

息，充分体现出高度的现代文明。

新阁自 1989 年重阳节主体工程竣工，开始对外接待游人，以后又不断完善配套设施，逐渐在滕王阁周边形成一片仿古建筑群。当游人们一步入滕王阁名胜区，就会被浓郁的文化氛围所感染。由东面榕门路进入园区，首先迎接游人的是一座高大的二柱七檐彩绘仿古大牌楼，跨度 15 米。牌楼正中是青石贴金横匾一方，为苏轼墨迹"滕阁秋风"，穿过牌楼，正门上方悬挂贴金巨匾"雄州雾列"，其背面则有篆书横匾"地接衡庐"。大门南北两侧为高低错落的碧瓦丹柱仿古街建筑，店内多销售字画、古玩、工艺品、旅游纪念品等等。

进入园区，映入眼帘的是太极八卦广场。广场的南北两边被四亭（腾蛟、起凤、紫电、青霜）双廊所拱抱。南边长廊内的墙壁上镶嵌有《滕王阁序印谱》汉白玉巨碑，北边长廊内的墙壁上则是《滕王阁诗词集锦》青石碑。腾蛟亭内立有晋代石马一尊，起凤亭内立有唐代石虎一尊。紫电、青霜亭中分别是茶室和纪念品商店。园内茂林修竹，绿草如茵，鲜花吐艳，环境优美。宽阔的阁前广场将主阁衬托得分外庄严雄伟，"层台耸翠""上出重霄"的气势充分展现。广场与主阁之间，有一条南北贯通的干道。干道南端是一座白色四柱五檐徽式大理石牌坊，牌坊正中嵌金匾两方，朝南为行书"棨戟遥临"，朝北为隶书"美尽东南"。此为南门入口。干道的北端乃是"俯畅园"和"章江晓渡"新景区，古建园林异彩纷呈。

凭登杰阁，先上高台。循南北石级登临一级高台。一级高台，系钢筋混凝土筑体，踏步为花岗石打凿而成，墙体外贴庐山市产金星青石。一级高台的南北两翼，有碧瓦百柱长廊。长廊北端为四角重檐"挹翠"亭，南端为四角重檐"压江"亭。从正面看，南北双亭与主阁组成一个倚天而立的"山"字。如从高空鸟瞰，滕王阁侧宛似一只平展两翅、意欲凌波西飞的巨大鲲鹏。

一级高台朝东的墙面上，镶嵌石碑五块。正中的长卷式石碑一幅，此碑由八块汉白玉横拼而成，高 1 米，长约 10 米，外围以玛瑙红大理石镶边，宛如一幅精工装裱的巨卷。此碑为今人隶书韩愈《新修滕王阁记》，巨卷左侧为花岗岩《竣工纪念石》及青石《重建滕王阁工程纪名》碑，右侧为青石《重建滕王阁创建纪年》碑及《奠基纪念石》。

由一级高台拾级而上，即达二级高台（象征古城墙的台座）。这两级高台共 89 级台阶，合 89 年（1989）落成之数。二级高台的墙体及地坪，均为峡江县产花岗石。高台的四周，为按宋式打凿而成的花岗石栏杆，古朴厚重，与

八怪鼎

瑰丽的主阁形成鲜明的对比。

二级高台与石质须弥座垫托的主阁浑然一体。由高台登阁

有三处入口，正东登石级经抱厦入阁，南北面两侧则由盝顶式高低廊入阁。正东抱厦前，有青铜铸造的"八怪"宝鼎，乃仿北京大钟寺宝鼎而造。此鼎鼎座用汉白玉打制，鼎高 2.5 米左右，下部为三足古鼎，上部是一座攒尖宝顶圆亭式鼎盖。此鼎之设，寓有金石永固之意。

第一层：千年文脉的时空之门

由东抱厦的正门入阁，门前红柱上悬挂着一副 4.5 米长的巨联："落霞与孤鹜齐飞，秋水共长天一色。"此乃毛泽东 1964 年 9 月 17 日为儿媳邵华而书。

一层序厅，映入眼帘的是一方汉白玉浮雕《时来风送滕王阁》。这件作品是根据明代文学家冯梦龙《醒世恒言》中的名篇《马当神风送滕王阁》的故事创作的。浮雕主体部分，王勃昂首立于船头，周围狂浪掀天，表现王勃藉神力日趋七百里赶赴洪都盛会的英姿。其背景显得幽远而迷离，隐约中可以看

毛泽东手书

汉白玉浮雕《时来风送滕王阁》

见楼阁、歌舞、水神相送、重九盛会、挥毫作序等情节画面。整个构图采用时空合成的现代观念，将不同时间、地点、人物、故事融合在同一场景中，以线刻与浅浮雕的手法，通过朦胧的灯光处理，把观者带入神奇迷人的意境中。

一楼西厅是阁中最大的厅堂，厅内两梁枋正中挂有"西江第一楼"金匾，红柱上悬挂许多楹联。厅之南北西三面，是高大的雕花落地门窗。推开门窗，回廊四绕。凭栏西眺，烟波浩渺，长洲草碧，远处便是横翠的西山。

西厅主要展示的是真人硅胶群像，再现王勃参加滕王阁宴会时的场景。

第二层：赣鄱人文的群星璀璨

第二层是一个暗层，采光和通风均靠人工解决，入内时有静谧庄严之感。此层的陈设，体现的是"人杰"的主题。正厅的墙壁上，是大型丙烯壁画《人杰图》，画高2.55米，长20多米。整个画面气势恢宏，生动地描绘了自先秦至明末清初，各领风骚的江西历代80位名人，其中有吴芮、徐稚、陈蕃、许逊、陶渊明、欧阳修、曾巩、王安石、黄庭坚、文天祥、汤显祖、宋应星等。涵盖了政治、军事、文化、艺术、科学等多个领域，展现了江西自古以来深厚的人文底蕴。画面人物造型生动，将这些跨越不同时代的杰出人物，在同一画面中汇聚呈现，格调雅逸，线条组织富有韵味，色彩鲜明，有传统壁画之遗风。《人杰图》中这些"俊彩星驰"的群像置于滕王阁的文化空间中，形成了"文以阁传，阁以文名"的独特文化现象，让历史记忆与当代价值在建筑空间中实现对话。

正厅南侧的耳室，现为"南昌礼物"文创旗舰店。北侧耳室是"江右"文创馆，陈列有明清门楼砖雕，清末木雕《滕王阁序》全文及明清时期景德镇瓷器。

第三层：唐宋风雅的沉浸式剧场

第三层是类似第一层的明层，回廊四绕，此层充分重现当年重阳盛会的场景。正厅屏壁有丙烯壁画《临川梦》，高2.8米，长5.5米，取材于汤显祖在滕王阁排演《牡丹亭》的故事（见彩图）。《牡丹亭》剧本写成于明万历二十六年（1598），次年汤显祖首次在阁中排演了这出戏，开创滕王阁上演戏曲之先河，从此滕王阁由一座歌舞楼台逐渐演变成戏曲舞台。

西大厅为"古宴厅"。东墙上有青铜浮雕《唐伎乐图》，画高 1.85 米，长 2.65 米。画面着力塑造了三位唐代舞伎表演《霓裳羽衣舞》的场景。三名舞伎周围，分别雕刻有马术、摔跤、斗牛、横吹等一系列民间游艺竞技场面，其上方还有星象图。左右侧边，塑有操持各种乐器的艺人，画面抽象而夸张。整个画面，体现了唐代国富民强、盛世升平的景象。

第四层：翰墨丹青的当代回响

第四层是"地灵厅"，与第二层相类，也是一个暗层。此层主要是体现"地灵"的主题。正厅的墙壁上，是大型丙烯壁画《地灵图》，与第二层的《人杰图》相对应。此画展现了江西名山大川等自然景观的精华，自南向北依次为大庾岭、三清山、龟峰、井冈山、龙虎山、庐山、鄱阳湖、石钟山等，壁画从赣南至赣北依次描绘了江西的"七山一水"。画面严谨，莽莽苍苍，将钟灵毓秀的山川景色以及"江西风景独好"的特点表现得淋漓尽致。

南厅陈列的是一些珍贵的书画，有董源的《龙宿郊民图绢本》《潇湘图》，朱熹的《上时宰二扎纸本》，文天祥的《行书上宏斋帖卷》和《木鸡集序卷》，还有八大山人朱耷、黄庭坚、巨然等大师的传世作品。

北厅陈列有江西历代陶瓷精品，有万年仙人洞陶器，有唐五代洪州窑、吉州窑出土的瓷器，有宋代景德镇官窑出土的青花陶瓷等复制品。

西厅"滕王阁建筑史"展示的是滕王阁历代兴废的全息投影影像。滕王阁始建于唐代，历经了 1300 多年的风雨，兴废次数达 29 次之多，今阁是根据古建筑大师梁思成先生借其助手所绘 8 幅草图，重新设计建造的。展板上依次展示了滕王阁的兴废情况以及梁思成先生的生平事迹。

历代滕王阁微缩模型均采用黄杨木雕刻。

唐阁，始建于唐永徽四年（653），为唐太宗之弟滕王李元婴在洪州任都督时所建造，22 年后，因初唐才子王勃写下千古绝唱《滕王阁序》而名满天下。唐阁历经五次修建，盛时高 18.6 米，长 28.6 米，宽 26.7 米，附有楼、台、亭、榭等建筑。

宋阁，为宋大观二年（1108），侍郎范坦授命重修，高 11.6 米，长 49 米，宽 22.1 米，碧瓦丹柱，斗拱层叠，飞檐翘角，南北两侧还建有压江、挹翠两个辅亭，装饰华丽为历代古阁之最。第 29 次重建之阁，在建筑形式和风格上，都借鉴了宋阁。

元阁，建于元至元二年（1336）。修建后的元阁，高 13.5 米，宽 27 米，压江而建，下临无地，斗拱雄伟健硕，线条刚劲有力。元人虞集在《重建滕王阁记》中赞美该阁"材石坚致，位置周密，丹刻华丽"。

明阁，建于明嘉靖五年（1526），都御史陈洪谟主持重修。修建后的明阁，高 13 米，长 23 米，宽 13 米，两歇山之间夹一盝顶，阁后还建有文天祥、谢枋得两座公祠，极富江南建筑风格。

清阁，高度、体量、装修均逊于前代，建筑尺寸已难考其详，其间修建达 13 次之多，有着浓郁的江西地方特色。

当代滕王阁铜制模型，按照 1∶25 的比例缩小，制作工艺精湛。

第五层：极目楚天的诗意巅峰

第五层是"纵览厅"，与第三层相似，是一个回廊四绕的明层，是纵览山川之胜、披襟抒怀、以文会友的最佳去处。

东厅的南北两侧分别是"百福厅"和"祈寿厅"。南侧"百福厅"摆放的是一座"百福屏"，它是用缅甸花梨木雕刻的，上面有100个不同的"福"字。

北侧"祈寿厅"有一"寿字屏"。屏上这硕大的"寿"字，是光绪皇帝的御笔，由状元曹鸿勋恭立，被誉为"天下第一寿"。滕王阁在古代，就是九九重阳登高、祈福、祈寿之所，故放置此屏有其深刻寓意。此屏是由古建筑师陈方先生（滕王阁建筑设计师陈星文长子、末代帝师朱益藩曾外孙）无偿提供给滕王阁的珍贵文物。

中厅正中屏壁上，镶嵌用16块黄铜板制作的王勃《滕王阁诗序》碑，高2.45米，宽5.2米，乃苏东坡手书（见《晚香堂法帖》），原为小行书，经复印放大，由工匠手工镌刻而成。

西厅为"雅集厅"，其东壁悬挂大型磨漆画《百蝶百花图》，高2米，宽5.4米。据传滕王擅丹青，喜画蛱蝶，自成一家，画界称为"滕派蝶画"。盛世建阁，瑰伟空前，滕王选蝶花为题作画，以显示国运昌隆、文艺繁荣之象。《百蝶百花图》工艺制作精妙，有"东方油画"之誉。厅内有仿古红木家具，可供雅集之用。

漫步在回廊上，在西面可以纵目江西的母亲河——赣江，赣江全长751公里，由章水和贡水在赣州的八境台下汇合形成，流经鄱阳湖，最后进入长江，是长江的第二大支流。江对岸是南昌红谷滩区，也是南昌的政治、文化、经济交流中心。1998年以前，那里原本是沙洲地，如今高楼林立，呈现出一派现代化都市的繁华景象。至2024年，十座大桥横跨赣江，不仅连接了南北，更成为沟通新老城区的标志性景观，距离阁楼最近的是江西第一座斜拉式大桥——八一大桥，还有赣江大桥、英雄大桥；南面有南昌大桥、朝阳大桥、生米大桥。

滕王阁旅游区白天有看点，晚上有亮点。夜晚，游客可以乘坐豪华的"滕王阁号"游轮，从碧瓦丹柱的滕王阁下启航，夜游赣江，陶醉于水城美丽的夜色之中，同时还可以观赏到创下吉尼斯纪录的"南昌城市舞台声光秀"。

东面，是有着2200多年历史的老城区，也是南昌市"十四五"规划的重要部分——东湖区滕王阁商圈的大士院街区改造项目于2024年5月1日焕新开街，成为南昌爆火的网红打卡地。

第六层是"祈福厅"，也是滕王阁的最高游览层，是处于重檐大屋顶间的暗层，由于设计者将中厅南北二角的重檐间墙体改成了花格窗，故光线极好，与明层无异。

大厅中央，有汉白玉围栏通井，下可俯视第五层，上方正对一圆拱形藻井（见彩页）。彩绘贴金的藻井中，高悬子母宫灯。这灯由六盏小灯与一盏大灯组成。那笼罩宫灯的穹窿，由288朵斗拱螺旋式勾斗而成。这些精巧的斗拱，共分十二层，每层二十四朵，它象征着一年十二个月、二十四个节气。斗拱层层收缩，直到顶部。仰而视之，给人以宇宙无穷、运动不息之感。"九重天"的金匾，高悬在底层斗拱上，诚如一位学者所云："不登九重天，枉作滕阁游。"这是滕王阁的极顶，也是内装修的精华所在。

大厅南北东三面墙上，嵌有大型唐三彩壁画《大唐舞乐》。南壁为"龙墙"，以男性歌舞乐伎为主，画面中央以《秦王破阵乐舞》为大框架。武德三年（620），秦王李世民打败了叛军刘武周，巩固了刚建立的唐朝政权。当时，创作了《秦王破阵乐舞》为李世民唱赞歌，后来这支乐舞成了大型节日庆典和祭礼仪式上常演的乐舞。左有《剑器舞》，右有《胡腾舞》，中后部是身披狮皮表演的《五方狮子舞》，衬以伴奏的乐伎，整幅画面体现了男子的阳刚之气。北壁为"凤壁"，以女性歌舞乐伎为主。画面以唐代著名宫廷乐舞《霓裳羽衣舞》为主体。相传唐玄宗梦游月宫时，闻仙乐，见众仙女身穿羽衣，在神仙幻境中翩然起舞，醒来后将此乐曲记录下来。开元二十八年（740），杨玉环在华清池初遇玄宗时，演奏了《霓裳羽衣曲》，之后玄宗与杨贵妃编排了这支唐代最感人的乐舞作品《霓裳羽衣舞》。白居易在《霓裳羽衣舞歌》中赞道："千歌万舞不可数，就中最爱霓裳舞。"左边有踩莲对舞的《柘枝舞》，右边是在圆形地毯上轻盈旋转的《胡旋舞》。后部是伴奏乐伎，整个舞场设置在荷莲、仙鹤衬托的水榭之上，给人以飘飘欲仙之感。整幅画面再现了女子的轻盈、飘柔之美。"龙墙""凤壁"体现了唐朝歌舞升平、繁荣昌盛的历史景象。

主阁基座部分是华夏圣旨博物馆，该馆是滕王阁 2003 年创立的，馆内展出的大部分藏品是明清两代的圣旨，以及清代时期的一些地契、税票、服饰等珍贵文物。

圣旨馆内展出的最长圣旨长达 5 米，是道光二十五年（1845），皇帝诰封给一品文官刑部右侍郎张澧中的，其内容是表扬其父母教子有方，并给他加俸禄。细看圣旨，前端织就了两条上下翻飞的银色祥龙，这是圣旨的防伪标记。圣旨是由汉文和满文两种文字合璧书写，汉文从右往左，满文从左往右，两种文字合于中幅后填写落款，其中包括皇帝的年号、年月日、受封者的姓名以及官职，最后加盖玉玺。

馆中的孤品圣旨，是一道手绘龙边圣旨，它是由清宣帝、清文宗两代君王下颁的。

中厅的右侧，是末代帝师朱益藩遗物陈列馆，展示了这位帝师的生平事迹和有关的历史文献、书法作品和相关文物。

朱益藩，江西莲花县人，朱熹后裔，曾在养心殿为慈禧太后和光绪皇帝进讲，出任过陕西、湖南、湖北、浙江等地的大主考，桃李满天下，像胡适、张学良等人都是他的学生。他也曾执掌过清朝最高的监察机关——都察院。与陈三立、文廷式、陈炽等人一同推动维新新政，冒着犯上的危险，精心策划，签署了由陈炽撰文的《庸书力》。1901 年，江西遭受特大水灾，朱益藩挺身而出向朝廷上折陈述灾情，朝廷因此下旨拨放了 5 万两白银赈灾，并批准其在江西境内贩卖粮食可免税二年。

馆内展出的《洛神赋》《出师颂》皆出自于朱益藩的手笔。两幅王太守的遗像，是由朱益藩题字、强云门画头像、齐白石勾衫共同完成的。馆内还展出了十九世纪维新改革家、湖南巡抚陈宝箴夫人的墓碑及拓片。

现中厅为模型馆，南厅将圣旨和帝师合为一馆。

馆内陈列有较为详细的有关科举考试的资料，有秀才、举人的答卷和朱卷，有进士、状元的殿试卷，还有考生作弊时使用的丝织夹带、袖珍掌中书等。

在我国历史上，科举考试是选拔官吏的主要手段，普通民众只有通过这条异常狭窄的独木桥，才能跻身上层社会。当时考场作弊之风泛滥，朝廷为了防止考生夹带作弊物，规定衣褂、袍裤乃至帽子、袜子都必须是单层的。在清朝，一旦发现舞弊者，按照《大清律例》戴枷示众三个月，然后杖打一百，最后还要发配边疆。

最底层大厅展出的是一方长达 28 米，高 1.52 米的巨型砖雕作品——《大明豫章繁盛图》，再现了明朝时期南昌无比繁华的景象。此作品是由著名徽雕大师——吴正辉（安徽省徽雕非物质文化遗产传承人）携其弟子共同完成的，规模宏大，堪称"南昌版清明上河图"。

新阁金碧辉煌，陈设丰富多彩。凭登斯阁，纵览则江山如画，尽收眼底；回首则人文荟萃，美不胜收。滕王阁，是一座名实相符的高雅文化殿堂。

◆·附属建筑烘云托月

历代滕王阁，都不是一座孤立无伴的临江高楼，而是一处以主阁为中心的园林建筑群，这只要读一读自唐至清的"重建""重修"的记文就清楚了。当代重建，以古为鉴，并根据时代发展的需要，进行了全面的规划，综合配套、附属建筑逐步完善，真正取得了烘云托月的效应。

自 1989 年 10 月 8 日主阁竣工开放后，直到 1996 年年底，七年间，完成了阁西临江广场、阁东过街立体交叉广场的建造，完成了周边东仿古街、南仿古街以及北园的建设。2012 年初开始进行北园的拓展工程建设，2014 年年底完工，定名为"章江晓渡"新景区。

下面仅就北园和仿古街作些介绍。

滕王阁仿古街包括东街与南街，位于东园与南园之边缘。总建筑面积为 6780 平方米，由 25 栋一至三层高低错落的屋宇组成，大小 160 间房，外加东大门处一座宋式彩绘牌楼。东街是东园的护围，其外为临马路的门面，经营旅游纪念品，包含工艺品、古玩、字画、特色小百货、食品、集邮等项目，与市区的商业街相融合；其内为长廊，下部为盆景廊，上部为观景廊，与东园自然衔接，构成完整的游览动线。东街中部为园区东大门，另有部分管理用房。南街长 108 米，是南园的护围，位处南大门石牌坊的东西两翼，主要开设茶楼酒吧、风味小吃

仿古街

等服务项目。由于南街正处市区与新洲相连的通道上，临近抚河故道与赣江汇合之口，故颇有古昔渡头街市之状。

滕王阁仿古街，既是商业服务建筑，又是景观建筑。其仿古式的建筑风格和巍峨的主阁相协调，有裙衣襟带之效。绿色琉璃瓦屋顶，以歇山式为主，角端位置特建有六角及八角攒尖顶，因地制宜，局部还有悬山式屋顶。在统一的布局格调下，建筑造型高低错落、曲折迂回、形式多样，从而丰富了街景和园景。建筑外部为仿古装饰，古式花格铝合金门窗，飞檐斗拱彩画和仿古走廊，既古朴又华丽，创造了一种购物与观赏兼得的优雅环境。

仿古街也是园区的护卫，与园区内外环境的有机结合，使园区内部形成以主阁为中心的功能不同的几大空间，创造出优美安静的内园环境，为闹中取静发挥了良好的作用。

结合仿古街建设，在榕门路口，主阁的东西向中轴线上，建起一座钢筋混凝土仿古式牌楼，作为东大门。此牌楼高 12 米，跨度为 15 米，二柱七楼歇山顶式造型，飞檐、密叠斗拱、彩画、丹柱金匾。匾额正面朝东，题曰"滕阁秋风"（"豫章十景"之一），为苏轼墨迹；其背面题曰"胜友如云"，为文徵明手书。牌楼的树立，既是入园登阁的前导，又为滕王阁增添了一个新的景观。

北园是滕王阁二期工程"章江晓渡"园区。滕王阁北延至八一大桥塘子河，占地面积约 2 万平方米，主要由 21 座单体仿古建筑群组成，全部建筑均按宋代法式营造，全部为木质结构。北园采用院落式布局，纯手工彩绘，最大程度地呈现出"唐宋风韵"，充分体现了中华文化、赣鄱文化、滕王阁文化和市井文化。园内的滕王台、临江轩、闲云亭等文化景观设计精巧。沿江又有墨香堂、赣风堂、好风徐来、环漪楼、章江晓渡等园林景观和文化展示场馆，还设有古戏台和古乐坊等。游客可以在广场、游廊和茶室等地方一边饮茶品茗，一边赏乐看戏，亲身体验诗人王勃序中"滕王高阁临江渚，佩玉鸣鸾罢歌舞"的意境。

"好花还要绿叶扶持"，随着总体规划的逐步实施，附属建筑一一到位，服务功能也更为齐备，滕王阁将更加显示出它的魅力，必然让人们再次回味一千年前唐人韩愈的赞美之词，

"江南多临观之美，而滕王阁独为第一"。

从千年名楼到文化地标，从历史遗迹到网红打卡地，滕王阁用千年的时光，书写着属于自己的传奇。它是古人留给我们的文化瑰宝，也是现代人感受历史、触摸文化的窗口。当你站在赣江边，望着这座巍峨的楼阁，或许会明白，有些建筑之所以能成为永恒的经典，不仅在于它的雄伟壮观，更在于它承载的文化记忆和民族精神。

"阁中帝子今何在？槛外长江空自流。"王勃的这句诗，道尽了岁月的沧桑。但滕王阁却用它的一次次重生告诉我们：文化的力量，永不磨灭。人们感受这座千年名楼的独特魅力，在诗词与光影中，邂逅一场跨越时空的浪漫。

滕王阁全景图

八　今睹新阁思故人

　　第二十九次重建的滕王阁，巍然矗立于赣水之滨，凭登杰阁，眺西山，望南浦，极目江水滚滚滔滔，不舍昼夜地流逝而去，人们会情不自禁地产生思古颂今之情。二十世纪二十年代高阁被毁，九十年代末杰构鼎新，在半个多世纪的风风雨雨中，不乏有识之士为之奔走操劳，付出了大量心血，虽志未酬而身先死，但他们功不可没，在重建的辉煌中也有他们不朽的光焰在闪耀。

◆·杨绰庵首倡重建事

　　清宣统元年（1909），封建王朝最后一次重修滕王阁，不到三十年即在北伐战争中被军阀付之一炬。1926年10月杰阁终毁后，百姓为之痛惜，有识之士为之扼腕，无不希望这座象征古文明的江南名楼能重新构筑。民国期间，国家动荡不安，内忧外患，民不聊生，重建新阁，谈何容易。然而，天下事分久必合、合久必分，动乱之后总会太平。纵观滕王阁的历史，乱世则废，治世则兴。在乱世能为治世超前考虑计议的人，是难能可贵的。在抗日战争期间，就有这样一位人物，首倡重建滕王阁，并为治世重新构筑杰阁做了不可磨灭的工作，他就是已故的杨绰庵先生。

杨绰庵（1895—1955），祖籍河南，生于福州。其高祖庆珲，进士出身，于道光年间任山东巡抚，后迁光禄寺卿，居官清廉，与两广总督林则徐为知交。至其曾祖及祖父，家渐衰微。杨绰庵生数月，生母林氏弃养，过继给经商的伯父孟芳为长房子嗣。1914年赴京升学，次年考入法大学堂。1919年入北京盐务稽核所，此间在英人斯特立克兰属下工作，获科学管理才智不少，并有幸聆听大学者严复的教益，正如他自谓"吾办事之才，得益于斯氏；而研治中西学问与修养之道则受惠于严公"。为振兴民族经济，杨绰庵二十世纪三十年代曾赴非洲、亚洲、欧洲及北美洲考察，对苏联的计划经济亦有所研究。1937年，杨绰庵任江西省建设厅秘书主任，代行厅长职务，并兼江西省工商管理处处长、江西省工矿调整委员会主任之职。1939年，因日寇进犯，省会从南昌撤至泰和后，正式就任江西省政府委员兼建设厅厅长及江西省战时贸易部总经理。

抗战期间，为适应战时需求，必须大力发展生产建设。身居要职的杨绰庵先生，克服重重困难，广罗人才，聘请国内外知名的科技专家，使许多能人高手聚会吉安泰和、赣州。杨绰庵先后创办了钢铁、炼锡、硫酸、水泥、机械、造船、造纸、制糖、棉纺、麻纺、印刷、罐头、瓷器、文具、电池、火柴、染料等中小型工厂，多数都以"民生"命名。此外，还创办地质调查所、无线电通讯大队，建立无线电通讯网，举办建设人员培训班。江西战时贸易部的数十辆卡车，行驶省内外，互通有无。与中国旅行社合办陶陶招待所，遍布赣闽后方交通要冲。在吉安泰和兴建国货陈列馆、图书馆、剧场、体育场、游泳池、临江公园，还创办大众食堂、豆浆公司，等等。自1939年至1942年，短短三年，江西建设事业由白手起家到蓬勃发展，杨先生是立了大功的。爱国华侨领袖陈嘉庚先生率南洋华侨回国慰劳团由粤来赣考察，看到了赣县、泰和、宁都等地的建树，曾对杨先生倍加赞赏。

在二十世纪三十年代的中国，杨绰庵可算是一位颇有远见、会办实事的人。他曾说："中国遍地黄金，惜未开发，国人今犹捧金碗乞讨。"他主张从洋商买办手中收回权利，国际贸易应由国家控管。在二十世纪四十年代初，他有两大计划，其一是抗战胜利后，勘查赣南庾岭地区，开凿贯通粤江与长江水系的运河；其二是抗战胜利后，在赣水之滨重建江南名楼滕王阁。为此，他付出了巨大的努力，做了许多前期准备工作。

杨绰庵先生的务实精神，有口皆碑。他曾编写《赣政十年》《行政管理丛书》《青年服务精神与服务方法》《论民生六件事》《拣信生之绮梦》等书，大力提倡科学管理，用统计数字和图表说明问题，常亲自绘制，亲自校阅印刷清样。尤其值得一提的是，他为滕王阁的重建工作，超前考虑，甘为人梯。

1942 年 5 月，中国营造学社主持人、古建筑大师梁思成偕其助手莫宗江考察南方古建筑时路过江西，杨先生借此机会，延请他们为重建滕王阁绘制了八幅平面、立面、断面及渲染图。当时梁先生是根据"天籁阁"藏宋画《滕王阁图》，以及宋代李明仲《营造法式》一书，进行设计绘制的（这些图纸后来成为 1989 年新阁施工详图的重要依据）。同年，杨绰庵先生又得到蔡敬襄、周宪民、欧阳祖经、吴宗慈、辛际周、王易、王梅笙、曹仲渊、许文三诸位先生的多方赞助，于 7 月底编定《滕王阁考初编》一书，并将梁先生所绘图纸影印于卷首，次年十月付梓，为半个世纪后的重建工作开了路。

杨绰庵先生未能实现重建滕王阁的宏愿。1943 年 9 月，他被调重庆工作。1945 年 8 月，日寇无条件投降，10 月，授任其哈尔滨市长一职，此次任职竟为后来留下政治暗礁。1950 年 7 月，因前哈尔滨市中苏友好协会会长李兆麟遇刺身亡案，杨绰庵先生涉嫌被捕，1955 年 2 月 26 日在京罹难，终年 60 岁。1981 年 4 月，杨先生家属向国家最高人民法院提出申诉，要求复查。1982 年 12 月 2 日中刑监第 169 号刑事再审判书宣布："撤销原判，予以平反昭雪。"

往者已矣，来者可追。1990 年 10 月，滕王阁落成一周年之际，有一位来自大洋彼岸的美籍华人，匆匆而至，兴致勃勃地登临高阁，他就是杨绰庵先生的长子文骐。他凭栏极目，感慨万千，动情地说："先父重建高阁之愿，因种种原因，在生之日未能实现，今见滕阁拔地而起，规模空前，可含笑于九泉了。"

◆·梁思成应邀绘草图

睁物思人，是中国的一句老话。当游人们来到滕王阁，瞻仰第二十九次重建的宏伟之姿时，都会为其精湛的古典建筑艺术之美所倾倒，都会对这座江南唯一的仿宋仿木的官式杰构赞不绝口。主阁从构造上来看，大屋顶、飞檐翼角、斗拱、梁柱、外栏、阁内藻井、石质须弥座等，无不从宋人《营造法式》

梁思成照

中找到依据；那龟首、挟屋、抱厦、高低廊等，在宋人画册中也有其原型。滕王阁，是名副其实的艺术大师的大手笔，仿古又不泥古。面对着这一切，人们不禁会问："如此典雅、端庄、华贵、瑰伟的古典建筑，是出自哪位大师之手呢？"要回答这一问题，还得追溯到近半个世纪之前的艰难岁月。

1926年10月，滕王阁毁于军阀之手。

1942年，南昌沦陷，滕王阁旧址被日寇辟作养马之所，内中仅有六小间平房及一些参天大树，而古阁之迹全无。当时，江西省建设厅曾有在此处重建新阁的意向，鉴于时局动荡，战事未息，拟于抗战胜利后筹办。5月初，中国营造学社主持人——古建筑大师梁思成教授，偕其时年26岁的助手莫宗江考查南方古建筑时路过江西。时任江西省建设厅厅长的杨绰庵欣闻拜门求教过的老师梁启超之子梁思成来赣，给予了热情的接待。洗尘话旧，杨先生诚恳地谈到，一旦战事平息，将重建江南名楼滕王阁，并希望梁教授能给予支持，绘一套图纸以备战后重建之用。梁先生当时很愉快地接受了这一请求。

梁思成（1901—1972），广东新会人，梁启超长子。新中国成立前，他任职于中国营造学社，从事中国古建筑的科学研究工作，调查、测绘过许多具有重要历史价值的古建筑，整理过一些建筑古籍。他曾任东北大学、清华大学建筑系主任、教授，联合国大厦设计委员会成员。新中国成立后，他历任清华大学土建系主任，中国人民政治协商会议常务委员会委员，第一、二、三届全国人民代表大会代表，第三届全国人民代表大会常务委员会委员，中国科学院技术科学部委员、建筑科学院建筑历史理论研究室主任，中国建筑学会副理事长等职。曾参加中华人民共和国国徽设计和首都人民英雄纪念碑的建筑设计，对我国建筑学的科学研究工作做出了很大贡献。主要著作有《清式营造则例》《中国建筑史》《宋〈营造法式〉注释》及古代建筑调查报告和论文数十篇。

梁思成先生比杨绰庵年长四岁，是师兄之辈，他对师弟杨绰庵也是颇为敬佩的，因为杨绰庵亦学贯中西，且是个讲科学、办实事的人。师弟之请，敢不从命！梁先生刚过"不惑"之年，年富力强，办事雷厉风行，在极短的时间就投入绘制草图的工作。在绘图前，查阅了有关文献，反复思虑，决定采用宋代的

梁思成绘《重建南昌滕王阁计划草
图》渲染图

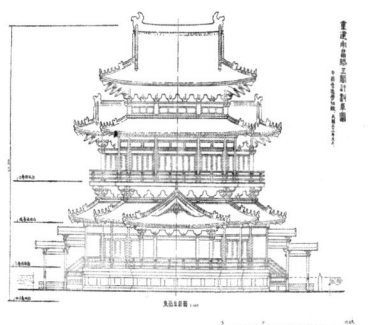

梁思成绘《重建南昌滕王阁计划草
图》东立面图

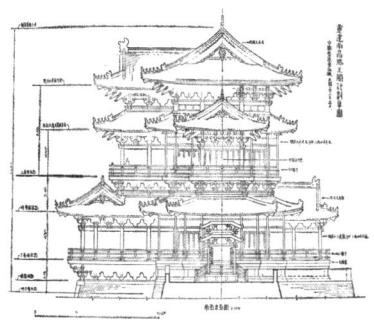

梁思成绘《重建南昌滕王阁计划草
图》南立面图

法式，参以唐代式样。不到一个月的时间，梁先生亲笔勾勒方案草图，然后由弟子莫宗江绘制正式图纸，终于绘制出《重建南昌滕王阁计划草图》八幅，其中彩色透视图一幅，平面图（含地下层、下层、暗层、上层地板、屋顶五个平面）一幅，东、南、西立面图三幅，断面图（含七个断面）三幅。图纸上未标设计人的姓名，仅写明"重建南昌滕王阁计划草图 中国营造学社拟 民国三十一年五月"。

梁思成、莫宗江的设计图纸绘出后，即交江西省建设厅，没有收取设计费。据说省厅为表谢意，给予了中国营造学社一些资助。在 1943 年 10 月，由杨绰庵主编的《滕王阁考初编》印行，梁、莫所绘图列于卷首。杨先生为这些图，有如下跋语：

> 右滕王阁彩色透视图一，平面、立面、断面等图七，共八幅，为梁思成先生依明项氏天籁阁旧藏宋画底本，参以所见唐代营造式样设计。唐代阁址，踞近临江，元明以降，均建在城上，故欲重筑高基，期能保存前代旧式，并采如北平正阳门箭楼之制。匠心独运，弥佩精思，附识于此。
>
> 中华民国三十二年十月 杨绰庵跋

遗憾的是，当时战事正烈，抗战胜利后杨先生又调离江西，建阁的宏愿化作泡影，梁先生的大作也被闲置，难见天日。

新中国成立后，重建滕王阁之议迭起，邵式平省长为此奔走呼吁，江西省文物管理委员会为新阁的设计，于1957年11月6日，致函梁思成先生征求意见：

> 我省党政各界对重建滕王阁的问题，至为重视。现已开始作一切准备工作。……图纸方面，一般意见拟用梁同志等于一九四二年以中国营造学社名义所绘草图。

梁先生11月19日复信说：

> 知道你们要重修滕王阁，十分高兴。……当然，那份图只是一份极粗的草图，要兴建则必须做施工图和详图。希望当地的设计单位能担当起来，在制图过程中，我们可以提供一些意见。

他还特别建议道：

请特别注意，滕王阁原是建在城墙上的，因此，重建时也应当为它建一个高约十公尺左右的高台，以代原来的城墙。

岁月蹉跎，建阁之事屡屡搁浅，直到梁先生谢世十余年后，滕王阁终以其空前的规模，拔地而起，巍然屹立于大江南岸、赣水之滨。可以告慰梁先生在天之灵的是，二十世纪八十年代重建之阁，依然贯彻了梁先生四十多年前的构思，新阁的建筑设计依然是以 1942 年的草图为依据进行的。而且，梁先生的未竟之业是由其弟子完成的。当年的助手莫宗江教授，参加了 1983 年在庐山召开的"重建滕王阁座谈会"，提出了很好的意见，他的学生沃祖全率先提出了规划意见，学生陈星文任滕王阁建筑设计总工程师。新阁落成，梁先生功不可没。

◆·邵式平奔走筹经费

滕阁凭栏，年年赣水流春去……

千古江城，人物移无数……

滕王阁的鼎新，可以说非一代人之力。面对今日的辉煌，不禁使人想起谢世八十载的老省长邵式平，早在二十世纪五十年代，他就为重建江南名楼而奔走呼吁，筹措经费。

邵式平（1900—1965），江西弋阳人。五四运动时，积极参加学生运动，主办《青年报》。1926 年在弋阳领导农民运动。第二次国内革命战争时期，同方志敏一起，在弋阳、横峰组织农民起义，后任闽浙赣省工农民主政府主席、军区司令员，红十军政治委员、前委书记、省委书记等职。1934年参加二万五千里长征。抗日战争时期，任陕北公学教育长、抗日军政大学第二分校副校长。第三次国内革命战争时期，任中共辽吉省委副书记兼军区副政治委员、东北财政经济委员会计划委员会副主任等职。新中国成立后，任中共中央华东局委员、中共江西省委书记处书记、江西省省长，全国人民代表大会代表。1956年，出席中国共产党第八次全国代表大会，当选为候补中央委员。

新中国成立后，邵式平既是一省之长，又兼任南昌市城市建设委员会主任。为把省会城市规划好、建设好，充分体现南昌的历史文化与现代文明，邵省长具有远见卓识和雄伟气魄。他为江南名楼的重建呼吁奔走，指示当时市长修葺八大山人纪念馆、佑民寺及翠花街、万寿宫，疏浚东湖，大搞城市园林绿化，并亲自规划、亲自指挥拓建安石路为八一大道的工程。邵省长常说："搞社会主义建设，要有魄力。搞城市建设，不能小家子气，要配合环境，讲求实效，要有几十年不落后的长远构思，要从整个城市建设着想，省会城市应有省会城市的观瞻。"以八一大道为例，邵省长就明确指示："八一大道这条马路，一定要做到宽、平、直、长四个字，使其成为一条具有现代化的高水平马路。"后来，八一大道成为全国著名的三条半马路之一（北京长安大道、南昌八一大道、汉口中山大道，半条是指上海闵行路）。谈到南昌城市巨变的历史，市民们至今

1961年周恩来总理视察江西时与邵式平省长合影

仍有口皆碑，没有忘怀这位老省长的功绩。

邵省长是一位革命者，是一位知识分子。新中国成立之初，百废待兴，滕王阁这座体现赣文化之光的名楼，其重建之事，始终萦绕于这位文武兼备的省长之怀。事情还得从1951年说起，那年秋天，一批外国民间人士组成的访问团来南昌参观游览，邵省长抽空接见了他们，在结束时，客人问及江南名楼滕王阁："今天开放不开放？"虽语无恶意，但使邵省长颇为尴尬，只有含糊而幽默地说："滕王阁正待整修。"此后，省、市人民代表会议、政治协商会议，都曾有重建滕王阁的提案，邵省长要求省文化部门为此积极搜集有关文物与资料。1956年，邵省长在北京参加全国人民代表大会期间，呼吁奔走，同江西省文化局计财科及社会文化科的人员一道，前往文化部，就拨款建阁问题请求支持。虽当时因故未果，但重建之念，耿耿于怀，拂之不去。

邵式平自京返赣后，将建阁一事提交省委常委会专题讨论研究，会上采纳了时任省文化局局长石凌鹤的意见：可化整为零，先筹办建材，然后选址建阁。最后作出了着手筹建滕王阁的决定，并确定由省文物管理委员会负责具体事宜。此讯一出，人心振奋。1957年初，江西省文史研究馆馆长丁立中，署名方晟撰写了《南昌滕王阁记》，下摘片段，足见有关人士心情之一斑：

> 物之兴替，各有其时。而名迹修复，多在治道昌明、民生富裕之后。我国家目前建设蓬勃兴起，蒸然日上。对于古迹之有历史文化价值，足以传示后世者，特予搜辑保存。有此盛举，莫敢或废。如孺子亭、苏公圃，修葺一新。前例俱在，而滕王阁为江右名胜第一，非复旧观、更增新美，将无以副都人士之望。经营作始，容有待焉，吾人拭目以俟之可也。

1957年11月，省文管会就重建意义、所需经费、建阁地址、开工时间及建成后的管理与使用等项问题，向省委、省人委提交了详尽的《重建滕王阁意见书》，此外还专门致函梁思成征求设计图纸方面的意见。1958年初，邵省长又亲自奔走，和中央文化部商议，征得同意，后又经省委、省人委同意，决定将建阁计划列入当年国民经济计划。正当紧锣密鼓进行筹建工作时，席卷神州大地的"大跃进"浪潮汹涌而至，建阁之事又不得不搁浅。此后，政治风暴接踵而来，滕王阁的重建也就根本顾不上了。

1965 年年末，"文化大革命"的兆头显露之初，邵式平因病去世，建阁之志未酬。今睹新建的滕王阁，不能不引起人们对往事的回忆，不能不对曾为重建工作奔走呼吁过的逝者，表示深深的怀念。下录今人周作忆所撰长联，作为此篇的收尾吧：

高阁历春秋，忆前朝人物风流，仰王郎辞赋，醉翁文章，孺子清风，文山气节，蛟腾凤舞，大好江山多名士；

一楼知兴废，思当代英雄慷慨，钦周公雍容，贺帅豪迈，方君壮烈，邵老贤明，文治武功，千秋历史记伟人。

九　滕阁旧事说到今

岁月悠悠，滕王阁创建至今，弹指千载。围绕着这座江南名楼，展现了五色斑斓的文化现象，使之成为赣文化的重要组成部分。因此，流传至今的有关滕王阁的逸闻掌故也就委实不少，一是有名者所撰述，二是无名作者所编写，此外还有民间口头流传的。其内容则或在正史中有根，或在野史上有据；而在文字上有经一人加工润色者，也有经多人再加工再润色者。下面摘录一些脍炙人口的逸闻掌故（略有增删），以飨读者。

◆·唐高宗三叹王子安

唐太宗李世民去世后，其子李治继位，是为高宗。高宗在位期间，为王勃之才一叹二叹，乃至于三叹，在初唐时即被传为佳话。

王勃，字子安，十四岁不到就去应幽素举。应试之日，他来到禁卫森严的考场，环顾四周，见全是年长公子，束发秀

180　滕王阁史话

才，白首童生，唯独自己还是一个孩童。当主考官点名点到王勃时，见其长衫拖地，乳臭未干，一脸稚气，心中颇有几分不快。王勃非常聪敏，见状，连忙上前叩拜施礼，说："宗师爷在上，学生龙门王勃前来参拜聆教。"这几句话，听者颇觉字字顺耳。主考官此时突生奚落之念，出口道："蓝衫拖地，怪貌谁能认！"王郎仗胆反讥："紫冠冲天，奇才人不识。"主考官笑，再戏谑道："昨日偷桃钻狗洞，不知是谁？"王郎趣答："今朝攀桂步蟾宫，必定有我。"主考官窃喜，拊掌道："神童，神童，果然是龙门神童，准考。"

王勃赴考高中后，授朝散郎，成为朝廷最年少的命官。嗣后，才思泉涌，笔端生花，撰《宸游东岳颂》、《乾元殿颂》，文章绮丽，惊动圣听。高宗见此两篇颂词，歌功颂德，词美义壮，乃是未及弱冠的神童所为，惊叹不已："奇才，奇才，我大唐奇才！"王勃的文名也为之大振，与杨炯、卢照邻、骆宾王合称"初唐四杰"，并推为首位。

不久，沛王贤闻其名，召为沛王府修撰，十分爱重。沛王贤、周王显，均是贪嬉少年，相与以斗鸡为乐，不惜千金求珍禽，以较高下。二王素来喜欢与王勃谈笑，每次斗鸡时，必请王勃一道畅饮欢宴。王勃仗着文才，戏作《檄英王鸡》，文云：

盖闻昴日，著名于列宿，允为阳德之所钟。登天垂象于中孚，实惟翰音之是取。历晦明而喔喔，大能醒我梦魂；遇风雨而胶胶，最足增人情思。处宗窗下，乐兴纵谈；祖逖床前，时为起舞。肖其形以为帻，王朝有报晓之人；节其状以作冠，圣门称好勇之士。秦关早唱，庆公子之安全；齐境长鸣，知群黎之生聚。决疑则荐诸卜，颁赦则设于竿。附刘安之宅以上升，遂成仙种；从宋卿之窠而下视，常伴小儿。惟尔德禽，固非凡鸟。文顶武足，五德见推于田饶；雌霸雄王，二宝呈祥于嬴氏。迈种首云祝祝，化身更号朱朱。苍蝇恶得混其声，蟋蟀安能窃其号。即连飞之有势，何断尾之足虞？体介距金，邀荣已极；翼舒爪奋，赴斗奚辞？虽季郈犹吾大夫，而埘桀隐若敌国。两雄不堪并立，一啄何敢自安？养成于栖息之时，发愤在呼号之际。望之若木，时亦趾举而志扬；应之如神，不觉尻高而首下。于村于店，见异己者即攻；为鹳为鹅，与同类者争胜。爰资枭勇，率遏鸱张。纵众寡各分，誓无毛之不拔；即强弱互异，信有喙之独长。昂首而来，绝胜鹤立；鼓翅以往，亦类鹏抟。搏击所施，可即用充公膳；翦降略尽，宁犹容彼盗啼。岂必命付庖厨，不膋魂飞汤火。羽书捷至，惊闻鹅鸭之声；血战功成，快睹鹰鹯之逐。于焉锡之鸡帻，甘为其口而不羞；行且树乃鸡碑，将味其肋而无弃。倘违鸡塞之令，立正鸡坊之刑。牝晨而索家者有诛，不复同于茕畜；雌伏而败类者必杀，定当割以牛刀。此檄。

不料此文传到高宗手中，圣颜不悦，读毕则怒叹道："歪才，歪才！二王斗鸡，王勃身为博士，不行谏净，反作檄文，有意虚构，夸大事态，实属挑拨二王关系，此人应立即逐出王府。"于是，王勃被逐。

这样，过了些年头，到了上元二年（675）冬，长安城里都传颂着脍炙人口的《滕王阁序》。一天，唐高宗也读到这篇序文，见有"落霞与孤鹜齐飞，秋水共长天一色"句，不禁拍案，惊叹道："此乃千古绝唱，真天才也。"又读下去，见一首四韵八句诗："滕王高阁临江渚，佩玉鸣鸾罢歌舞。画栋朝飞南浦云，珠帘暮卷西山雨。闲云潭影日悠悠，物换星移几度秋。阁中帝子今何在，槛外长江空自流。"唐皇一扫成见，连声叹道："好诗，好诗！作了一篇长文字，还有如此好诗作出来，岂非强弩之末尚能穿七扎乎！真乃罕世之才，罕世之才！当年朕因斗鸡文逐斥了他，是朕之错也。"于是高宗问道："现下，王勃在何处？朕要召他入朝！"太监吞吞吐吐答道："王勃已落水而亡。"高宗喟然长叹，自言自语："可惜，可惜！"

◆·张若谷设宴待少年

北宋仁宗年间，江西临川县出了个神童，姓王名安国，字平甫。他的哥哥即是后来当上宰相的著名政治家、文学家王安石。

据传，康定二年（1041），时年十三的王安国因送兄赴京会试，来到了南昌。一天，他兴致勃勃地起了个大早，收拾停当后，便独自一人去登滕王阁，要自由自在地观赏观赏这一向往已久的江南胜景。王安国走出章江门外，但见高阁瑰伟绝特，耸峙江畔。厅轩台榭，江亭津馆，错落有致。他急步登阁，凭栏纵目，心怀无限开朗。西山叠翠，白云出岫，碧流接天，烟波浩渺，帆片片，鸟翩翩。回望市井，闾阎扑地，熙熙攘攘。他接着再细观阁内，一一浏览了前朝一块块重修滕王阁的碑文。当他发现了刻有王勃《滕王阁序》的青石巨碑时，心目为之一亮，久久伫立，凝神遐思。江山无限，人事代谢，杰阁废兴，触发了这位少年郎的不尽诗情。于是，在阁中专设的题留处，援笔蘸墨，一气呵成，写下了如下的七言八句诗：

> 滕王平日好追游，高阁依然枕碧流。
> 胜地几经兴废事，夕阳遍照古今愁。
> 城中树密千家市，天际人归一叶舟。
> 极目烟波吟不尽，西山重叠乱云浮。

当他刚刚写完"浮"字，正准备留名落款时，身后忽有人拊掌叫好。回头一看，原来是一位仪表堂堂的官员，身后还站着一班随从人员。

"小秀才，这位是南昌太守张（若谷）大人，还不赶快施礼！"一位随从向王安国介绍道。王安国忙投笔，躬身施礼道："不知大人驾到，晚生失礼了。"张太守见他年少有才，仪表不俗，且彬彬有礼，高兴地说："免礼，免礼！请问小官人何方人氏，姓甚名谁？"王安国再次拱手一揖，道：

"晚生姓王，名安国，字平甫，乃江西临川人氏。"

"原来你是临川少年王安国！与王子安仅差一字，三百年前恐还是一家呢！小官人，现年庚几何？"

"晚生今年十三岁了。"

"诚然是'人杰地灵'，江西出才子。想不到你未及弱冠，就能写出如此好诗来，老夫失敬，老夫失敬！"

张太守，名侯，又名若谷，字德縣，福建沙县人，他是个极爱才的人。今日能与年少才子相逢，无比欣喜。于是立即传令，在滕王阁中摆上酒宴，歌舞助兴，为少年才人王安国的才华而祝贺，直到尽兴方归。

◆·辛弃疾谷雨会诗朋

南宋淳熙八年（1181），著名爱国词人辛弃疾（号稼轩），调任隆兴（今南昌）知府兼江西安抚使，这是他第二次来江西就职。他此次来南昌的心情是沉重的，抗击金兵、收复中原的宏愿未酬，成日郁郁不乐，悲愤之情压抑在胸间。

一天，时逢谷雨时节，为排解心中的忧闷，他特地在滕王阁上摆了酒宴，遍请豫章文人骚客，雅集赋诗，各抒胸臆。国事堪忧，大家的心情都同样忧郁，喝了几杯闷酒，诗兴却依然难以激起。此时，辛弃疾振臂而起，打破僵局，说道："诗友们，我且抛砖引玉，凑得一首《贺新郎·赋滕王阁》，现吟给大家听听。"

> 高阁临江渚。
>
> 访层城，空余旧迹，黯然怀古。
>
> 画栋珠帘当日事，不见朝云暮雨。
>
> 但遗意、西山南浦。
>
> 天宇修眉浮新绿，映悠悠、潭影长如故。
>
> 空有恨，奈何许！
>
> 王郎健笔夸翘楚。

到如今，落霞孤鹜，竞传佳句。

物换星移知几度？梦想珠歌翠舞。

为徙倚、阑干凝伫。

目断平芜苍波晚，快陕江风、一瞬澄襟暑。

谁共饮？有诗侣。

正当大家对这首新词进行品味时，阁门外有一人，自称诗徒，要求入阁参加诗会。辛弃疾心想："既然自称'诗徒'，恐非平庸之辈！"于是，问过姓名，延请入阁，并请题吟。此人姓胡名时可，亦不谦让，取过文房四宝，摊开诗笺，援笔说道："现丑了！"落笔题了首句："滕王高阁临江渚。"在场的人一见，心想：王勃的成句，豫章城内三岁孩童都能背诵，居然一字不改，现搬照用，还自称什么"诗徒"呢？这时，有一人甚至讥诮地说："哎，下一句该是'佩玉鸣鸾罢歌舞'了吧！"辛弃疾自己是借用古人成句的好手，见胡时可此时依然镇定自如，想必他胸有成竹，定有精彩下文，于是连连摆手，致意众人稍安勿哗，转身对胡时可说："请先生从容下续！"胡时可凝神自若，提笔一边书写，一边朗声诵读。笔如龙飞凤舞，势若高山流水：

滕王高阁临江渚，帝子不归春已暮。

莺啼红树柳摇风，犹似当年旧歌舞。

辛弃疾接过诗笺，吟诵一过，不禁频频点首，说道："好，好！果然出手不凡，岂止'诗徒'，实乃诗家也！尤其是尾句'犹似当年旧歌舞'，将今日之雅集喻为当年阎公重九盛会，实令下官有愧，有愧！辛某今日又结识了一位新诗侣，诚然是三生有幸。"说罢，重新开筵。这次谷雨诗会，被后人传为佳话。

◆·明太祖阁中宴功臣

朱元璋，明朝的开国皇帝，史称明太祖。在创立帝业之前，朱元璋与陈友谅在鄱阳湖曾经血战了十八年（南昌民间均如是说，与史书有异），陈友谅数胜而以败终，而朱元璋则数败而后胜，最终建立了大明王朝。

元至正二十三年（1363）八月底，朱元璋率军大败陈友谅于泾江口，一箭射中陈友谅之目，贯脑而死。朱元

朱元璋像

璋鄱阳湖大战，以弱胜强，传为美谈。朱元璋剪除了多年的顽敌，军威大振，三军欢呼，地动山摇。将士们一致请求朱元璋班师洪都，慰问困守城池八十五日的功臣，吊唁阵亡的将士，朱元璋当即欣然允准。到了洪都后，朱元璋为庆祝胜利，传令在滕王阁上大摆庆功宴，犒赏三军。

设宴之日，南昌城里鼓乐喧天，鞭炮齐鸣；滕王阁上张灯结彩，一片辉煌。朱元璋在刘伯温、胡大海、宋濂等一班文臣武将的簇拥下，健步登上了滕王阁。凭栏远眺，西山烟云蒙

蒙，章江之水滔滔北去，南浦上空流云飞渡，真是气象万千，无不感到赏心悦目。观赏完毕，文臣武将，分列两行，入席坐定。朱元璋高举酒杯说道："吾与友谅大战鄱阳湖十有八载，全赖诸位将军出生入死，浴血奋战，方有今日之胜利，方得大宴名阁！望诸位满饮一杯！"说完，一饮而尽。

分列两旁的文武大员们，立即举杯，异口同声地说："全赖吾主英明，干杯！"

酒过三巡，都督朱文正传令歌舞助兴。正当歌女们引吭高歌，舞女们展袖起舞时，忽然阁外传来了一阵呦呦的鹿鸣声。朱元璋不解地问道："都市之中，何以鹿鸣？"一位部将回禀道："启奏主公，章江门外，有一鹿囿，又名娱鹿山庄，乃是伪汉陈友谅所建。鹿鸣声就是由那儿传来。"原来，陈友谅割据江右称帝时，曾于章江门外建鹿囿，养鹿数十百头。陈友谅还经常骑一头雄性苍鹿遨游，其爱姬也浓妆艳抹骑鹿陪游，招摇过市，效隋炀帝作逍遥游。他又听信方士所进"房中术"，常宰鹿饮鹿血，食鹿茸、鹿鞭以强肾壮阳，并特意打造镂金床，供其纵欲声色。

朱元璋得知原委后，问道："镂金床现在何处？"都督朱文正禀道："已被臣等缴获，现放在耳厅中。"朱元璋起身，在阁之南窗前，经部将指点，隐隐俯视到了鹿囿。接着，又领着诸将转入耳厅，观看了镂金床，沉吟良久，朱元璋发问道："诸位爱卿，陈友谅兵多将广，又据有鄂、赣、闽大片富庶之地，何以今日一败涂地？"

众将们你言我语，各有说法。此时，但见军师刘伯温捋着三绺胡须，从容地说道："骄奢淫逸，玩物丧志，置民不顾，岂能久乎！"朱元璋十分赞同，喟然叹道："军师所言极是。殷鉴不远，在夏后之世。望诸位爱卿牢记陈友谅败绩的教训，当同心同德，乘胜追击，直捣大都，一统中华！"众人齐声道："主上英明，一统中华！"

当时，朱元璋即下令朱文正当众捣毁镂金床，尽放鹿围之鹿于西山。是夜，与群臣纵观灯火，欢宴通宵。

◆·解学士巧对滕王阁

明朝洪武年间，江西吉水县出了位对联高手，姓解名缙，字大绅。解缙出身寒微，父亲担水卖，母亲磨豆腐。别看他个子矮小，貌不出众，但自幼好学，聪明过人，满腹学问。这一年，他来南昌参加乡试，竟一举名登榜首。府台大人深信他将来定能有大出息，于是留在府里攻读，准备送他赴京会试。

有一天，解缙在攻读之余，来到东湖百花洲游玩。环顾四周花木，当即吟成一副对联：

蒲叶桃叶葡萄叶，草本木本；

梅花桂花玫瑰花，春香秋香。

围观者无不拍手称妙。

一天，解缙登上了滕王阁，突然有一团东西从梁拱暗处"啪、啪、啪"惊飞而出，解缙一惊，定睛一看，原来是一只鸽子。于是他灵机一动，托物起兴，出口吟成一句上联：

> 滕王阁，阁藏鸽，鸽飞阁不飞！

然而下联却久思不得。

解缙徘徊在临江的回廊，远眺槛外景色，只见扬子洲畔，几叶扁舟傍洲而过，缓缓前行。茅塞顿开，兴奋道："有了，有了！"

> 扬子洲，洲停舟，舟动洲不动。

◆·汤显祖赏演牡丹亭

明朝万历年间，我国文坛上诞生了一位伟大的戏曲家，他就是四百年后被世界剧坛誉之为"东方莎士比亚"的汤显祖。

汤显祖出生于江南才子之乡——江西临川县文昌里。他从小极为聪颖，好学不倦，博览群书，工于诗词，少年时代即闻名于乡里。乡试中，他一举考中头名举人。由于他为人耿直，不肯依附权贵，对刻板的科举制度不满，追求个性解放，故在会试中连连落第。直到他三十三岁那年，即万历十一年（1583），才考中进士，官拜礼部主事，后被贬为浙江遂昌知县。万历二十六年（1598），四十九岁的汤显祖在十多年的仕宦生活中，目睹了官场的黑暗和封建礼教对人性的扼杀，现实的悲剧一幕接着一幕，于是决心弃官归里。回到家乡临川后，

汤显祖像

在文昌桥附近筑室"玉茗堂",潜心研究戏剧艺术,集中精力进行《牡丹亭》的创作。

《牡丹亭》是一部不朽的传奇,描述的是杜丽娘和柳梦梅反抗封建礼教、争取爱情自由的故事。全剧共分游园、惊梦、寻梦、闹殇、拾画、幽媾、冥誓、回生、婚走、遇母、闹宴、圆驾等五十五出。剧中以"情"抗"理",无情鞭挞了封建礼教。汤显祖在创作过程中,全身心投入,收视反听,深入角色,喜剧中人物之所喜,悲剧中人物之所悲,忽笑忽哭,旁若无人,人以为癫狂,闹出了不少笑话。据说有一天,其家人到处找不到他,原来他一人独卧在柴禾堆上掩袂痛哭。家人惊问何故,他说是苦想出了一句《牡丹亭》中的唱词"赏春香还是旧罗裙"之故。汤显祖创作严谨,《牡丹亭》数易其稿,其间他常来南昌杏花楼小住,并与刘应秋等"彦社"的诗友们一道谈论戏文。有一天,刘应秋问他《牡丹亭》写得怎样了,他把为剧中女主人公杜丽娘设计的一段唱词,吟唱给大家听:"这般花花草草由人恋,生生死死随人愿,便酸酸楚楚无人怨……"彦社的长者当朝相国张位听罢很受感动,催他尽快定稿。汤显祖告别诗友,回到临川之后,闭门不出，日夜伏案，字斟句酌，苦熬数月，巨著《牡丹亭》终于定稿。

第二年，即明万历二十七年（1599），九九重阳佳节，适值滕王阁新修落成大典。江西巡抚王佐在阁中大摆宴席，在相国张位的建议下，恭请汤显祖赴宴，并由浙江海盐班王有信领班试演《牡丹亭》。此日，阁上灯火辉煌，鼓乐喧天。相国张位在巡抚王佐的陪同下，率领南昌大小官员观看《牡丹亭》的演出。汤显祖、刘应秋等一班彦社的诗友也在座一同观看。当牡丽娘唱道：

> 原来姹紫嫣红开遍，似这般都付与断井颓垣。良辰美景奈何天，赏心乐事谁家院！……一朝飞暮卷，云霞翠轩；雨丝风片，烟波画船。——锦屏人忒看的这韶光贱。

台下，响起一阵又一阵的喝彩。《牡丹亭》的演出，从黄昏开始，高潮迭起，直到深夜方歇。

《牡丹亭》在滕王阁上试演非常成功，使汤显祖感到十分满意和兴奋，感慨地叹言："一生四梦，得意处惟在牡丹。"当即欣然命笔，题写了七绝《滕王阁上看〈牡丹亭〉》二首：

其一

> 韵若笙箫气若丝，牡丹魂梦去来时。
> 河移客散江波起，不解销魂不遣知。

其二

桦烛烟销泣绛纱，清微苦调脆残霞。

愁来一座更衣起，江树沉沉天汉斜。

◆·卢太学狱中写图记

故事发生在明朝成化和弘治年间。

那时，在大名府浚县中，有位才子，姓卢名楠，字少梗，为太学生。卢楠生得丰姿潇洒，气宇轩昂，飘飘有出尘之表。他八岁时即能属文，十岁便娴熟诗律。一生好酒任侠，放达不羁，有轻财傲物之志。他家资巨富，所居在城外浮丘山下，拟于王侯，放浪山水，吹弹歌曲，吟花课鸟，笑傲其间，自号"浮丘山人"。由于恃才傲物，得罪了当时知县大人汪岑。汪知县贪酷无比，性复猜刻，以其仆人犯罪，嫁祸卢楠，使其蒙冤入狱。此事在明天启七年（1627）由文学家冯梦龙据民间传说，演为话本《卢太学诗酒傲公侯》，编入《醒世恒言》中。

且说卢楠在年幼时，便听人说过"南昌，当吴楚雄镇，而滕王阁则俯瞰西江，延引瓯越，瑰琦绝特，为东南楼观第一"。后来，又细读了王勃《滕王阁序》和韩愈的《新修滕王阁记》，故慕游之心益甚，每每自言自语道："当值此身之壮年，下江南，游滕阁，往观造物之妙、神工鬼斧之奇。"然而，卢太学蒙冤入狱，"当及壮游"的夙愿，自然难以实现。

卢太学自明成化十六年（1480）含冤入狱，一晃就是八年，至明弘治元年（1488），以进士出身的山东人石某来任县令，对监禁的囚犯施以恩德，才放宽对他的管制，让他在牢狱之中有一定的行动自由。在此时，卢楠如饥似渴地觅求书画以自娱，以遣解狱中的忧闷，在一次偶然的机会中，他获得一幅《滕王阁图》卷轴，如获至宝，异常兴奋，细细欣赏，但见：

自阁道始，傍达连房，阿观旋室，媖轩离檐……翔翥于霄汉之上。怪石幽篆，危松苍然，护映屏障，俱点缀人物。山水图书，象态呈露，咸极巧丽……

他一边赏玩一边赞美道："此阁，诚乃天下之伟观者也！"

卢太学看罢画图，心驰神往，难以平静，立即濡墨挥毫，一口气写就了《滕王阁图记》。滕王阁给了他灵感，也使他得到了短暂的解脱，浑然忘却了自己的缧绁之苦，久久陷于迷醉的幻境之中，他生动地作了自我描绘：

抚卷恍忽，若失缧绁。栩栩乎若驭云车并，而超越江汉；飘飘乎若遗浮埃之表，抟扶摇而游览于间阖也。

卢太学无比向往江南名楼滕王阁，朝思暮想"偿其私愿"。后来，有友人来探监，他将所撰《滕王阁图记》及原画轴交付给友人，并无限动情地交待说："即使我不幸死于狱中，你可以每天对着画图和图记看一看、念一念，以此来告慰我滕王阁之思。如果有幸被赦出狱，那么我定然与你去同观天下形胜……去寻访我所梦寐思登的滕王高阁。"

卢楠沉冤十载，后由新任知县陆光祖为其平反冤狱，释放回家。此时，他虽家道沦落，但毫不在意，仍寄情山水以自娱，几经周折，南游吴楚，到了六朝旧都南京，登了庐山，但是否偿其一睹滕王阁的夙愿，未见记载，后人无法知道。但是，他在狱中的大作《滕王阁图记》有幸保存至今，成为滕王阁古文献中一篇难得的佳作。

◆·刘将军阁中题讽诗

明朝末年，有位大将姓刘名綎，字省吾，乃南昌人氏。此人生得粗眉大眼，虎背熊腰，膂力过人，是一位抗击倭寇的名将。万历二十年（1592），刘綎曾参加援朝抗日，因屡屡建功，升为御倭总兵官，进都督同知。刘将军作战骁勇，所用镔铁大刀重一百二十斤，在马上抡转如飞，令敌人闻风丧胆。因此，人们称他为"刘大刀"。

刘大刀久戍边关，转战云南、四川，后又挥师北上，抵御外患，戎马倥偬数十年，功勋卓著。有一年，这位劳苦功高的将军回南昌探亲，南昌知府徐逢聘闻讯后，赶紧张罗，准备在滕王阁上为荣归故里的老将军接风洗尘，并邀请地方官员和文人学士届时赴宴作陪。

这一天，滕王阁下，轿马成行，冠盖云集。盛宴开始，鼓乐齐鸣，弦歌阵阵，更见觥筹交错，谈笑风生，煞是热闹。

酒过三巡，官吏士绅个个酒酣耳热，雅兴大发，于是摇头晃脑吟起诗来。都无非是些应景之作，为府台大人歌功颂德而已。那府台大人生怕刘大刀不悦，于是笑着说："今日本是为德高望重的刘老将军接风洗尘，将军文韬武略，当请将军挥毫题诗，留下墨宝才是。"随即命仆役将文房四宝送到刘大刀面前。

刘大刀虽已两鬓如霜，但身板硬朗。只是他微微一笑，回道："卑将年十三随父从军，驰骋沙场，冲冲杀杀三十余载，故只识刀枪剑戟，文墨之事则早已荒疏了，岂能在诸君面前出乖显丑呢？我看免了吧，班门弄不得斧，还是让老夫多喝几杯家乡酒吧！"

府台大人缠住将军不放，求其挥毫，留下墨宝以志盛会。

刘大刀被逼无奈，却反倒触发了灵感。思索片刻，提起笔来，饱蘸浓墨，奋笔疾书，写下七言四句：

> 幼习干戈未习辞，滕王阁上逼题诗。
> 江南好景君同赏，塞北烽烟我独知。

在场众宾客一见这四句诗，一个个你看看我，我望望你，不敢评说。这时候，刘大刀见大家缄默不语，笑道："老夫言犹未尽，下面还有四句呢！"说罢，笔走龙蛇，接着上四句续写下四句：

> 断发结缰牵战马，拆袍抽线补旌旗。
> 貔貅百万临城下，安用先生笔一支！

题罢，将笔一掷，开怀大笑一阵。刘将军的即兴之作，倒也写得壮怀激烈，是一首难得的武将之诗。此后，刘将军又去乡北征，最终战死在辽东，以身殉国。噩耗传到南昌，乡民无比哀惋，为之立"刘将军庙"，以供祭奠，以志不朽。

◆·舒曰敬结社滕王阁

明代万历年间，南昌出了一名大才子舒曰敬（1558—1636），字元直，号碣石。他于万历二十年（1592）中进士。在任泰兴知县时，城修政举，后因为治讼断案时忤逆了太守之意，被攻讦而罢官。当时，乡中父老们一致要求他留下来，但未成功，于是只好为他建一座"遗带亭"，并且刻画其像，立碑为念。未几，任徽州府学教授，致仕而归。居家四十余年，贫素自守，门人分俸，则不忘族人及鳏寡者。辞官后，以文会友，教书育人，主讲紫阳山、白鹿洞，并为滕王阁、杏花楼诸诗文社的首领，不少名公巨卿出其门下。年七十九卒，著作甚富，有《只立轩前集·续集》《四书易经讲意》《时经臆解》《时务要略》等。

万历三十五年（1607），岁次丁未之秋。近"天命"之年的舒曰敬，每与文友及弟子们漫步登临滕王阁，览胜吟咏，雅兴难以名状。一日，舒曰敬邂逅相逢老朋友临川人氏傅朝佑。此人出自才子之乡，进士出身，曾任中书舍人、补兵科给事中及刑科都给事中等职。老友相逢，自是感慨万千，兹不待言。

傅朝佑见舒曰敬身边人才济济，且想到当时文人结社之风，于是提议道："滕阁乃立言之阁，江山如画，地灵人杰，舒公何不结社以立言，立言者传之千古而不朽。舒公有意乎？诸君有意乎？"真是"人同此心，心同此理"，经傅朝佑这一提议，在场者无不赞同，当即就在阁上创立了"滕王阁社"，并一致推选舒曰敬为"盟主"。创社之际，有傅朝佑、舒曰敬、谭元春、万时华、万元吉、刘梦得、彭份、刘鸣谦、朱徽、刘斯玮、朱统铨等二十多人。当即约定，一月一聚，自由出题，或为诗，或为文，或把酒观景，或议论时政。此举，是当时南昌的文人圈中的一大盛事，影响颇为久长。这一文社存在了几十年，并将入社者的诗文结集成书，付梓印刻，流传至今。

以舒曰敬为"盟主"的滕王阁社，定期聚会，临江把酒，览胜赋诗，切磋学问，议论时政。创社之日，舒曰敬挥毫写下了《滕王阁社初集序》，后来又写下了有情有景的《滕王阁社业二集序》，下录片断，可见当年文人雅集之乐：

盖自丁未之秋至于今，无月不从诸君子会滕王阁。把酒临江，阅晨夕阴晴，并觉会心。有时天宇旷然，波平如掌，上下鱼鸟，恍从镜中飞跃；渔舟画舫，汀草岸沙，共献融怡于槛外，为乐可知。有时烟消日出，红闪半江，夕照乘霞，影城彩翠；而又煽以微风，荡以轻楫，波光析析，似骊龙受骇，抱珠欲浮。凭栏目眩，斯已奇矣。甚则冲飙动地，吹涝倒流，惊涛立而白屋低，飞沫漾而西山失。忽疑晋代仙人，姑息老蛟，令擘铁锁、浴积涎，作成怪状。于是罢酒悸心，暗诧奇绝，诸君子之文，大概如此矣。……

岁月流逝，人事沧桑。二十八年后，也就是崇祯七年（1634），舒曰敬这时年已七十有六了，暮春三月，老先生在弟子万时华等人的陪同下，策杖登临重修的新阁。万时华在七古《三月二日，侍舒碣石先生登滕王新阁，后赋》中，有云：

> 后土欺春雨师恶，深寒六旬冻花葶。
> 三月二日江气清，万古西山照新阁。
> 阁外千帆散午晴，碧草茸茸白云落。
> ……
> 吾师策杖诸子从，是中耆旧欢来同。
> 登阁万象豁幽爽，少长列坐晴烟中。
> ……

舒曰敬可谓老当益壮，但亦感慨万千。他在其七古《登滕王阁》的小序中这样说："崇祯七年三月二日，予偕高朋二十二人，携觞登眺。是日，天收积雨，霁景融怡，江涨不波，澄净如练，俯仰会心，饮甚欢。忽忆二十年前，文会楼头，人数倍，今与会者五人而已，慨焉有怀……"其诗云：

> 老病经年未出郭，发兴偶登滕王阁。
> 画栋朱栏又一新，西山南浦还如昨。
> 素交有约载壶觞，青帝行春开寥廓。
> 少长皆集礼数宽，景物撩人恣欢谑。
> ……
> 二十八载转烛过，几人无恙几陈迹。
> 留我登临百感生，惟应乐酒永今夕。

这次的登阁，也可视作是以舒曰敬为盟主的滕王阁社的最后一次聚会吧。崇祯九年（1636），这位被誉为"江西二十八位文学星宿"之一的文学家、教育家，便谢世了。

◆·郭太守为兄勒遗文

明代末叶，崇祯三年（1630），进士出身的河南新乡人郭浣，来南昌任太守，任职达五年之久。其政绩平平，没有什么惊人之举。然而他在滕王阁中，却留下了一段佳话，传诵至今。

郭太守虽是外乡人，但对江南名楼滕王阁情有独钟，一有余暇，即出城登阁凭眺，俯仰江天而慨叹不止，个中缘由当时人们似不清楚，直到他为其仲兄郭涓勒石为碑才明白了。原来，郭太守有一位哥哥，名叫郭涓，进士出身，满腹才学，授翰林院编修，万历三十一年（1603）任江西学政时，与滕王阁也有一段情缘。当年郭涓受朝廷之命，来江西南昌主持科举考试之事，公务繁忙，直到事竣驰归前夕才一登杰阁，并写下了《登滕王阁记》。他在《记》中写道：

余少读三王之文，知有所谓滕王阁者，恨不游其地登焉。闻之人云：今其阁尚存，则后人嗣而葺之者也。既而考滕王者，无他表见，而勃又不过文士耳，其人俱不足称，何以至今为人重，嗣而葺之，若将与天壤俱不朽者？则以勃之所为文重也。

文之至者，固足以不朽，而所纪之一亭一台，如所为滕王阁者，亦与之俱不朽，文之重也如此，而况乎其以人耶？勃之文，骈丽赡华，目所见者，铺写无遗，使人读之，宛然登斯楼而四眺也。后之为文者，如第一楼诸《记》，又复铺写，亦泯泯无足传。独韩愈所为《记》，道其所以欲游而不果者，其文遂与勃俱不朽，则又非徒以愈之人重也，文与人并重也。噫，文难言矣！

万历癸卯，余来典试。事方竣，以有至情，将遂驰归。直指吴公游于其下，曰："此滕王阁也，不可不一登。"遂登焉。而所为西山、南浦者，皆在目前。愈之所欲游而不果者，今寓目焉。吴公谓余曰："是不可不一言纪之，使后之览者知吾二人游也。"

夫吴公之为人，品峻而养邃，以理学著闻。按兹乡土间，有德政，百世而下，人犹当重之。余既碌碌，无所短长于世，而为文芜陋又不足重，第后之览者则必曰："某人者，与某人游而记之者也。"余之文，不犹因吴公之人以为重耶？遂欣然书之，以纪岁月。吴公名达可，直隶宜兴人。

郭淐写的这篇《记》，当时并未勒碑，只是收藏在自己的文箧中。十九年后，郭淐病故。又过了八年，到了崇祯三年（1630），其弟郭浍奉旨出任南昌太守，得偿夙愿，真是"无巧不成书"。这时的滕王阁，经过万历四十六年（1618）的火灾后重建，已是栋宇更新，胜于往昔。郭太守此时的心境可想而知，他忆及年少时家兄绘声绘色介绍滕王阁、西山、南浦时的情景，忆及家兄"恨不携余观"的话语，然而家兄已作古，未能手足同游共赏，情何以堪！为了弥补心中的憾事，郭太守便在先兄的遗稿中，找出当年所作《登滕王阁记》，勒石成碑，竖立在滕王阁中，并写了一篇情深的短跋《书兄太史〈登滕王阁记〉后》，刻于碑阴，一时传为美谈，全文照录如下。

万历癸卯，余仲兄苏门先生官词林，典试江西。归而与余言滕王阁所谓南浦西山者，自南望而手指示予，恨不携余观也，余亦恨未得从先生共观。

后十九年，而先生殁。又八年，余来守兹土。登焉，凭槛而望，知先生所指示予者。意欣欣若，欲复言之先生，忽觉不得与言矣。先生偶一观之也，余两年之间，几登斯阁矣。

明霞朝映，紫雾夕含，而江山亦为之变态多矣，此何得复言之先生？

悲夫！余就先生集中，取其所作《登滕王阁记》而勒之石。

◆·解学龙阁畔练水军

滕王阁不仅文士在此雅集，武夫也在此演习，既兴文，又饬武，历史上有在阁下操练水军的故事。

明毅宗朱由检继承皇位后，改元崇祯。此时的明王朝，积弊已深，内忧外患，危机四伏，刚愎自用的崇祯皇帝已无法理清这堆乱麻了。江河日下，国事日非，边防上将骄卒惰，辽东外族势力日益壮大，正虎视眈眈，觊觎关内。中原内地，灾荒频仍，农民起义的烽火四处蔓延。为了稳定江南，崇祯五年（1632），朝廷委任解学龙巡抚江西。

解学龙，字石帆，扬州兴化人，明万历四十年（1613）进士，授金华府推官。天启二年（1622），任刑科给事中；天启五年（1625）被劾为东林党，遭削职。崇祯元年（1628），阉党败，起用解学龙为户部都给事中，后任太常卿、太仆卿。崇祯五年，他以右金都御史来巡抚江西，到任之后，兴文饬武，在南昌做了一些好事，次年即捐出自己的俸银主修滕王阁，并就阁之旧址另构一楼，名曰环漪楼，供文学之士以文会友、雅集结社之用。解学龙是个在政治上颇有见地的人物，陈弘绪、钱士晋在合撰的《环漪阁赋》的序文中，有一段可为佐证的文字：

> （解）公乃登兹阁（注：指滕王阁）而喟然叹曰："东南所长，惟恃水战。章江，此邦之天险也。"驰檄召诸郡舟师集南浦，悉加简练。因构危阁（注：指环漪阁）于旧基之侧，躬阅水犀之剽勇者。而公又以为治国不可以忘乱，武尤不可以胜文。阁之建也，始之以习水战，终之以极宴乐……

解学龙根据江西川流纵横、水域辽阔的特点，认为"东南所长，惟恃水战"，着重操练水军。崇祯六年（1633）秋，他利用秋收后的农闲季节，迅速发出檄文，召集江西诸郡的舟舰水师，会集在位于抚河与赣江交汇处的南浦，偕同地方官员登临滕王阁、环漪楼进行指挥操练。当时，江西几十个郡、府、县的各路水军，云集南浦，浩浩的江面上，战船飞渡，旌旗蔽日，金戈耀目，战鼓震天，引得士庶民众争相观看，堪称一时之盛。当时的乡贤陈以瑞，进士出身，曾赋诗二首，并作序赞道："破浪扬旌，竞习昆明之战；乘秋骋翰，绰饶羽扇之风。"

新建人氏甘元鼎在《环漪阁赋》中，作了生动的描绘，文曰：

> 尔乃阁成，岁工其辍。农隙讲武，临江大阅。六师巍总，万群虎决。艨艟之径渡若飞，艘艚之冲陷如截。钲鼓震兮电霹骇，旗游拂兮星辰蔽。弦矢激兮倚翼（指长舟）迟，剑器划兮流光绝。尔时衮衣绣裳，凭阁以观。霜铤电盾，依方其列。

当时解学龙在滕王阁、环漪阁指挥演兵，声势浩大，威震东南，留下赞誉的诗文不少。下录新建教谕张自谞七律《大中丞解公重修滕王阁，增建环漪阁，时练水师于此，敬赋》：

> 江上观军阁上留，中丞雅志适相酬。
> 万山草偃三年最，千里棠阴四国道。
> 缔构煌煌时复古，标题凛凛字争秋。
> 赋游应有昌黎笔，不美王公镇八州。

◆·康熙帝御笔书王序

人们习惯把"康熙"当作人名来说，其实"康熙"是年号，在位皇帝是爱新觉罗·玄烨，是清世祖的第三子。他在位61年，谥号为清圣祖。人们习惯称之为康熙皇帝。

康熙帝是清朝在位时间最长的一位皇帝，也是一个颇有作为的皇帝。其人文韬武略，为治国的需要，苦研儒学，表倡程朱；且涉猎极广，诸如数学、水利、测量等，尚能琴棋书画。由于他采取了一系列政策措施，因此社会相对稳定，并出现了盛世太平之象。

康熙年间，滕王阁曾先后四次遭火焚，又先后四次重建。康熙二十四年（1685），玄烨三十多岁，年富力强，四处巡游。这年四月，他到了南粤，然后由广州北归，取道梅关，度大庾岭，乘舟顺赣水而下，抵南昌，见江南名楼滕王阁已毁于火，一片瓦砾，看了叫人兴味索然。他一语不发，陪同者亦不敢吱声。

滕王阁被毁之事，凭吊废墟的情景，始终挂在康熙帝的心头上，使他好生闷闷不乐。康熙四十一年（1702），江西巡抚张志栋奏报滕王阁又重新修葺一新。一日，康熙帝在御书楼中翻看历代书法家的法帖墨本，看到了明代大书法家董其昌亲书《滕王阁序》真迹，赏读良久。董其昌乃明代书坛领袖，其书法雍容超脱，康熙帝从小就临摹他的书法。太子太保从小又教他熟诵过王勃的《滕王阁序》。如此双璧，康熙帝喜何如之！这终于成为他决心临摹的冲动，于是展开绫绢，按董其昌笔意临写了《滕王阁序》，颇觉满意，加盖了康熙的玉印，随即下旨赏赐南昌地方。巡抚张志栋闻讯，顶礼焚香，在迎恩馆前拜接圣旨圣书，随后选材择匠，恭摹勒石。第二年，特意建起了一座"御碑亭"，位处主阁之右方。

说来也奇怪，御碑亭落成后才三四年光景，康熙四十五年（1706），一场大火又将滕王阁化为灰烬，唯独剩下御碑亭完好无损，百姓见了都惊呼"神了"。又过了二十五年，新的滕王阁重建后，于雍正九年（1731）又遭火灾，主阁一片焦土，唯独御碑亭幸存无恙，人们见大火烧到碑亭前，便自行熄灭了，都惊呼咄咄怪事。

这样一来，豫章古城的百姓便将"圣碑镇火"的话传开了，来观者络绎不绝，说是此碑占有三个"天下第一"，即：王勃的序文为第一，王勃名列初唐四杰之首；董其昌书法笔意为第一，董为明清两代书坛南宗之魁；而康熙皇帝更是"天下第一人"。所以，民间传说此碑定有神护，是块神碑，非常遗憾，碑已无存，拓片也未传世。

◆·蔡士英撰檄征诗文

清顺治五年（1648），驻守南昌的守军将领金声桓、王得仁（均系明朝降将），策应反清浪潮进行兵变，后被镇压，兵荒马乱之中，滕王阁被焚毁。后来，顺治皇帝派兵部左侍郎兼都察院左副都御史蔡士英，巡抚江西，安抚百姓，稳定江西政局，并重建了滕王阁。

当时，蔡士英下车伊始，走访查问在战乱中名胜古迹被破坏的情况。一日，他偕同地方官员来到章江门外赣江边，经人指点，在断岸稠棘中找到滕王阁的遗址。面对着衰草荒榛，瓦砾迷离，一片凄凉景象，不禁感慨万千，深深地叹息道："王子安诗云'阁中帝子今何在，槛外长江空自流'，咏之凄然。当时子安见阁犹悲帝子，到如今，连高阁也没有了，怎不更令人动怀古之思呢？"

蔡士英偕同官员们，徐步纵观南浦之朝云，西山之暮雨，悠悠潭影，依稀在目。蔡公嗟叹不已，感慨地说道："江流不改，景物犹存！只因时有盛衰，所以事亦有兴有废，然而主持在乎人呀！难道说衰者不可以使复盛，而废者不可以使之复兴吗？但是目下烽燧未消，离乱未定，百姓未安，只恐怕谈非容易啊！"

这时，蔡公身边的一位官员乘机进言道："自从大人来到江西，官员规矩从政，百姓安居乐业。豫章古城的父老乡亲们无不翘首拭目，企望这座载誉千年的名阁能够重新傲然而立，企望这座南昌的风水建筑重新拔地而起。蔡大人难道终无复新滕阁之意么？"蔡公思之片刻，说："对，这话倒说到我心里来了，不过，姑且还要等待一些时日才行。"

从那以后，蔡士英就积极筹划重建之事，时过三年，绸缪万绪，终于在顺治十一年（1654）秋破土建阁，次年正月落成。竣工前夕，南州学士、原少宗伯李明睿进言道："当时三王（即王勃、王绪、王仲舒）所为序、赋、记等，烂然在人耳目间，阁由是得名，以宠斯阁，树骏流鸿，图不朽也。滕王阁，乃文章之所由重也。重是文，因以重是阁。"蔡公非常赞同这种看法，于是决定征集天下诗文，共庆重建杰阁这一千秋盛事。蔡公亲自撰写了《重建滕王阁征诗文檄》，文曰：

窃以洪都故府，东枕庐峰，西跨鹤岭。二江襟带于前，百花裀褥于后。其间揽秀而特峙者，惟帝子一阁，据山川之胜地，擅今古之芳名。童子挥毫，丹青宛在；初唐杰构，景物依然。祗以兵燹连年，遂尔烬灰一炬。地灵久锢，人杰待兴。

不佞承乏江抚，仰赖皇灵。窃幸赤羽昼消，犹幸青燐夜息。民安物阜，庶几小康之启运较蚤；时和年丰，似乎百度之更新复宜。捐薄俸以壮大观，筹之熟矣；询佥谋而缔伟造，时则可之。兹落成之日，本欲踵阎伯屿临风宴集之雅；而奉命弗遑，未可卜王子安登高作赋之期。

嘉会不逢，胜事须集。敬祝域中才士，尤希宇内名人，或朝或野或官游，遥挹天风之送；为赋为诗为叙记，咸期月夜之披。笔阵凌匡岚，南浦朝云，伫飞画栋；词源倒邺水，西山暮雨，待卷湘帘。莫惜倾泻珠玑，定不浮沉锦绣。

不佞羽羞鸦翼，未许凌云；群公彩发鸾毫，欣瞻披露。共集千秋之盛事，丕昭一代之宏文。速惠瑶章，用光剞劂。三韩蔡士英谨启。

蔡士英的《重建滕王阁征诗文檄》发出后，颇有号召力，真可谓振臂一呼，应者云集。一时间，名流学士纷纷寄来诗文应征，总计征得记、赋、诗464篇：其中有官至大学士、太傅兼太子老师的范文程所撰的《重建滕王阁记》，有江南名士、曾任《资政要览》总裁的吕宫所撰的《重修滕王阁序》，还有大文人钱谦益、熊文举、周岐等人的文章。此后，蔡士英主编了《滕王阁全集》《滕王阁古今诗文汇选》，为保存滕王阁文献作出了很大贡献。

◆·郭沫若审判纵火犯

民国十五年（1926）9月19日，国民革命军第六军程潜所属王柏龄师攻克南昌，但很快遭到北洋军阀邓如琢部的反扑而撤离。10月初，孙传芳派郑俊彦接替邓如琢的赣军总司令一职。

10月9日，北伐军再次攻打南昌，形成包围之势。守城军阀负隅顽抗，为使北伐军在城外失去隐蔽之所，并切断城内民众与北伐军的联系，军阀将领张凤岐、唐福山、岳思寅出赏洋两万圆，组织工兵四百余人，令其将城内消防用手摇水龙数十部搬上城楼，喷射大量煤油，沿惠民门、广润门、章江门、德胜门外商业街区，全面纵火焚烧，同时在城内狂捕滥杀，凡认为"行迹可疑"者就地枪决。绕城的十里长街，一片火海，两日两夜不熄，民房店铺被焚万余户，市民被杀二千余人，位于章江门外的滕王阁亦于此时被焚毁。

11月初，北伐军三打南昌，于八日攻克南昌，生俘敌军两万余人。北伐军在群众的揭发下，于德胜门圜丘街南昌医院地窖里捕获了罪魁岳思寅，又在郊外捕获了祸首张凤岐、唐福山、侯全本、白家骏等要犯。11月10日，屠杀民众、焚毁古城的千古罪人张凤岐、唐福山被绑在"辕门"外石狮上示众，背插着"纵兵殃民"的板牌。岳思寅、侯全本、白家骏被用敞篷囚椅抬往城内外游街。市民怒不可遏，若非卫兵阻拦，恐怕这五名逆犯早被撕成碎片。

12月，江西人民裁判逆犯委员会成立，北伐军政治部副主任郭沫若任主任委员，方志敏、邹努等十三人为委员，调查、搜集和审理军阀纵火殃民的滔天罪行。次年1月11日，在贡院大空场召开宣判大会，大会主席郭沫若宣读判决书。张凤岐、唐福山、岳思寅、白家骏、侯全本五名主犯被绑在囚架上，听候处决。当时，郭沫若操着四川口音，洪亮宣判：

……张逆凤岐等，原系中华民国人民，为伪政府官吏，在中华民国领土内抵抗中华民国革命军。其对于中华民国之民众。无论战争之程度如何，乃逞其军阀惯有行为，任意加人民以残害，是自甘弃绝于我民众，为我民众之公敌。其保护人民之天职既乖，无论其为官吏，抑为俘虏，其资格同时消灭，其所犯罪行与普通人民罪无异，应受普通法律之制裁。该张凤岐、岳思寅、唐福山等，盘踞赣省，甘为军阀爪牙。其对民众历年之摧残与压迫，施痛甚深，为害至巨，姑不具论。既以数月来之残害论，南昌一隅，焚烧商店民房计万余户，杀害民家逾二千名，掳掠财物达一万元以上。其如滕王阁胜迹，同付一炬，事实显然。……实触犯新刑律一八六条第一项之罪，处以死刑……

宣判书读毕，张凤岐等逆犯三魂已散，形似土偶。会场上，响起群众雷鸣般的怒吼声："打倒军阀！打倒军阀！打倒军阀……"正义的枪声响起，为张凤岐、岳思寅、唐福山、白家骏、侯全本等人罪恶的一生画上了句号，而他们昭著的臭名，被永远钉在了耻辱柱上。

◆·佟蝶仙携蝶寻故园

一度被人们认为失传了的"滕派蝶画"并没有失传，中国滕派蝶画传人——九旬老叟佟冠亚，偕其二弟子，千里南下，寻根滕王阁，滕王蛱蝶又重新飞了回来。1996 年 5 月 7 日，在江南名楼滕王阁，"滕派蝶画传人佟冠亚先生画展"隆重揭幕。这一古老的画派，异彩重光，传为文化艺术界的一大盛事。

佟冠亚，原名国栋，画名拙庵。1907 年生于北京，满族。现落籍古城开封，任中国滕派蝶画院院长、河南省文史馆馆员。早在二十世纪三十年代，他即被誉为"蝶仙""蝶叟"，曾受鲁迅、张大千、齐白石等人赞赏，所绘蛱蝶堪称当今一绝。

滕派蝶画的始祖，即创建滕王阁的李元婴。李元婴善丹青，尤喜画蝶，其技法精妙独特，无与伦比。当时即有"能巧

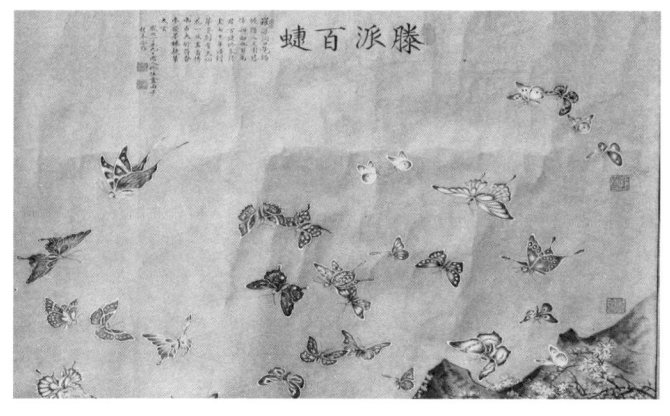

滕派百蝶图（局部）

之外，曲尽情理"（唐·朱景云语）之美誉。"滕王蛱蝶江都马，一纸千金不当价"（陈师道语），滕王阁的蛱蝶图与江都王的骏马图，价值连城，在当时就不易得。宋代谢无逸亦有诗云：

粉翅双翻大有情，海棠庭院往来轻。
当时只羡滕王巧，一段风流画不成。

滕派蝶画历经唐、宋、元、明、清数代，一直为宫廷画派，有画师"传内不传外，传男不传女"之说，它以佛赤、泥银表现蝴蝶翅上的鳞片，用各种名贵宝石粉着色，用珍贵的檀、沉、芸、降香等为配料，使蝶画光耀夺目，富丽而华贵。此类画属工笔重彩画类，独特的颜料和特殊的技法，使蝴蝶纤毫毕现，栩栩如生，蝶面能保存百年以上而仍不减初作时的风采，被历朝上层社会视为珍品。《历代名画记》《宣和画谱》《芥子园画传》等典籍中，均有记述。

滕派蝶画只以画蝶为主，不陪衬大型花卉，在蝶之外只补以点点野草、莓苔、散花，形成与众不同的"雅、素、洒、脱"四大艺术风格。雅，即清雅别致，笔触生动巧妙，显隐得法，彩绒清晰，引人入胜。素，即画面呈冰晶雪莹清明洁白之象，每只蝴蝶都蕴藏朗韵气氛。洒，指笔法潇洒流畅，飘逸不凡，技巧玄灵，法度潜藏，使观者有舒畅之感。脱，乃指蛱蝶突于绢上，栩栩如生，望之摇拂，呼之欲飞。

佟冠亚先生生于北京显贵人家，属正黄旗，幼时住王府，清末民初，家道衰落。十六岁迁居关外，得拜长白山人梁冠三为师。梁氏祖先继承滕派衣钵，父子相传数十代。佟勤勉不倦，常年病榻呵护，深得梁的喜爱。梁令佟研习其祖传《万蝶图》，十年寒暑，倾囊相授。据佟冠亚说，滕派蝶画自滕王元婴之孙李湛然之后，就传入梁家，因为梁家的祖师梁太尉当初是滕王家的幕宾。滕王教其子孙，梁太尉常在其畔，天长日久，滕王所言，梁太尉默记在心，归而记录成集，遂得其真传。梁家代代相传，最后传至梁冠三。佟冠亚在其师的耳提面命下，铁砚磨穿，学有所成。"九一八"事变后，师徒挥泪而别，佟随父返归北平，怀揣师父的《千蝶比艳图》手册四卷，且以大自然为师，终日不辍。梁冠三则由于战乱，遁迹隐行，不知所终。

佟家居京，与鲁迅先生是世交。1932 年，鲁迅先生常责佟冠亚先生将此中国画史上的"独门""冷门""缺门""绝门"艺术钻研下去，传扬下去。1934 年春，佟先生拿出蝶画三十幅，在北平中山公园水榭，参加齐白石、张大千等大师的绘画联展，一鸣惊人，其作品被社会名流争购一空。年轻的拙庵获得了"蝶叟""蝶仙"的雅称。白石大师赞他"与众不同""确得梁家真传，不愧为滕王嫡派"。1935 年元月，佟先生在北平成立中国滕派蝶画院并出任院长。1940 年京都大乱，无一日得安宁，恰似惊弓之鸟，佟先生终于逃离京都，走上流离漂泊的道路，隐姓而埋名。

自此以后四十余年，佟先生箪食瓢饮，不改其乐，白日做工，晚上作画，打探同宗师门，饱经人世沧桑。1980 年，政通人和，百业俱兴，已从开封市商业部门退休的佟老毅然决定再度出山。

佟冠亚先生年已九旬，仍耳聪目明，步履矫健。他闻说滕王阁重建落成，欣喜无比，并梦寐以求能让滕派的"蛱蝶"飞回故园，飞回本门师祖滕王创建的高阁。佟老的梦，佟老几十年的梦，终于在 1996 年 5 月圆了，他携着五十余幅蝶画，健步登上了滕王阁。

十　赣水滕阁新韵起

在悠悠流淌的赣江之畔，滕王阁宛如一位从历史深处走来的智者，静静凝视着岁月的变迁。赣水奔腾不息，滕王阁也奏响了全新的发展乐章，古韵与新姿交相辉映，焕发出蓬勃生机。

滕王阁建筑群，坐落在南昌市抚河路赣江与抚河故道交汇处，依城临江，滨邻南浦，距唐代阁址仅百余米，主体建筑为古建筑大师梁思成先生带队绘制的八幅蓝图，1985年根据草图开始设计重修，荣获了中国建筑行业工程质量的最高荣誉——鲁班奖。滕王阁主体建筑共9层，重檐歇山式大屋顶，净高57.5米，底层平面为十字交叉型，南北长140米，东西宽80米，建筑面积13000平方米；主阁碧瓦重檐，斗拱层叠，画栋彩柱，雕门透窗，保有唐阁"层峦耸翠，上出重霄，飞阁流丹，下临无地"的雄伟气势。

◆·基建焕新，古韵添新姿

滕王阁景区在基本建设方面实现了重大突破。北扩工程堪称一大壮举，如同为滕王阁这位"佳人"精心梳妆打扮，增添了新的魅力。从规划之初，建设者们便怀揣着对历史文化的敬畏之心，致力于将滕王阁的古韵与现代城市的发展完美融合。东边牵手大士院网红街区天桥，西边直抵南昌港，竣工后的滕王阁景区，古色古香的建筑群绵延近3公里，恰似一条蜿蜒于赣江之滨的巨龙，气势恢宏。漫步其间，脚下的砖石仿佛在诉说着往昔的故事，与赣水的涛声相互呼应。滨江步道的贯通，更是为游客提供了亲近赣水、感受滕王阁魅力的绝佳路径。沿着步道前行，"豫章十景"依次呈现，赣水的波澜壮阔与滕王阁的古朴典雅相得益彰，极大地拓展了景区的文化版图，让滕王阁的古韵在赣水之畔得以更广泛地传播。

滕王阁主阁，实施文化品味提升改造工程，设立了华夏圣旨博物馆等文化艺术场馆，增设了王勃作序情景再现蜡像展厅、历代滕王阁建筑兴毁3D裸眼秀等新的文化展陈项目。在北面，打造了总面积33亩的滕王阁北园"章江晓渡"文化园区，赣风堂、环狷楼、古戏台、古乐坊、熏风亭等一批独具唐风宋韵特色的仿古建筑群建成并对外开放，引进和推出了滕王戏园、音乐茶吧、滕王阁文化交流中心、沙画馆、茶文化研究所、非遗文化展示馆等特色文化旅游项目。在新北扩，位于滕王阁景区北侧，西临赣江，东至阳明路、爱国路，南起章江门，北至人行天桥，总面积约188亩。项目开工时间为2024年4月，2025年元旦竣工开放。规划片区定位为"滕阁古韵北大门，章江晓渡新景点"，分为北园、南园、东园三片。北园主要进行环境提升与设施再利用等；南园结合游船码头和仿古墙修复，游客集散中心及观江游廊的建设，叠山路口改造等，打造滨江景观；东园灵活利用八一大桥下的公园设施，改造现有公交停车场为旅游服务停车场等。在西面，打造了滕王阁游轮码头，依托一江两岸灯光秀，推出了赣江最豪华、最动感的滕王阁号游轮夜游项目。在东面，打造了总面积约50亩的滕王阁东广场及四个生态停车场，提升了滕王阁的旅游形象，进一步完善了景区旅游配套服务功能。在南面，打造了总面积约300亩的滕王阁南扩滨江休闲旅游区，将进一步拓展滕王阁旅游、文商服务功能。滕王阁旅游区陆地面积已由扩建前的67亩扩大到了现在的450亩，形成了东至棕帽巷、西抵赣江东岸、南达中山西路、北接章江门的大滕王阁旅游区新格局。目前，滕王阁南扩滨江街区已对外开放，大滕王阁"一体两翼"框架格局全面形成，滕王阁作为中心城区旅游集聚区、南昌"城市会客厅"和"文旅金名片"的作用进一步凸显。

景区内部设施也进行了全面升级。游客服务中心旧貌换新颜，以宽敞明亮、温馨舒适的环境迎接八方来客。咨询台的工作人员热情周到，为游客答疑解惑；休息区布置得温馨惬意，让游客在疲惫时能得到充分的放松；先进的导览设施，使游客能更便捷地了解景区的历史文化与景点分布。景区内的标识系统重新设计，古朴的风格与滕王阁的整体氛围高度契合，清晰的指示牌引导着游客在景区内畅行无阻。卫生间的星级化改造，干净整洁、设施完备，从细微之处提升了游客的游览体验。此外，景区还增设了大量休息座椅、遮阳避雨设施，为游客在游览途中提供了舒适的休憩之所。这些人性化的设施升级，让游客在欣赏滕王阁美景的同时，也能感受到现代科技与人文关怀带来的便利，使滕王阁在古韵中融入了更多的现代气息。

◆·活动缤纷，盛景引客来

在大型活动方面，滕王阁围绕赣水精心策划，打造了一系列丰富多彩、独具特色的项目，吸引了众多游客前来体验，为赣水之畔增添了无限活力。"游船欣赏一江两岸风光"活动成为景区的一大亮点。从滕王阁码头登船启航，游船缓缓行驶在赣江之上，清风拂面，水波荡漾。船行之处，滕王阁巍峨的身姿与周边现代化的建筑相互映衬，构成一幅古今交融的壮美画卷。白天，阳光洒在赣水上，波光粼粼，两岸的绿树青山与滕王阁的红墙碧瓦相映成趣；夜晚，华灯初上，一江两岸灯火辉煌，滕王阁在灯光的映照下更显金碧辉煌，宛如一颗璀璨的明珠镶嵌在夜色之中。游客们在游船上，一边品尝着特色茶点，一边欣赏着这如梦如幻的美景，感受着南昌这座城市的独特魅力。通过游客的口口相传，赣江的秀丽风光声名远扬。

擦亮节庆文化品牌。滕王阁从王勃作序开始就与九九重阳节有着千丝万缕的联系，这篇千古名作就写于公元675年的重阳节。自1989年九九重阳节今阁落成开放以来，瑰伟绝特的滕王阁成为重阳节人们登高揽胜的绝好去处。国家文化部已将滕王阁列为中华传统节日"重阳节示范地"的重要文旅品牌，"滕王阁重阳登高"亦被列为区级非遗项目。

固定推出"新春·元宵祈福灯会"、"谷雨诗会、"书香赣都"诵读会、旗袍文化艺术节一系列接地气、有特色、树品牌的活动，彰显滕王阁文旅特色。圆满承办南昌国际军乐节主题晚会、南昌国际马拉松赛等活动，叫响具有滕王阁文旅特色的社会活动品牌。

每至岁末，滕王阁的跨年活动更是成为全城乃至全国瞩目的焦点。以"滕阁奇妙夜"为主题的跨年狂欢，为游客带来了一场别开生面的视听盛宴。活动现场，百位盛装演员身着唐代服饰，或扮作威武的武士，或扮作婀娜的宫廷侍女，穿梭于滕王阁间，瞬间将游客带入千年之前的盛世大唐。盛唐歌舞轮番上演，让游客沉浸在一场震撼心灵的视听盛宴之中。"滕王阁保安团"也在跨年夜惊喜亮相，为这场狂欢增添了别样的欢乐氛围。三维立体式的奇妙跨年，从视觉、听觉、味觉等全方位带给游客独一无二的体验，让滕王阁在新年的钟声中焕发出新的活力，成为赣水之畔跨年活动的新地标。

老南昌特色美味食肆汇聚一堂，赣水孕育的美食文化在此展现得淋漓尽致。从糯软香甜的白糖糕到活色鲜香的南昌拌粉，每一口都勾起人们对这座城市的美好记忆。

◆·文旅融合，新姿绽芳华

文化是旅游的灵魂，旅游是文化的载体，旅游和文化密不可分。南昌作为一个有着2200多年深厚历史文化底蕴的天下英雄之城，孕育了以滕王阁为代表的世界级旅游资源。

落霞孤鹜的绝美之境，吸引游客的脚步。滕王阁集名楼、名篇、名人于一体，自古有"江南多临观之美，滕王阁独为第一"的美誉，有"西江第一楼"的美称，有"落霞与孤鹜齐飞，秋水共长天一色"的美景。

兼收并蓄的多元文化，留下智者的思考。滕王阁是一个多元文化兼收并蓄的宝库，名楼文化、诗歌文化、戏剧文化、市井文化厚重，是重阳节文化、蝶派诗画的发祥地，历代文人骚客在此赋诗作词超过900首。

屹立千年的历史名楼，惊艳世界的目光。滕王阁历经千年沧桑而不朽，名人名篇繁若星辰，画图碑刻多姿多彩，楹联匾额竞妍争辉，更集楼阁建筑、古典园林和"楚调唐音歌吟"等非物质文化遗存于一体，尽显赣鄱文化精髓与华夏文化神韵，被誉为中华文化地标。

"一序一阁一江南"，滕王阁立足名楼名篇，以文化提升旅游的内涵品质，以旅游促进优秀文化传承弘扬，走出了一条文化和旅游融合发展之路。

滕王阁景区 1989 年对外开放以来，先后获得了全国文明风景旅游区示范点、首批国家 AAAA 级旅游区（点）、国家级风景名胜区、全国文明风景旅游区工作先进单位、全国文明单位、江西省文明风景旅游区等荣誉称号，是南昌市对外展示的重要窗口和旅游名片。2018 年 10 月 29 日，南昌市滕王阁旅游区确定为国家 AAAAA 级旅游景区并正式授牌，成功列入文化和旅游部组建以来的第一批国家 AAAAA 级旅游景区，实现了南昌国家 AAAAA 级旅游景区的"零突破"。

品牌是旅游发展的核心竞争力。作为具有千年历史的"中国四大名楼之一"，滕王阁旅游资源特色鲜明、主题突出。着眼于旅游发展新常态，我们坚持创新驱动，加快旅游供给侧结构性改革，全力打响文旅融合品牌。

打造"＋文旅项目"。设立华夏圣旨博物馆、末代帝师朱益藩遗物陈列馆、范金塘精品艺术馆，增设滕王阁全息 3D 投影，挖掘全国首个"楚调唐音歌吟"非物质文化遗产，挖掘收录滕王阁诗歌 654 首，打造滕王阁文化精品。打造滕王阁文化交流中心，推动"赣菜进景区"落户滕王阁，已成为全市乃至全省对外交往的城市会客厅。结合一江两岸灯光夜秀的璀璨夜景，上演获得世界吉尼斯世界纪录的滕王阁声光秀，启运赣江最豪华、最动感的游轮项目，落户全球首个滕王阁主题沙文画艺术馆、滕王阁江右文化数字体验馆。全新打造全市首个、全国首创集游园式体检、沉浸交互表演于一体的大型实景演出——

《寻梦滕王阁》，开发了"私人订制夜登滕王阁"，"夜游畅园"等一系列夜间旅游体验产品，与"一江两岸"全新灯光秀、滕王阁主楼裸眼 3D 秀、"一江两岸"无人机表演和滕王阁游轮等城市亮点无缝对接，在时间、空间上最大限度地满足游客的文旅体验。

开发旅游文创商品。加强滕王阁文创 IP 开发引领二次消费，先后发行《滕阁秋风》纪念邮册、滕王阁风光碟片，出版《滕王阁古今图文集成》《滕王阁诗词百首》《滕王阁名人轶事》《图说古今滕王阁》《滕王阁匾额楹联》《滕王阁碑刻墨迹》等文旅书籍，与国内著名设计团队合作开发了几十类以南昌和滕王阁元素为基础的文创产品，开办了"南昌礼物"文创旗舰店，提升了滕王阁文化旅游的附加值，进一步打响滕王阁文旅品牌。

打造滕王阁文化交流中心，推动"赣菜进景区"落户滕王阁，成为了全市乃至全省对外交往的城市会客厅。为致力推广传播江西省非物质文化遗产项目及非遗传承人，在北园打造江西首个非遗文化生活馆，实现了"非遗进景区"到"非遗在景区"的转变。今年以来，随着一拨拨省内外游客纷至沓来，滕王阁参与并见证了新晋网红城市南昌的高光时刻。南昌市迎春烟火晚会，滕王阁是最佳观赏区；网红铛铛车，滕王阁是最火探路站；外地大学生"特种兵式旅游"，滕王阁是最热打卡点。全国各地学校研学团在滕王阁前集体背诵《滕王阁序》刷屏网络，背诵《滕王阁序》免费游滕王阁活动热度不断升温，成为各地旅游网红争相追捧的打卡地。

通过文旅融合的一系列举措，滕王阁不仅让游客欣赏到了美丽的景色，更让游客深入了解了其背后的历史文化，实现了文化与旅游的相互促进、共同发展，让滕王阁在赣水之畔绽放出更加绚烂的芳华。

附录一 相关资料

◆·滕王李元婴传记资料

旧唐书·滕王元婴

滕王元婴，高祖第二十二子也。贞观十三年受封。十五年，赐实封八百户，授金州刺史。二十三年，加实封满千户。永徽中，元婴颇骄纵逸游，动作失度，高宗与书诫之曰：

王地在宗枝，寄深磐石，幼闻《诗》《礼》，凤承义训。实冀孜孜无怠，渐以成德。岂谓不遵轨辙，逾越典章。且城池作固，以备不虞，关钥闭开，须有常准。鸠合散乐，并集府僚，严关夜开，非复一度。过密之悲，尚缠比屋。王以此情事，何遽纷纭？又巡省百姓，本观风问俗，遂乃驱率老幼，借狗求置，志从禽之娱，忽黎元之重。时方农要，屡出畋游，以弹弹人，将为笑乐。取适之方，亦应多绪，何必此事，方得为娱。晋灵虐主，未可取则。赵孝文趋走小人，张四又倡优贱隶，王亲与博戏，极为轻脱，一府官僚，何所瞻望？凝寒方甚，以雪埋人，虐物既深，何以为乐？家人奴仆，侮弄官人，至于此事，弥不可长。朕以王骨肉至亲，不能致王于法，今与王下上考，以愧王心。人之有过，贵在能改，国有宪章，私恩难再。兴言及此，惭叹盈怀。

三年，迁苏州刺史，寻转洪州都督。又数犯宪章，削邑户及亲事帐内之半，于滁州安置。后起授寿州刺史，转隆州刺史。弘道元年，加开府仪同三司，兼梁州都督。文明元年薨，赠司徒、冀州都督，陪葬献陵。

子长乐王循琦嗣。兄弟六人，垂拱中并陷诏狱。

神龙初，以循琦弟循培子涉嗣滕王，本名茂宗，状貌类胡而丰硕。开元十二年，加银青光禄大夫、左骁卫将军。天宝初，淮安郡别驾，卒。子湛然嗣。十一载，封滕王。十五载，从幸蜀，除左金吾将军。[1]

新唐书·滕王元婴

滕王元婴，贞观十三年始王，实封千户。为金州刺史，骄纵失度。在太宗丧，集官属燕饮歌舞，狎昵厮养。巡省部内，从民借狗求罝，所过为害。以丸弹人，观其走避则乐。城门夜开，不复有节。高宗以书切责曰："朕以王至亲，不忍致于法。今署下上考，冀愧王心。"

久之，迁洪州都督，官属妻美者，给为妃，召逼私之。尝为典签崔简妻郑嫚骂，以履抵元婴面，血流乃免。元婴惭，历旬不视事。后

---

[1] 《旧唐书》唐书列传卷六十四，（清）刘昫撰、（清）沈德潜考证，《四库全书》本，第30页。

坐法削户及亲事帐内之半，谪置滁州。起授寿州刺史、徙隆州，复不循法。录事参军事裴聿谏正其失，元婴捽辱之。聿入计具奏，帝迁聿六品上阶。帝尝赐诸王绢五百，以元婴及蒋王贪黩，但下书曰："滕叔、蒋弟不须赐，给麻二车，助为钱缗。"二王大惭。

武后时，进拜开府，仪同三司、梁州都督。薨，赠司徒、冀州都督，陪葬献陵。

子十八人，长子修琦嗣，为长乐王，余爵公。垂拱中，六人死诏狱。神龙初，更以少子修信子涉嗣。开元中，授左骁卫将军。薨，子湛然嗣，从玄宗至蜀，擢左金吾将军。[①]

◆·王勃传记资料

唐摭言·切磋·王勃
（五代）王定保撰

王勃著《滕王阁序》，时年十四。都督阎公不之信，勃虽在座，而阎公意属子婿、孟学士者为之，已宿构矣。及以纸笔延让宾客，勃不辞让。公大怒，拂衣而起，专令人伺其下笔。第一报云："南昌故郡，洪都新府。"公曰："亦是老生常谈。"又报云："星分翼轸，地接衡庐。"公闻之，沉吟不言。又云："落霞与孤鹜齐飞，秋水共长天一色。"公矍然而起，曰："此真天才，当垂不朽矣！"遂亟请宴所，极欢而罢。[②]

---

① 《新唐书》唐书卷七十九，（宋）欧阳修撰、（宋）宋祁等撰、（宋）董冲释音、（清）沈德潜等考证，《四库全书》本，第24页。
② 《唐摭言》卷五，（五代）王定保撰，《四库全书》本，第10页。

旧唐书·文苑·王勃传

（后晋）刘昫等撰

王勃，字子安，绛州龙门人。祖通，隋蜀郡司户书佐。大业末，弃官归，以著书讲学为业。依《春秋》体例，自获麟后，历秦、汉至于后魏，著纪年之书，谓之《元经》。又依《孔子家语》、扬雄《法言》例，为客主对答之说，号曰《中说》，皆为儒士所称。义宁元年卒，门人薛收等相与议谥曰文中子。二子：福畤、福郊。

勃六岁解属文，构思无滞，词情英迈，与兄勔、勮，才藻相类。父友杜易简常称之曰："此王氏三珠树也。"勃年未及冠，应幽素举及第。乾封初，诣阙上《宸游东岳颂》。时东都造乾元殿，又上《乾元殿颂》。沛王贤闻其名，召为沛府修撰，甚爱重之。诸王斗鸡，互有胜负，勃戏为《檄英王鸡文》，高宗览之，怒曰："据此是交构之渐。"即日斥勃，不令入府。久之，补虢州参军。勃恃才傲物，为同僚所嫉。有官奴曹达犯罪，勃匿之，又惧事泄，乃杀达以塞口。事发，当诛，会赦除名。时勃父福畤为雍州司户参军，坐勃左迁交阯令。上元二年，勃往交阯省父，道出江中，为《采莲赋》以见意，其辞甚美。渡南海，堕水而卒，时年二十八。

勮，弱冠进士登第，累除太子典膳丞。长寿中，擢为凤阁舍人。时寿春王成器、衡阳王成义等五王初出阁，同日授册。有司撰仪注，忘载册文。及百僚在列，方知阙礼，宰相相顾失色。勮立召书吏五人，各令执笔，口占分写，一时俱毕，词理典瞻，人皆叹服。寻加弘文馆学士，兼知天官侍郎。勮颇任权势，交结非类。万岁通天二年，綦连耀谋逆事泄，勮坐与耀善，并弟勔并伏诛。勔累官至泾州刺史。神龙初，有诏追复勮、勔官位。

福畤，天后朝以子贵，累转泽州长史，卒。

初，吏部侍郎裴行俭典选，有知人之鉴，见勮与苏味道，谓人曰："二子亦当掌铨衡之任。"李敬玄尤重杨炯、卢照邻、骆宾王与勃等四人，必当显贵。行俭曰："士之致远，先器识而后文艺。勃等虽有文才，而浮躁浅露，岂享爵禄之器耶！杨子沉静，应至令长，余得令终为幸。"果如其言。

勃文章迈捷，下笔则成，尤好著书，撰《周易发挥》五卷及次论等书数部，勃亡后，并多遗失。有文集三十卷。勃聪警绝众，于推步历算尤精，尝作《大唐千岁历》，言唐德灵长，千年不合承周、隋短祚。其论大旨云："以土王者，五十代而一千年；金王者，四十九代而九百年；水王者，二十代而六百年；木王者，三十代而八百年；火王者，二十代而七百年。此天地之常期，符历之数也。自黄帝至汉，并是五运真主。五行已遍，土运复归，唐德承之，宜矣。魏、晋至于周、隋，咸非正统，五行之沴气也，故不可承之。"大率如此。[①]

新唐书·文艺·王勃传

（宋）欧阳修　宋祁撰

王勃字子安，绛州龙门人。六岁善文辞，九岁得颜师古注《汉书》读之，作《指瑕》以摘其失。麟德初，刘祥道巡行关内，勃上书自陈，祥道表于朝，对策高第。年未及冠，授朝散郎，数献颂阙下。沛王闻其名，召署府修撰，论次平台秘略。书成，王爱重之。是时，诸王斗鸡，勃戏为文檄英王鸡，高宗怒曰："是且交构。"斥出府。

---

① 《旧唐书》卷一百九十上，（清）刘昫撰、（清）沈德潜考证，《四库全书》本，第28—29页。

勃既废，客剑南。尝登葛愦山旷望，慨然思诸葛亮之功，赋诗见情。闻虢州多药草，求补参军。倚才陵藉，为僚吏共嫉。官奴曹达抵罪，匿勃所，惧事泄，辄杀之。事觉当诛，会赦除名。父福畤，繇雍州司功参军坐勃故左迁交阯令。勃往省，渡海溺水，痵而卒，年二十九。

初，道出钟陵，九月九日都督大宴滕王阁，宿命其婿作序以夸客，因出纸笔遍请客，莫敢当，至勃，泛然不辞。都督怒，起更衣，遣吏伺其文辄报。一再报，语益奇，乃矍然曰："天才也！"请遂成文，极欢罢。勃属文，初不精思，先磨墨数升，则酣饮，引被覆面卧，及寤，援笔成篇，不易一字，时人谓勃为腹稿。尤喜著书。

初，祖通，隋末居白牛溪，教授门人甚众。尝起汉、魏尽晋作书百二十篇，以续古尚书，后亡其序，有录无书者十篇，勃补完缺逸，定著二十五篇。尝谓人子不可不知医，时长安曹元有秘术，勃从之游，尽得其要。尝读《易》，夜梦若有告者曰："易有太极，子勉思之。"寤而作《易发挥》数篇，止晋卦，会病止。又谓"王者乘土王，世五十，数尽千年；乘金王，世四十九，数九百年；乘水王，世二十，数六百年；乘木王，世三十，数八百年；乘火王，世二十，数七百年。天地之常也。自黄帝至汉，五运适周，土复归唐，唐应继周、汉，不可承周、隋短祚。"乃斥魏、晋以降非真主正统，皆五行沴气。遂作《唐家千岁历》。

武后时，李嗣真请以周、汉为二王后，而废周、隋。中宗复用周、隋。天宝中，太平久，上言者多以诡异进，有崔昌者采勃旧说，上《五行应运历》，请承周、汉，废周、隋为闰，右相李林甫亦赞佑之。集公卿议可否，集贤学士卫包、起居舍人阎伯玙上表曰："都堂集议之夕，四星聚于尾，天意昭然矣。"于是玄宗下诏以唐承汉，黜隋以前帝王，废介、酅公，尊周、汉为二王后，以商为三恪，京城起周武王、汉高祖庙。授崔昌太子赞善大夫，卫包司虞员外郎。杨国忠为右相，自称隋宗，建议复用魏为三恪，周、隋为三王后，酅、介二公复旧封，贬崔昌乌雷尉，卫包夜郎尉，阎伯玙涪川尉。

勃兄勮，弟助，皆第进士。

勮，长寿中为凤阁舍人，寿春等五王出阁，有司具仪，忘载册文，群臣已在，乃悟其阙，宰相失色。勮召五吏执笔，分占其辞，粲然皆毕，人人嗟服。寻加弘文馆学士，兼知天官侍郎。始，裴行俭典选，见勮与苏味道，曰："二子者，皆铨衡才。"至是语验。勮素善刘思礼，用为箕州刺史，与綦连耀谋反，勮与兄泾州刺史勔及助皆坐诛。神龙初，诏复官。

助字子功，七岁丧母哀号，邻里为泣。居父忧，毁骨立。服除，为监察御史里行。

初，勔、勮、勃皆著才名，故杜易简称"三珠树"，其后助、劼又以文显。劼蚤卒。福畤少子劝亦有文。福畤尝诧韩思彦，思彦戏曰："武子有马癖，君有誉儿癖，王家癖何多耶？"使助出其文，思彦曰："生子若是，可夸也。"

勃与杨炯、卢照邻、骆宾王皆以文章齐名，天下称"王、杨，卢、骆"，号"四杰"。炯尝曰："吾愧在卢前，耻居王后。"议者谓然。[①]

唐才子传·王勃

（元）辛文房撰

勃字子安，太原人，王通之诸孙也。六岁善辞章。麟德初，刘道

---

① 《新唐书》第一八册，（宋）欧阳修、宋祁撰，中华书局版，第16页。

祥表其材，对策高第。未及冠，授朝散郎。沛王召署府修撰。时诸王斗鸡会，勃戏为文檄英王鸡。高宗闻之，怒斥出府。勃既废，客剑南，登山旷望，慨然思诸葛之功，赋诗见情。又尝匿死罪官奴，恐事泄，辄杀之。事觉，当诛；会赦，除名。父福畤坐是左迁交阯令。勃往省觐，途过南昌。时都督阎公新修滕王阁成，九月九日，大会宾客，将令其婿作记，以夸盛事。勃至，入谒，帅知其才，因请为之。勃欣然对客操觚，顷刻而就，文不加点，满座大惊。酒酣辞别，帅赠百缣，即举帆去。至炎方，舟入洋海，溺死，时年二十九。勃属文绮丽，请者甚多，金帛盈积。心织而衣，笔耕而食，然不甚精思。先磨墨数升，则酣饮，引被覆面卧，及寤，援笔成篇，不易一字，人谓之"腹稿"。尝言人子不可不知医，时长安曹元有秘方，勃尽得其术。又以虢州多药草，求补参军。倚才陵藉，僚吏疾之。有集三十卷及《舟中纂序》五卷，今行于世。

勃尝遇异人，相之曰："子神强骨弱，气清体羸，脑骨亏陷，目睛不全；秀而不实，终无大贵矣！"故其才长而命短者，岂非相乎？

◆·江南名楼黄鹤楼、岳阳楼

黄鹤楼

黄鹤楼始建于三国吴黄武二年（223），今楼重建竣工于1985年。楼址黄鹄矶，深入江中，截波阻流，波涛轰鸣。浩浩长江与千里汉水在此汇合，龟山与蛇山隔江矗然对峙，气势磅礴，惊心动魄。高楼朱柱黄瓦，飞檐翘角，风铃摇曳，缥缈于蓝天白云之中。

唐代诗人崔颢游黄鹤楼，为其山光水色所陶醉，即兴题七律《黄鹤楼》：

昔人已乘黄鹤去，此地空余黄鹤楼。

黄鹤一去不复返，白云千载空悠悠。

晴川历历汉阳树，芳草萋萋鹦鹉洲。

日暮乡关何处是，烟波江上使人愁。

时隔不久，诗仙李白同友人来到黄鹤楼，见大江浩瀚，不禁心胸豁朗，诗兴大发，铺纸砚墨，准备一展诗才。他环视四壁题诗，忽见崔诗，便击节吟哦，连声叫绝，友人劝他也题一首，李白挥毫疾书："眼前有景道不得，崔颢题诗在上头"，掷笔扬长而去。诗仙一搁笔，崔诗轰动诗坛，闻名遐迩，黄鹤楼更是蜚声四海，尽人皆知。

李白当时虽搁笔没有题诗，嗣后重游，还是留下了不少名篇。《全唐诗》就载有八首，如《黄鹤楼送孟浩然之广陵》：

故人西辞黄鹤楼，烟花三月下扬州。

孤帆远影碧空尽，惟见长江天际流。

岳阳楼

岳阳楼位于洞庭湖畔、古城岳阳西门城楼。岁月沧桑，岳阳楼数遭水患兵燹，屡圮屡修，有史可查的就达30余次，最近的一次大修为1984年落架大修，沿袭清光绪六年（1880）所建时的形制，按照"整旧如旧"的原则进行。它坐东朝西，构造古朴端生，气势恢宏，楼高19.42米，为三层、四柱、飞檐、盔顶式纯木结构。

岳阳楼前身相传是鲁肃在洞庭湖训练水师时修建的简易"阅军楼"。唐开元四年（716），大臣张说曾任中书令，封燕国公，后谪守岳州，寄情山水，整修阅军楼，常与文人迁客登楼赋诗，从此阅军楼便演变成赋诗楼。有"杜诗范记垂千古，山色湖光共一楼"之美誉。杜甫《登岳阳楼》诗云：

昔闻洞庭水，今上岳阳楼。

吴楚东南坼，乾坤日夜浮。

亲朋无一字，老病有孤舟。

戎马关山北，凭轩涕泗流。

范仲淹一篇《岳阳楼记》更使此楼名扬天下：

庆历四年春，滕子京谪守巴陵郡。越明年，政通人和，百废俱兴。乃重修岳阳楼，增其旧制，刻唐贤今人诗赋于其上，属予作文以记之。

予观夫巴陵胜状，在洞庭一湖。衔远山，吞长江，浩浩荡荡，横无际涯。朝晖夕阴，气象万千。此则岳阳楼之大观也，前人之述备矣。然则北通巫峡，南极潇湘，迁客骚人，多会于此；览物之情，得无异乎？

若夫霪雨霏霏，连月不开；阴风怒号，浊浪排空；日星隐曜，山岳潜形；商旅不行，樯倾楫摧，薄暮冥冥，虎啸猿啼。登斯楼也，则有去国怀乡，忧谗畏讥，满目萧然，感极而悲者矣。

至若春和景明，波澜不惊；上下天光，一碧万顷；沙鸥翔集，锦鳞游泳；岸芷汀兰，郁郁青青。而或长烟一空，皓月千里，浮光跃金，静影沉璧，偕渔歌互答，此乐何极！登斯楼也，则有心旷神怡，宠辱皆忘，把酒临风，其喜洋洋者矣。

嗟乎！予尝求古仁人之心，或异二者之为，何哉？不以物喜，不以己悲。居庙堂之高，则忧其民；处江湖之远，则忧其君。是进亦忧，退亦忧，然则何时而乐耶？其必曰"先天下之忧而忧，后天下之乐而乐"乎。噫！微斯人，吾谁与归？

时六年九月十五日

◆ ·《滕王阁序》详释

〔南昌故郡，洪都新府〕这句是说滕王阁的所在地。南昌是汉朝豫章郡所属的一个县，乃是豫章故郡郡治的所在，所以说"故郡"。唐初把豫章郡改为洪州，设都督府，所以说"新府"。南昌，一作"豫章"，非也。

〔星分翼轸（zhěn）〕翼、轸都是二十八宿（列星）之一。古人以天上的某个星宿对着地面的某个区域，叫作"某星在某地之分野"。《越绝书》谓翼、轸在南郡、南阳、汝南、淮阳、六安、九江、庐江、豫章、长沙的分野。

〔地接衡庐〕（洪州）地方连接衡山和庐山。衡山，在湖南省；庐山，在江西省。

〔襟三江而带五湖〕以三江为襟，以五湖为带。襟，带，动词。都是太湖的支流，即松江（就是现在江苏省和上海市的吴淞江）、娄江（在江苏省吴县东），东江（在江苏省吴江市东南）。五湖、菱湖、游湖、莫湖、贡湖、胥湖（都在太湖东岸），古时分别为五个湖，后来合而为一。

〔控蛮荆而引瓯（ōu）越〕控和引意思差不多，都有"引远使近"的意思。蛮荆，古楚地（现在湖北省、湖南省一带），这是沿用古代（周朝）的说法。瓯越，就是东瓯，现在浙江省永嘉县一带。

〔物华天宝，龙光射牛斗之墟；人杰地灵，徐孺下陈蕃之榻〕这是说洪州物华天宝，人杰地灵，然后以龙光承前者，以徐孺、陈蕃承后者。物华天宝，物有光华，天有珍宝。人杰地灵，人有英杰，地有灵秀（之气）。龙光射牛斗之墟：牛、斗都是二十八宿之一。相传豫章的丰城出现过宝剑，一名龙泉，一名太阿。其先牛、斗之间常现紫气，剑出现之后，紫气不再有了。剑后来没于水，化为龙（见《晋书·张华传》）。龙光，剑气。墟，所居（在）之处。徐孺下陈蕃之榻：后汉豫章南昌人徐稚（zhì），字孺子。家贫，常自耕稼，德行为人所景仰。当时陈蕃为豫章太守，不接待宾客，只特设一榻接待徐稚，徐稚来了就把榻放下来，走了就把榻挂起来。这里称"徐孺子"为"徐孺"，是因为骈体文上下句必须整齐相对的关系。下文称"杨得意"为"杨意"，称"钟子期"为"钟期"，原因相同。

〔雄州雾列，俊彩星驰〕雄州，雄伟的城，指洪州。雾列，像雾那样涨起。这是形容城之繁盛。俊彩，人才。星驰，像流星那样飞驰。这是形容人才之多。

〔台隍枕夷夏之交〕台池正在荆楚和扬州接壤之处，隍，城池。有水叫池，无水叫隍。枕，压，据。夷，指荆楚地区。夏，指古扬州地区（现在江苏省、安徽省、江西省、浙江省、福建省之地，周汉皆置扬州）。

〔宾主尽东南之美〕来赴这次宴会的宾客和主人，包括所有东南的才俊。主，指都督阎公。尽，动词。

〔都督阎公之雅望，棨戟遥临〕阎公，洪州都督府的都督，名不可考。或以为阎伯玙，无确证。雅望，好声望。棨戟，戟上披外衣的，这里指都督的仪仗。说仪仗来到这里，也就是说阎公来到这里。

〔宇文新州之懿范，襜（zhān）帷暂驻〕这是说一位新州刺史宇文氏路过这里。新州，州名，现在广东省新兴县。宇文，复姓，名不可考。古人往往以居官所在地称人，如称刘备为刘豫州（刘备曾为豫州刺史），称韦应物为韦苏州（韦应物曾为苏州刺史）之类。懿范，美好的风范。襜帷，遮车的帷幔。说帷幔路过这里，也就是宇文路过这里。

〔十旬休暇〕休暇，休假的暇日。这里当指旬休。《资治通鉴》卷二百四十四唐文宗太和五年"旬休"注："一月三旬，遇旬则下直而休沐，谓之旬休。"（下直，值班完毕。）

〔胜友如云〕形容才俊异常的友人众多。

〔千里逢迎〕迎接千里而来的客人。逢迎，迎接。《战国策·燕策二》："太子跪而逢迎，却行为道"（燕太子丹出门跪接，斜着身子把客人引进）。

〔高朋满座〕高尚的朋友坐满了座位。

〔腾蛟起凤，孟学士之词宗〕这句是赞在座的孟学士。腾蛟起凤，这是以古人的著述喻孟学士之文辞。《西京杂记》卷二："董仲舒梦蛟龙入怀，乃作《春秋繁露》词。"又说："扬雄著《太玄经》，梦吐凤凰集（群鸟在树上叫"集"。这里是"落在"的意思）《玄》之上，顷而灭。"学士，掌著述的官，唐朝弘文馆、崇文馆皆有学士。词宗，文词的宗匠（众望所归的大师）。词，词章。

〔紫电清霜，王将军之武库〕这句是赞在座的王将军。紫电清霜，形容兵器的锋利。紫电，宝剑名。《古今注》上："吴大皇帝（孙权）有宝剑六，二曰'紫电'。"清霜，《西京杂记》卷一："高祖（汉高祖）斩白蛇剑，刃上常若霜雪。"武库，藏兵器的库。武库中藏着这样锋利的兵器，意在表示王将军的威武。

〔家君作宰，路出名区；童子何知，躬逢胜饯〕这句是说父亲作交阯令，自己因省父路过这个有名的地方（指洪州），躬逢今天的饯别盛会。宰，令，县官。出，过。"童子何知"，这是用《左传》成公十六年范文子斥其子士匄（gài）的话。（《左传》："文子执戈逐之，曰'国之存亡，天也，童子何知焉！'"）"童子"不一定指十三四岁的人。躬，亲身。胜饯，盛大的饯别宴会。篇末的"伟饯"意思一样。

〔时维九月，序属三秋〕维，在。序，时序（春夏秋冬）。三秋，秋季。有人说上文的"九月"应为"九日"之误。理由是阎公既于重九令节开宴，王勃不应只泛举"九月"，而且既言"九月"，又言"三秋"，未免重复，如云"九日"，则不可无"三秋"。

〔潦（lǎo）水尽而寒潭清〕潦水，蓄积的雨水。《楚辞·九辩》："寂寥兮收潦而水清。"

〔烟光凝而暮山紫〕云烟凝聚，山色朦胧。

〔俨骖（cān）騑（fēi）于上路〕马驾着车在高高的道路上前进。俨，通"严"，整治。骖騑，驾车的马。《礼记·曲礼上》孔颖达《疏》说："车有一辕，而四马驾之。中央两马夹辕者名'服马'，两边名'騑马'，亦曰'骖马'。"上，高。

〔访风景于崇阿〕崇，高。阿，丘陵。

〔临帝子之长洲，得仙人之旧馆〕临，到，至。长洲，春秋时吴国有"长洲苑"（以江水洲为苑），这里"帝子之长洲"，指滕王阁所在地。得，意思是"得见"。仙人之旧馆，指滕王阁。帝子，仙人，都指滕王。或谓仙人旧馆，为阁址原有建筑物。

〔层峦耸翠，上出重霄〕可以望见层叠的峰峦耸起一片苍翠，上达重霄（天空高处）。峦，喻阁之歇山式屋顶，一本作"台"。

〔飞阁流丹，下临无地〕架空建筑的阁道，彩饰的丹漆鲜艳欲流，从阁道往下看，地就像没有了似的。飞阁，阁道，复道。流，形容彩画鲜艳欲滴。丹，丹漆，这里代表彩色。临，从高处向下看。无地，（从高处向下看）地好像没有了似的。梁朝王巾的《头陀寺碑文》："飞阁逶迤，下临无地。"

〔鹤汀凫渚，穷岛屿之萦回〕鹤、凫等鸟止息的汀和渚，极尽岛屿纡曲回环之致。汀，水边平地。渚，小洲。

〔桂殿兰宫，列冈峦之体势〕宏丽的宫殿，高低起伏排列成冈峦的样子。以桂为殿，以兰为宫，形容建筑的讲究。

〔披绣闼（tà），俯雕甍（méng）〕推开精致的阁门，往下看那雕饰的屋脊。披，开。绣，跟下文"雕"意思一样，都是说雕刻很精。闼，门。俯，向下看。下文中提到的山原、川泽、闾阎、舸舰，都是望中所见。甍，屋脊。《释名》说："屋脊曰甍。甍，蒙也，在上复蒙瓦也。"

〔山原旷其盈视，川泽盱（xū）其骇瞩〕山岭、平原尽入人们的视野，河流、湖泽使人们看了吃惊。旷，盱，都是动词。旷，远。盱，张目望。盈视，极目所见。骇瞩，对所见的景物表示惊异。瞩，注视。

〔闾阎扑地，钟鸣鼎食之家〕房屋到处都是，有不少大家世族。闾阎，原意是里门，这里代替屋舍。扑地，形容屋舍的多。"扑"有"到处出现"的意思。古代贵族鸣钟列鼎而食。

〔舸（gě）舰迷津，青雀黄龙之舳（zhú）〕船只弥满渡口，有许多雀舫龙舟。舸，大船。舰，版屋船（船的四圈加木版，防御矢石）。弥，满。一本作"迷"。津，渡口，这里指河。青雀黄龙之舳，船头作鸟头形龙头形。舳，同"舳"，船头。

〔虹销雨霁，彩彻区明〕彩虹消散，雨过天晴，日光通彻，天宇明朗。彩，指日光。区，指天空。

〔落霞与孤鹜齐飞，秋水共长天一色〕此二语出于庾信的《马射赋》："落花与芝盖同飞，杨柳共春旗一色。"（盖，华盖，立在车上像伞似的一种东西。芝，一种菌类，其形似盖，所以盖也称"芝"或"芝盖"）鹜，野鸭。

〔渔舟唱晚，响穷彭蠡之滨〕傍晚渔船上发出歌声，那音响一直传到鄱阳湖岸边。响，指歌声。穷，直达。彭蠡，鄱阳湖的古名。

〔雁阵惊寒，声断衡阳之浦〕雁阵因感到天寒而受惊，一路飞鸣到衡阳的水滨而止。断，止。衡阳，现在湖南省衡阳县。相传雁飞到衡阳就不再南飞，待春而回。衡山有回雁峰。浦，水滨。

〔遥吟俯畅，逸兴遄（chuán）飞〕阔大的胸怀因登高而舒畅，飘逸的兴致很快地发生了。襟，胸怀。俯，向下看。因为登高，所以说"俯"。遄，速。飞，飞动。

〔爽籁发而清风生，纤歌凝而白云遏〕箫声吹起，清风仿佛徐来；歌声缭绕，白云几欲停飞。爽，参差不齐，指箫管。籁，箫，编二十余管或十余管而成的一种管乐（不是用一根竹管制成的箫）。箫管参差，所以说"爽籁"。纤，细。遏，阻，止。《列子·汤问》有"响遏行云"的话，是"白云遏"三字之所本。这句是说宴会时吹奏的音乐歌曲。

〔睢园绿竹，气凌彭泽之樽〕睢园，西汉梁孝王的睢阳（睢阳城，故城在现在河南省商丘市南）兔园。梁孝王曾经聚集一些文士在兔园饮酒赋诗。枚乘作《梁王兔园赋》，曾经写到园里的竹子。彭泽之樽，诗人陶潜的酒樽（陶潜喜饮酒）。这个分句是说当日的宴会好比梁孝王睢园之会，在座的都是诗人文士，其中不乏善饮之人。气凌，豪气超过。凌，超越。樽，酒器名。

〔邺水朱华，光照临川之笔〕这个分句与前一分句相同，是借诗人曹植、谢灵运来比拟参与宴会的文士。邺（现在河北省临漳县）是曹魏兴起的地方。曹植曾在这里作过《公讌诗》，诗里有"朱华冒绿池"的句子（朱华，芙蓉）。光照临川之笔，文笔发出灿烂的光辉。光照，意思是发出灿烂的光辉。南朝宋谢灵运曾任临川（江西省抚州市临川区）内史，《宋书·谢灵运传》说他"文章之美，江左莫逮"。

〔四美具〕四美，良辰，美景，赏心，乐事。

〔二难并〕二难，贤主，嘉宾。难，难得，不易有者。

〔穷睇（miǎn）睇（dì）于中天〕穷睇睇，极目，纵观。穷，极。睇，睇，这里都是"看"的意思。中天，长天，遥天。

〔极娱游于暇日〕极，动词，尽。娱游，欢娱嬉游。

〔天高地迥，觉宇宙之无穷〕《尸子》说："天地四方曰'宇'，往古来今曰'宙'。"（《庄子·齐物论·释文》引）

〔兴尽悲来，识盈虚之有数〕知道事物的变化有定数。盈虚，或盈或虚，意思是遭遇或好或坏，事业或成功或失败之类。盈，盈满。虚，亏损。数，运数。

〔望长安于日下，指吴会于云间〕远望长安，遥指吴会。长安，唐朝的国都。"望长安于日下"，含有"日近长安远"之意。《世说新语·夙惠》篇说："晋明帝数岁，坐元帝膝上。有人从长安来，元帝因问明帝：'汝意谓长安何如日远？'答曰：'日远，不闻人从日边来，居然可知。'元帝异之。明日集群臣宴会，告以此意，更重问之，乃答曰：'日近。'元帝失色曰：'尔何故异昨日之言邪？'答曰：'举目见日，不见长安。'"吴会，吴郡，现在江苏省苏州市。《资治通鉴》卷六十七建安二十年"观兵于吴会"，胡三省注说："吴会，谓吴地为一都会，会读如字。一说吴会谓吴、会稽二郡之地，会音工外翻。"（读如字，就是说读huì。音工外翻，就是说读guì。）这篇文章以"吴会"与"长安"对举，大概作者据前说理解这两个字。日下，京师。云间，吴地的古称。

〔地势极而南溟深，天柱高而北辰远〕地势尽于东南，而那里的南溟最深；天柱耸于西北，而天上的北辰更高。《淮南子·天文训》说："天倾西北，故日月星辰移焉。地不满东南，故水潦尘埃归焉。"（倾，高）南溟，就是《庄子·逍遥游》里所谓"天池"的"南冥"，指南方的大海。古代神话，昆仑山有铜柱，高入天，就是所谓"天柱"。北辰，北极星，北极星更在天柱之上。这里的北辰指国君，《论语·为政》篇说："为政以德，譬如北辰，居其所而众星共之。"这两个分句是感叹自己离帝都越来越远。"望长安于日下"四语，分写西、东、南、北，四语之中，首末两语是主，中间两语陪衬，首末两语皆与下文"怀帝阍而不见"相关联。

〔关山难越，谁悲失路之人〕比喻不得志。

〔萍水相逢，尽是他乡之客〕意思是偶然遇合。萍浮水面，漂泊无定，时聚时散，以喻人之偶然遇合，复又分散。

〔怀帝阍（hūn）而不见〕帝阍，原意是天帝的守门者，这里指君王的宫门。

〔奉宣室以何年〕奉宣室，侍奉君王。汉未央宫前殿正室叫宣室，这里指君王。

〔呜呼！时运不齐，命途多舛（chuǎn）〕命途，命运。舛，乖，不顺。

〔冯唐易老〕冯唐，汉文帝时为中郎署长，车骑都尉。景帝时出为楚相。武帝时求贤良，有人推荐他，其时他已九十多岁，不能再作官了。

〔李广难封〕李广，汉武帝时期的名将，多次出击匈奴。他的军吏及士卒有的封了侯，他虽然有军功，却没有得到封邑。

〔屈贾谊于长沙，非无圣主；窜梁鸿于海曲，岂乏明时〕贾谊，汉文帝时为长沙王吴芮的太傅。梁鸿，东汉时人。他过京师，作《五噫歌》，讽刺封建帝王的剥削。汉章帝知道了，认为不该作这样的歌，要寻找他。他因此更改姓名，同妻子避居齐鲁一带，后来转移到吴地。屈，要说贾谊才大，不应当仅仅作个太傅。窜，逐，是说迫着梁鸿出走。海曲，即海隅，指齐鲁一带滨海地方。把汉文帝说成"圣主"，把汉章帝的时候说成"明时",都是过分的赞扬。上文所说冯、李、贾、梁之事,皆从"时运不齐,命途多舛"引出,勃虽少年,怀此命定论观点,故为其前途致虑如此。以下则转而自励,惟其尽其在我。

〔所赖君子安贫,达人知命〕所赖,所可仗恃的(是……)。这里承接上文的内容而转入另一个意思。达人,通达事理的人。知命,知道自己的命运。"君子安贫,达人知命",这是作者在无可奈何时聊以自慰的话。

〔老当益壮,宁知白首之心?穷且益坚,不坠青云之志〕年纪老应当越发壮健,哪能在白头时改变心情?境遇困厄应当越发坚强,不减弱自己的志气。穷,"通"的反面,就是困厄。东汉马援说:"丈夫为志,穷当益坚,老当益壮。"青云,《论语·述而》篇:"子曰:不义而富且贵,于我如浮云。"杨慎《丹铅总录》卷十三说:王勃文云云,即《论语》视富贵如浮云之旨。

〔酌贪泉而觉爽〕晋朝吴隐之赴广州刺史任,未至州二十里,有水名贪泉。隐之饮贪泉,作诗说:"古人云此水,一歃(shà,饮)怀(思念,这里是说"动了贪心想要得到")千金。试使夷齐饮(夷齐,伯夷和叔齐。夷、齐是商朝时候孤竹君的两个儿子,父亲死后,他们两人互让君位,谁也不肯继承,古人认为他们非常清廉),终当不易心。"到任后,操守愈严。这里是说,操守坚定的人处在污浊的环境中也能保持纯洁。

〔处涸(hé)辙以犹欢〕处在穷困的环境中,仍然乐观。涸辙,先前有积水后来又干了的车辙,比喻穷困的环境。《庄子·外物》有车辙中鲋鱼求活的寓言。

〔北海虽赊,扶摇可接〕北海虽远,乘着大风还可以到达。北海。就是《庄子·逍遥游》里所说的"北冥"。扶摇,上行的风,也见

《逍遥游》。这个分句是说世间虽然有很难到达的地方，时机来了还是能去。这一分句和下一分句都是作者自慰自励的话。

〔东隅已逝，桑榆非晚〕这一分句是说早年的时光虽然逝去，将来的岁月还可望有成。"失之东隅，收之桑榆"，语见《后汉书·冯异传》。东隅，指日出处，表示早。桑榆，指日落处，表示晚。

〔孟尝高洁，空怀报国之心〕这一分句实为"空怀（高洁之）孟尝报国之心"（空有像性行高洁的孟尝那样的报国之心），这是作者引孟尝以自比，略有怨意。孟尝，东汉人，字伯周，曾任合浦太守。为民兴利除弊，百姓称为神明。后隐居耕田。汉桓帝时，尚书杨乔多次上表推荐孟尝，称他"清行出俗，能干绝群"，然终不见用，年七十，卒于家（见《后汉书·循吏传》）。馀，一本作"怀"。

〔阮籍猖狂，岂效穷途之哭〕这一分句实为"岂效（猖狂之）阮籍穷途之哭"（岂能仿效不拘礼法的阮籍那样在无路可走时便恸哭而还），这是作者转而自励。阮籍，字嗣宗，晋朝诗人。任性不羁。有时独自驾车出行，不顺着道路走，车走不通了，就恸哭而返。猖狂，放任不拘于礼法。

〔勃三尺微命〕我不过是一个一命之士。三尺，佩三尺长的绅的人。《礼记·玉藻》说："绅长制，士三尺，有司二尺有五寸。"（绅，束在礼服上的大带的下垂部分，这是古人的一种服饰。有司，府史 [书吏] 之属。）微命，一命之士。《周礼·春官·典命》郑玄注说："王之下士，一命。"（命，命官。周朝任官自一命至于九命。《周礼·春官·大宗伯》说："一命受职，再命受服，三命受位。"）王勃曾为虢州参军，所以以一命之士自比。

〔一介书生〕一介，一个（一般用作自谦之词）。

〔无路请缨，等终军之弱冠〕这一分句实为"等终军弱冠之年，而无路请缨"。意思是，自己跟终军（人名）的年龄相似，而没有请缨报国的机会。无路，没有门路。请缨，汉武帝时，与南越和亲，遣终军往说南越王。终军请求给他长缨，必缚南越王而致之阙下（见《汉书·终军传》）。等，同于。古代以二十岁为弱冠。终军请缨时才二十来岁。

〔有怀投笔，慕宗悫（què）之长风〕这一分句实为"慕宗悫长风之志，故有怀投笔"。意思是，自己羡慕宗悫"乘长风破万里浪"的远大抱负，所以有投笔从军之志。投笔，用班超投笔从戎的故事（见《后汉书·班超传》）。宗悫，南朝宋人。少年时，叔父问他的志向，他说："愿乘长风破万里浪。"后封洮阳侯。（见《南史·宗悫传》）

〔舍簪笏于百龄，奉晨昏于万里〕现在宁愿舍去一生的富贵前途，到万里外省视父亲。簪笏，古代做官的人用的冠簪、手版，这里指官职。百龄，百年，就是一生。奉晨昏，就是晨昏定省（定，安其床衽。省，问其安否）。《礼记·曲礼上》说："凡为人子者，昏定而晨省。"

〔非谢家之宝树，接孟氏之芳邻〕这是说，自己不像谢玄那样的好子弟，却参与了这次盛会，得以亲接许多嘉宾。晋朝谢安尝戒约（告诫约束）子侄，因曰："子弟亦何豫（有何关系于）人事，而正欲（只愿）使其佳？"诸人莫有言者，谢玄（谢安的侄子）回答说："譬如芝兰玉树，欲使其生于庭阶耳。"（见《晋书·谢玄传》）孟氏之芳邻，这是用孟母三迁的故事，借指宴会中的嘉宾。

〔他日趋庭，叨（tāo）陪鲤对〕过些时候将到父亲那里聆受教诲。鲤对，对孔子的儿子孔鲤趋庭应对的故事（古时臣行过君前，子行过父前，都应当"徐趋"，就是安然快走，这是表示恭敬）。有一次孔鲤走过庭前，孔子问他学诗没有。他答没有。孔子说："不学诗，无以言。"孔鲤就学诗。又有一次孔鲤走过庭前，孔子问他学礼没有，他答没有。孔子说:"不学礼,无以立。"孔鲤就学礼(见《论语·季氏》)。叨陪鲤对,窃附孔鲤趋庭之对。叨,惭愧地承受,表示自谦。陪,比附。作者不敢以孔鲤自比,所以谦逊地说"叨陪"。

〔今晨捧袂(mèi),喜托龙门〕今天来拜见阎公,受到阎公的接待,高兴我得以托于登龙门之列。《后汉书·李膺传》说(膺)"以声名自高,士有被其容接者,名为登龙门。"龙门,在现在山西省稷山县(旧河津县境内)和陕西省韩城市之间的黄河中。那里水险流急,河里的大鲤鱼聚集在龙门的下边上不去。据传说,如果上得去,就化为龙。因此,"登龙门"往往用来比喻士人忽然得到荣显,也用来比喻由于谒见名人而提高了自己的身价。捧袂,举起双袖,这是以进谒相见时的作揖表示进谒。

〔杨意不逢,抚凌云而自惜〕汉武帝读《子虚赋》,认为好,说:"朕独不得与此人同时哉!"一个掌管天子猎犬的官叫杨得意,他告诉汉武帝说,这篇赋是司马相如作的。汉武帝就召见相如。又,相如奏《大人赋》,"天子大悦,飘飘有凌云之气,似游天地之间':(见《史记·司马相如列传》)。杨意,是"杨得意"的省略。抚,抚弄。这是说。没遇到推荐的人,只能抚凌云之赋而自惜。

〔钟期既遇,奏流水以何惭〕伯牙,春秋时人,善鼓琴,同时有钟子期,善听琴。伯牙鼓琴,心里在想念高山,钟子期说:"善哉!峨峨兮若泰山。"心里在想念流水,钟子期说:"善哉!洋洋兮若江河。"伯牙心里所想念的,钟子期一定听得出来(见《列子·汤问》)。钟子期死后,伯牙终身不再鼓琴。这是说,既然遇到钟子期那样的知音者,奏高山流水之曲又有什么羞愧呢?也就是说,既然遇到可作知音的阎公,自己愿意在宴会上赋诗作文。

〔呜呼!胜地不常,盛筵难再〕风景优美的地方不常有,盛大的宴会难以再遇。

〔兰亭已矣〕当年兰亭宴集的盛况已成陈迹了。晋朝王羲之曾和群贤宴集于兰亭。兰亭在现在浙江省绍兴县西南。

〔梓泽丘墟〕繁华的金谷园也荒废为丘墟。晋朝石崇的金谷园又名"梓泽",在现在河南省洛阳市西北。墟,大丘。

〔临别赠言,幸承恩于伟饯〕在这盛大的饯别宴会上,侥幸地蒙阎公之恩,让我写这篇序。《说苑·杂言》:"子路将行,辞于仲尼,曰:'赠汝以车乎?以言乎?'子路曰:'请以言。'"

〔登高作赋,是所望于群公〕登此高阁而作赋,那是诸公的事了。《诗经·定之方中》毛《传》说:"升高能赋。"《韩诗外传》卷七说:"孔子曰:'君子登高必赋。'"

〔敢竭鄙诚,恭疏短引〕恭敬地写此小序。疏,条录,一一地写出来。引,序。

〔一言均赋,四韵俱成〕一说请众宾作诗,大家都作,我的一首四韵的诗已经写成了。四韵,诗以两语为一韵,这里指他的《滕王阁》诗。均,俱,都是"都"的意思。

〔请洒潘江,各倾陆海云尔〕请座上宾客竭其才能,写出像潘岳、陆机那样的好作品吧。"洒"与"倾"从"江"与"海"来,意思都是说竭其才能为诗文。潘、陆都是晋朝人。南朝梁钟嵘的《诗品》说:"陆才如海,潘才如江。"云尔,语气助词,用在句尾,表示述说完了。经学者考证,此二句当如衍文。

(选录自人民教育出版社《古代散文选》中册。原文据文徵明手书《滕王阁序》,个别字词略有修改)

附录二　南昌杂谈

南昌，自汉初设豫章郡南昌县以来，历经两千多年，一直是江西省的政治、经济中心，也是人文荟萃之地。1986 年，被国务院列入第二批国家历史文化名城。1992 年被批准为内地八大重点开放城市之一。

南昌，地处长江南岸赣江下游，滨临鄱阳湖。境内设东湖区、西湖区、青云谱区、新建区、红谷滩区、青山湖区六个行政区，辖南昌县、进贤县、安义县三个县，面积约 7195 平方公里，人口 667 万（2024 年）。

南昌地区开发得很早，有旧石器时代以来的古文化遗址近 40 处之多。最早文字记载，见于《禹贡》。随着历史的变迁，物换星移，人事代谢，兴废接踵，文化的积淀也随之愈积愈深厚。江山胜概、人文景观、历史名迹，令人为之盘桓，引发无限遐思。

◆ · 南昌历代名称

南昌自形成都市以来，历朝历代也曾更名多次，所以其名称也委实不少，屈指算算，包括俗称在内，不下十多个，诸如豫章、洪都、灌城、钟陵、龙兴等等。

南昌历史悠久，远在五千年前，原始先民就在这里开拓、生活和栖息。由于古文献的贫乏，那原始居民点的名称我们无从知道，但名称是一定有的。据可考的文字，夏、商、周时期，南昌地区为扬州之域。春秋战国属吴楚。秦代属九江郡。旧史学家们每每称之为"南蛮"之地。南昌政区独立设置始于汉代。西汉高祖五年（前202），灌婴大将军率兵南下，进驻南昌；六年（前201）立豫章郡，领十八县（辖域相当于今江西省境大部），郡的治所设于南昌县中，希望以这一块"南方昌盛"之地为根据地，进而平定南越，以"昌大南疆"。取"南方昌盛"和"昌大南疆"之意，"南昌"之名始此。从此这块

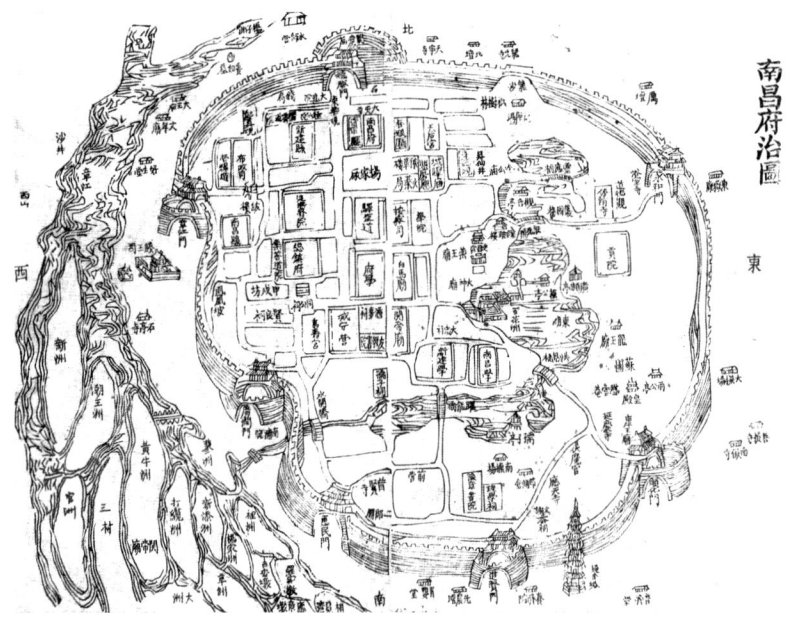

南昌府治图

"南蛮"之地就有了"豫章"和"南昌"二名称。据传，灌婴大将军是南昌城的创筑者，故俗称南昌城为"灌婴城"和"灌城"。

自西汉以来，南昌一直是郡、州、道、路、府、县的治所，故人们或以郡名，或以州道名，或以路府名，或以县名，但都是指南昌这块地方。莽新的始建国元年（公元 9 年），将豫章郡易名九江郡，南昌县易名宜善，故南昌又有了"宜善"一名。东汉、三国、晋、南北朝，以郡名则为豫章，以郡治所名则为南昌。隋开皇九年（589）罢豫章郡置洪州，治豫章（南昌县改），从此南昌又多了一个"洪州"之名。唐至德元年（756），豫章郡改名章郡，"章郡"又成了一个名称。唐宝应元年（762），豫章县改名钟陵县，故南昌又称"钟陵"。南宋、元朝，改洪州为隆兴府、隆兴路、龙兴路，治所为南昌、新建，这样一来，"隆兴"、"龙兴"、"新建"的新名称又出现了。明代初年，龙兴路改洪都府，所以南昌又称"洪都"（王勃《滕王阁序》中亦有"洪都新府"之句）。此外，赣江，古亦称章江，所以在古籍中，南昌城又被称为"章江城"、"江城"。因南昌八一起义而被人们称之为"英雄城"、"八一城"。

◆·灌婴筑城琐谈

世传汉大将灌婴略定江南，治豫章，在南昌筑土城，所以洪都有灌婴城之称。历朝对此似无多大争议，但也有学者认为南昌的始筑城者是陈婴而非灌婴，亦持之有故（见《史记·功臣侯表》），不过灌婴筑城之说似更有力。

灌婴，河南商丘人。本为贩卖丝绢小商，后随刘邦转战各地，陷阵却敌，以年轻善战闻名。刘邦即帝位后，灌婴曾任车骑将军，封颍阴侯。汉文帝时任太尉，不久为丞相。据《史》《汉》文，汉高祖六年（前201），灌婴率军"定吴、豫章、会稽郡"。定豫章后即开始筑城，俗称"灌婴城"或"灌城"。《水经注》亦云："汉高祖六年，始命灌婴以为豫章郡治，此即灌婴所筑也。"为此，后人将灌婴奉为"城隍爷"，俗称城隍菩萨。

如果我们细细推敲《史》《汉》文字，似乎可以得出一个结论："定豫章"即平定豫章，豫章应是当时一个有影响的地区，也是一个地方中心，类似城市的"都会"必然存在，在"定"之后才正式命名为郡县罢了，类似城市的"都会"（南昌县）也就必然是郡治所在。照史书所载，郡治所在也就是"灌城"南昌。

灌城的具体位置在何处呢？一般都认为在现老城区东南的黄城寺一带。现在的老城区究竟始于何时呢？根据古文献的记载，有一点似乎是可以肯定的，即现在的老城区，其形成年代应是东汉以前，甚至更早些。《水经注》对南昌"城"亦有记载："东，大湖，十里二百二十六步，北与城齐，南缘回折至南塘，水（一作"本"）通大江，增减与江水（指赣江）同。"这段文字，"东"字不可忽略，显然指的是城市中心的东边，事实上现在的东、西、南、北四湖之水（《水经注》中的"大湖"）也在老城区之东。"北与城齐"指的是四湖之水北流至墩子塘与城北齐头。可见在《水经注》成书以前，南昌城是存在的，即现在的老城区。史书上又有东汉豫章太守张躬浚东湖的记载，称谓东湖也是立足于老城区，否则"东"字就无法解释。显而易见，老城区形成于东汉以前也没有什么疑问。

再就出土文物而言，在老城区的外围，如老福山、丁公路、永和门外发掘有西汉或更早些的墓葬；墩子塘、都司前、京山、七里街、新溪桥、绳金塔、徐坊、青云谱、小兰等地有大量东汉、三国、晋时期的文物出土。蔡敬襄先生在 1928 年南昌拆城墙时，寻到二百余种城砖，其中四块汉砖，列于《江西南昌城砖图志》之卷首。有一条规律，考古人员是不应忽视的，即历史悠久的繁华之地往往没有什么文物出土，而其外围荒僻之地每每出土文物甚富。其原因是，繁华之地，人烟稠密，活动频繁，变化大，破坏性亦大，故出土文物少，而外围则反而较多，往往能保留不少前代的遗迹。这与哲人孔夫子所言"礼失而求之于野"是一个道理。正如边远地区还保留了不少中原华夏古礼古风一样，而中原地区由于变乱，往往保留甚少，甚至无一点痕迹。从南昌城区外围所出土的文物来看，其中心部位的老城区的建城史可追溯到汉以前，毫无疑问。

此外，还有一点我们不可忘却，古代的陆运极不发达，大量运输靠的是水路，故百分之九十以上的通都大邑是紧靠着水边的。从地理上来讲，赣江的河床两千多年来无大变，南昌老城区则正是最好的港口码头。其悠久的文明，是历史的必然，也是地理环境的必然。

明代诗人曾棨有咏诵七律《灌婴城》，现录之以作结束之辞：

> 章江南面有荒城，千载犹传汉将名。
>
> 狐宿断垣春草合，鸦啼古堞暮烟平。
>
> 风云暗想精灵聚，茅土长垂竹帛荣。
>
> 犹有离离霜后树，还如赤帜绕行营。

◆·南昌的"文笔峰"

> 藤断葫芦剪，
>
> 塔圮豫章残。
>
> ——南昌古谣

上面古谣，似诗似谶，不知始于何朝何代，但不会早于唐朝。对这古代民谣应作何解释，说法也不一。不过，最好的解释是认为这两句话，指的是南昌的"文笔峰"对古城的影响。具体地说，"藤"谐"滕"音，指滕王阁；"葫芦"，乃是藏宝之物；"塔"，指绳金塔；"圮"，倒塌之意；"豫章"，亦即南昌。这首古谣的意思是，如果滕王阁和绳金塔倒塌了，豫章城中的人才与宝藏都将流失，城市亦将败落，不复繁荣昌盛。这两座建筑都始建于唐朝，何以能够受到如此重视，乃至成为一个地区兴衰与否的兆示物呢？

　　在我国古代习俗中，一个人口聚居之地需要风水建筑。这种建筑一般为当地的最高建筑，多为宝塔及摩天楼阁，俗称"文笔峰"。文笔峰耸立于天地之间，聚集天地之灵气，吸收日月之精华。古人认为，欲出人才，必须有高物，方能接收宇宙之气。文笔峰完好，该地就能人才辈出，科举高中，强盛兴旺。否则，就无法通天地之灵，这个地区也将人才零落，逐渐失去生机，乃至衰败下去。因此，文笔峰在人们心中占据着神圣的地位，备受重视和保护。

　　南昌有两座文笔峰，一座是被称为"水笔"的滕王阁，一座是被称为"旱笔"的绳金塔。滕王阁，坐落于赣水之滨，始建于唐永徽四年（653），是江南三大名楼之一。在漫长的历史当中，滕王阁迭废迭兴达二十九次之多，历来是迎官拜诏、文人雅集、吟诗作赋、歌舞游宴的场所。城南绳金塔，始建于唐天祐年间（904—907），既是佛塔，又是豫章城中镇火消灾的吉祥物。《绳金塔铭》有云："水火既济，坐镇江城。""既济"是《周易》中的一卦，卦象为内卦火、外卦水，水在火上，显示水已将火围住，危机灾难安然渡过。南昌是火灾频发的地区，而南方为火地，在城南建造绳金塔，则可将火镇住，豫章城便呈现"既济"之象，成为安全之地。

纵观历史，滕王阁与绳金塔都历经兴废。阁塔残败，正是世道衰微之际；阁塔焕新，则是盛世太平之时；正所谓"乱世则废，治世则兴"。因此，古代人们把滕王阁和绳金塔当作南昌的两座吉祥的象征性建筑，认为阁毁塔圮，必定灾连祸结，民谣或由此而来。封建统治者为了顺应民意，求安稳平和，只要财力物力允许的话，便一定要重建人文荟萃的滕王阁，修葺佑护一方平安的绳金塔。

当今，我们不再以古人的风水理论去臆测时事，然而，改革开放之后，南昌市政府顺乎民意，重建了滕王阁，修葺了绳金塔。这两座"文笔峰"，从客观上成了古时南昌经济繁荣昌隆的标志。

◆·南昌的三件宝

南昌的老人都知道，南昌有"三宝"。这"三宝"就是铁象、铜佛和铜钟。现在"三宝"仅存"一宝"，即铜钟。下面就具体地谈谈这"三宝"。

铁象，原在千年古寺普贤寺中。普贤寺，原名禅居寺，始建于东晋隆安四年（400），为武昌太守熊鸣鹤舍宅所筑。这里原是一处佛徒讲授佛经的所在，公元400年特邀梵僧悉咀多来寺开山倡教，讲授佛经，自此普贤寺闻名遐迩。南唐保大二年（944），宜春刺史边镐来寺观光，深为此寺的气势所感，于是捐铁20万斤，铸造一尊普贤铁象，高丈余，长二丈，金身普贤菩萨手持莲花，安祥地盘坐在大象的背上。此铁象，毁于"文革"，其庙址亦因建造南浦路而荡然无存。

铜佛，原在千年古寺佑民寺中。佑民寺位于南昌市区中心，民德路中段，八一公园北侧，是市内仅存的一座完整寺院。该寺始建于梁代。据文献记载，初为豫章王萧综的老师葛鱓的宅第，传说宅之东南有蛟井一口，天监中"龙斗井中"，豫章王造大佛以镇之，太清初（547—549）舍宅为寺，名"大佛寺"。此后，历代兴废，数易其名，如：开元寺、上蓝院、承天寺、能仁寺、永宁寺、上蓝寺、佑清寺等。1929年后，始改名为佑民寺。

佑民寺接引佛铜像

佑民寺为著名禅宗寺院，唐代高僧马祖曾于此设道场，明太祖亦曾游寺题诗。《江城名迹记》载道：

明太祖入南昌城，微行至上兰禅寺（即今佑民寺），周游细玩，旁若无人。僧叩其姓名，不答。固叩之，乃题殿壁曰：

> 杀尽江西数万兵，
> 腰间宝剑血留腥。
> 野僧不识山河主，
> 只管叨叨问姓名。

题毕，掷笔径出。一云游僧见而磨去，更题曰：

> 御笔题诗不敢留，
> 留时惟恐鬼神愁。
> 好将法水频频洗，
> 犹有毫光射斗牛。

翌日，上欲加罪此寺，见所题诗，曰："寺固有人。"遂赦僧众。

该寺正殿原有铜铸阿弥陀佛（接引佛）立像一座，身高一丈六尺，重三万六千斤（一万八千公斤）。南昌民谚云："南昌穷是穷，还有三万六千斤铜。"系指该寺铜佛而言。1970年，大雄宝殿被拆毁，寺院改作他用。1986年9月后，逐步重加修建。1991年初，山门、天王殿、大雄宝殿、药师殿、钟楼修葺竣工，延僧开放，香火颇盛。

铜钟，为佑民寺内尚保存的"南昌三宝"中仅存的一宝。此铜钟铸造于宋代乾德五年（967），高七尺，围一丈四尺六寸，重达万斤。原为普贤寺中的遗物，1929年重修佑民寺时，特在寺的西侧建一西式四层花岗石钟楼，将铜钟移悬于此。这是仅存的"三宝"中的一宝，钟身铭文很多，造型极美，撞击起来，依然是洪亮悦耳，声闻数里之外。

◆·南方地下宫殿

人们都知道北京十三陵是闻名中外的地下宫殿，而南昌也有一座驰名江南地下宫殿——宁王墓，是明太祖朱元璋第十六子朱权的陵墓。

朱权（1378—1448），生于金陵。幼时秀朗聪慧，非常好学，孜孜不倦，博古通今。他精通诸子百家之学，擅长戏曲创作，著作甚丰，是明代知名的学者，很受朱元璋的喜爱和器重。

他十三岁时，被册封为宁王，封地原在塞北大宁（今内蒙古喀喇泌旗南大宁故城）。他几次会同诸王，出兵塞外，平戈壁兵乱，是位拥兵边塞的王爷。其兄燕王朱棣（即成祖）发动政变，夺位为帝，乘朱权不备，搞突然袭击，解除了其武装，并将他软禁起来。朱棣登基后，永乐元年（1403）才把朱权释放出来，改封南昌，使这位王爷在南昌度过了四十五个春秋，繁衍子孙八支。朱权改封南昌后，不问政治，专事读书著述，研究戏剧、鼓琴和茶，写出了大量的作品，成为明代大戏曲理论家、剧作家和古琴家。后隐居西山梅岭学道，晚年在城郊珂里（今新建区石埠乡）潢源村缑岭东麓，自营生坟，并屡往游览。朱权死于明正统三年（1448）九月十五日，终年71岁，赐谥"献"，世称宁献王。

朱权墓，依山为陵，墓穴与山体相连。墓前原有南极长生宫，据明国史总裁南昌人胡俨《敕封南极长生宫碑记》记载，当时墓南建有南极殿，左为泰元殿、冲霄楼，右为璇玑殿、凌江楼，宫门外还有醉仙亭及现存的两幢高大的刻有符箓的石华表等。宫后墓室建造雄伟壮观，隐于山中。墓用青砖砌成，仰顶为券拱式，方砖铺地。墓门自上斜下，墓全长31.7米，宽21.45米，高4.3米，其构造布局仅次于北京明代帝陵。墓室平面呈十字形，内分前门、前室、次门、次前室、三门、中室、左右耳室、后室、壁龛等。壁龛选用上等汉白玉和红石雕刻而成。大门为插板式石门，二门、三门均为双扉枢轴式石门。墓主棺木置于后室的灵台之上。全墓构造雄伟，造型奇特，做工精美，富丽堂皇，为江南所罕见，是一座规模宏大的地下宫殿。

1958年1—9月，经江西省文物工作队实地调查，经过国家文物局批准，进行了发掘。由于朱权生前学道好文，故死后随葬品不厚。前室至中室，左右耳室皆无葬物，中室仅见散置木俑，后室仅放棺木，棺木已有一角塌损。开棺时，见朱权尸体腐而未溃，仰身直肢，口含一枚小金钱，发插金簪，头戴道冠，身着缀有金钱宝石的云纹道袍，腰围玉带，手扶拐杖。尸体下垫木栅，下铺檀木或柏木木屑和玉帛，帛上12枚金钱整齐排列成两行，另有银质挖耳器和两项用金线、麻丝织成的道冠。在后室右壁龛上置有铜质小型饮食用器、镜剪、瓷器等四十余物件。在墓中出土的还有圹志（墓志），这对研究《明史》颇有价值。有些珍品已由故宫博物院收藏，一部分现存江西省博物馆中。

◆·画杰八大山人

八大山人是明末清初的杰出画家，姓朱名耷，其别号很多，有雪个、个山、驴屋、传綮、何园、道朗、良月、破云樵者、个相如吃等。他生于明代天启六年（1626），卒于清康熙四十四年（1705），享年八十岁。

八大山人系明朝宗室，明太祖朱元璋第十六子宁献王朱权的后裔。朱权在江西繁衍子孙八支，八大山人属弋阳王支，世居南昌。其祖父朱多炡"善诗歌，兼精绘事，山水得二米家法，写生更妙。词人之笔，寄情点染；画家蹊径，脱略远矣。"其父朱谋鹳，生来暗哑，工书画。八大山人天资聪颖，生于书画世家，自幼受到良好的艺术熏陶，八岁能诗，十一岁能画青绿山水，少时能悬腕写米家小楷，打下了坚实的艺术基础。

崇祯十七年（1644），明朝覆亡，其时八大山人才十九岁。由于清朝对待明王朝的宗室特别严厉，所以，不得不更姓易名以保全性命。据传朱耷兄弟二人把"朱"字拆开（牛、八），一个叫"牛石慧"，一个叫"八大山人"，从此，也就结束了早期的贵胄生活，而成为辞根飘蓬之人。八大山人在二十三岁那年，出家做了和尚，遁迹于进贤、奉新、新建等地的山林中。康熙元年（1662），清王朝对明宗室的态度较为缓和了，三十六岁的朱耷便回到了阔别多年的南昌故土，并在城之南郊创建起青云圃（后改圃为谱）道院。这样，他又由和尚成了道人，并在此隐居二十余年，寄情书画以度日。

八大山人怀着国破家亡的隐痛为僧为道，每每佯狂装癫，不欲与人言谈来往。康熙十七年（1678），临川县令胡亦堂听说八大山人很有名气，以"延请"为由，邀去作客，企图笼络他为清朝廷效劳。这却使他无比气愤，于是佯作疯癫，撕毁道袍，独自走回南昌。六十二岁以后，为了避免那些慕名而来的不速之客的骚扰，也就不再主持青云圃道院了，转而隐迹在南昌城北的北蓝寺及"寤歌草堂"等处。当时他的友人叶丹也住在章江之畔，过从甚密，曾作《八大山人》一诗叹之，其词曰：

> 一室寤歌处，萧萧满席生。
>
> 蓬蒿藏户暗，诗画入禅真。
>
> 遗世逃名者，残山剩水身。
>
> 青门旧业在，零落种瓜人。

从此诗的描绘中，不难想见八大山人就是在这环睹萧索的"草堂"中，淡泊而孤寂地度过了他的晚年。

八大山人在艺术上成就卓著，一生创作了大量的书画作品，堪称一"怪杰"。他一生饱经忧患，亲历家破国亡的逆境，他的画寄寓着对家、国、民族的情怀和忧愤。已故国画大师李苦禅曾这样赞道："（山人）在艺术上绝不苟合取容、从俗沉浮……与同时代的'四王'派院体画分道扬镳……艺术理想，如古木葱茏，长青不败。影响所及，三百年来领袖群伦，被画坛推为革新的巨擘。先师白石老人每与我谈及八大山人，其感佩之情，无不溢于言表。"

八大山人学识渊博，精于书画，亦善诗文篆刻，而尤以大笔写意画称美于世。山人作画简括奇特，虚实相生相发，往往以少胜多，寥寥数笔，跃然纸上。一石一鱼，均可入画。《南昌县志》中，有这样一段生动而形象的记述："山人初为高僧，……隐于书画。画皆生纸淡墨，题跋多奇慧不甚可解。人有贶以鲥鱼者，即画一鲥鱼答之，其他类是。又尝戏涂断枝、落英、瓜豆、莱服、水仙、花萼之类，人多不识，竟以魔视之，山人愈快。逢知己，十日五日尽其能，又绝无狂态。最佳者，松、莲、石三种。有时，满大幅只画一石……"从他的画中，每每可以看见

白眼朝天、鼓腹独立的鸟兽，瞪目怒视的游鱼，或是槁木枯枝、残山剩水。而落款署名时，将"八大山人"四字连体草书成形似"哭之""笑之"的模样，寓含"哭故国之沦亡，笑己之偷生苟活"之意，大有"朱邸繁华成昔梦"的感慨。八大山人所处的时代和遭遇，造成了他的艺术情趣。他在艺术的探索中，既扎实地植根于传统，又敢于摆脱前人的窠臼；既师法自然，又不被具象所囿，敢于独辟蹊径，大胆创新，形成了独异的风格。他常苦心孤诣地运用象征手法，通过极凝炼的形象，极菁萃的笔墨，表现自己内心深处的哀乐。他那孤傲、淡泊、冷峻的性格，渗透在每一轴画卷中，绝非为艺术而艺术，为作画而作画。

古往今来，我国画坛人才济济，大师辈出，但是像八大山人这样为后人所效祟。三百年来对画坛产生如此深远的影响，却是屈指可数的。不论是"扬州八怪"也好，或是吴昌硕、齐白石，或是潘天寿及李苦禅等人也好，都或多或少受其影响。八大山人在艺术上的成就，对现今的艺术创作来讲，仍可资借鉴。八大山人实不愧为我国美术史上的一位巨匠。

1959 年 10 月 1 日，在城南青云谱开辟了画家八大山人纪念馆并对外开放，这是我国最早建立的一座古代画家纪念馆。1988 年 11 月，南昌成立了八大山人研究学会。

注：牛石慧，是否即八大山人之弟，尚无确证。牛石慧三字连草书写，即"生不拜君"四字，似"朱耷君"的变形字，正可见八大山人的民族气节，或以为即八大山人早年笔名。牛石慧一名，只见于画卷及流传于民间，而未载于任何碑、传及画史中，就是青云谱道院的名谱、牌位和墓碑也未见署此名。故牛石慧实为何人，有待博识者考证。

青云谱，位于南昌市南定山桥附近。相传周朝之王子晋、汉代南昌尉梅子真（梅福）曾隐居于此。据史料考查，始建于东晋元帝四年（321），为许旌阳之"净明真境"。唐大和五年（831），刺

青云谱

史周逊奏建改为"太乙观"。宋至和二年（1055），改建为"天宁观"。（《南昌县志》载：唐贞观十五年刺史周逊奏建：名"天宁观"）。明末清初朱良月（即八大山人）隐居于此，后人慕其贤，集资改建为"青云圃"，后改"圃"为"谱"，取"青云传谱，有稽可考"之意。

◆·八一南昌起义

南昌是中国人民解放军的诞生地，来南昌的人大都要到市中心八一广场去瞻仰八一南昌起义纪念塔，去参观当年起义的总指挥部，去寻访起义者曾经战斗过的旧址，去追思那些前仆后继的壮士们。

1924 年至 1927 年，在中国共产党正确领导的影响、推动和组织下，国民党与共产党合作，掀起了轰轰烈烈的反对帝国主义、封建主义的第一次国内革命，进行了北伐战争。1927 年春夏之交，正当取得节节胜利、蓬勃发展之时，在统一战线内部的国民党右派集团先后背叛革命，大肆屠杀共产党员和革命群众，而共产党领导机关中的右倾机会主义分子，放弃对于革命的领导权，致使这次革命遭到了失败。一时间，大江南北，一片白色恐怖。

人民英雄纪念碑浮雕：南昌起义

革命失败，得到了惨痛的教训。中国共产党懂得了武装斗争的重要性和"枪杆子里面出政权"的真理，毅然纠正了陈独秀的错误领导，成立了临时中央常委会，确立了武装反抗国民党反动派的总方针，决定在南昌举行武装起义，周恩来担任领导这次起义的中国共产党前敌委员会书记。

1927年7月上旬，参加北伐战争的贺龙率领国民革命军第二十军，叶挺率领第十一军第二十四师，以"东征讨蒋"的名义，先后从武汉出发，经九江向南昌集结，与朱德及其创办的第三军军官教育团学员汇合，准备起义。南昌守敌有五、六个团，共一万余人。

起义前，起义部队以"移防""打野外"等名义，接近敌人营房。在党的前敌委员会统一部署下，7月31日起义军全部进入战备。

8月1日凌晨二时，战斗打响了，起义军出其不意，发起猛烈攻击。朱德部围歼军官教育团附近敌军，贺龙、刘伯承部主攻敌总指挥部，占领伪省政府，歼灭大营房等地敌军，叶挺部围歼贡院、天主堂、新营房等地敌军。经过五个多小时的激战，起义战斗大获全胜。起义胜利后，整编了军队，成立了政权机关——革命委员会，并发表了宣言和政纲。

8月5日，根据预定计划，起义军离开南昌向广东进军，准备重建革命根据地，再举北伐。9月底，部队到达广东的潮汕地区，因敌众我寡，作战失利。一部分起义军进入海、陆、丰，和当地农民运动相结合；一部分由朱德、陈毅率领，转入赣粤湘山区开展游击战，于1928年初举行了湘南暴动。4月下旬上井冈山，28日到达宁冈砻市，与毛泽东领导的秋收起义部队工农革命军会师，组成了中国红军第四军。

南昌起义，是中国共产党武装反抗国民党反动派打响的第一枪，它宣告了中国共产党独立领导武装斗争和创建人民军队的开始。1933年中央工农民主政府决定，以南昌起义发起日8月1日，作为中国工农红军诞生纪念日。1949年根据毛泽东提议，中央军委决定，在军旗、军徽上以"八一"作为中国人民解放军的标志。8月1日定为中国人民解放军建军节。

八一南昌起义纪念塔

◆·**豫章十景**

南昌，秦代以前属扬州之域，汉初设豫章郡，置南昌县，故南昌亦称豫章。这座有两千多年建城史的江南古城，襟江带湖，倚青山，面平畴，素有"物华天宝""人杰地灵"之誉。在以水运为主的古代，南昌是赫赫有名的江南重镇，是兵家必争之地，是文人荟萃之地，也是商贸发达的昌盛之地。自晋代以来，许多名流学士、墨客骚人，驻足流连于此，被这里的秀丽山川、丰饶物产、淳厚民风、传统文化气息所吸引，为之吟诗作赋，写下了不计其数的名篇佳作。那些风景佳胜之地，也因这些不朽诗文的点染而传美于天下。

在明代，"南昌八景"非常有名。说到这有名的"八景"，就得归功于状元郎曾棨了。曾棨（1372—1432），字子启，江西永丰县人，永乐二年（1404）状元，任修撰，参与修纂《永乐大典》及全国郡邑志。明成祖深爱其才，后任少詹事。曾棨文思敏捷，挥笔而就，且工书法。有《西墅集》传世。曾棨关于南昌的诗颇多，其中最著名的恐怕要算《南昌八景》这一组七言律诗了。组诗中每首的小标题，也就成了高度概括南昌景观的风景题名，即：

西山积翠、南浦飞云、徐亭烟树、滕阁秋风、铁柱仙踪、洪崖丹井、章江晓渡、龙沙夕照。

"豫章十景"在明代也很出名，"十景"比"八景"多了两景，即：

东湖夜月、苏圃春蔬。

说到这"十景"得归功于大文人胡俨了。胡俨（1361—1443），字若思，号颐庵，吉安人。他学识渊博，永乐初与解缙等同直内阁。历迁国子祭酒，朝廷大作多出其手。纂修《太祖实录》《永乐大典》，皆为总裁官。洪熙元年（1425）加封太子宾客致仕，回到南昌，家居二十年而卒。有《颐庵集》三十卷（四库全书收《颐庵文选》二卷）。他在退休后，主修《南昌府志》，还写了不少有关南昌的诗文，其中五言律组诗《豫章十景》非常有名，但其写作年代较曾棨七言律组诗《南昌八景》稍晚些。曾状元郎咏诵的"八景"，胡俨均有咏诵，只是"西山积翠"作"西山远翠","徐亭烟树"作"徐亭烟柳",此外又增加了"东湖夜月"和"苏圃春蔬"两景。据清初陈宏绪《江城名迹记》记载,后人用"十景"诗题绘制屏风及步韵唱和者非常多。遗憾的是,《豫章十景》五律组诗流传至今的只有两首,即"滕阁秋风"和"东湖夜月",而其余八首只留下了诗题。

在明代,与曾棨一道进京赶考,同科高中的进士王直(1379—1462),字行俭,江西泰和人,也写过不少有关南昌的诗,其中有一组七言律诗,与曾棨的《南昌八景》和胡俨的《豫章十景》组诗在伯仲之间,组诗的大标题为《豫章十咏》。每首诗咏诵南昌一处名胜。即:澹台墓、灌婴城、梅真观、葛仙坛、投书浦、写韵轩、绳金塔、浴仙池、陈陶宅、苏公圃。这一组诗,抒写了诗人的吊古感怀之情,但要作为南昌景色的概括就谈不上了。

1. 西山积翠

西山,位于赣江西侧,距南昌市区约三十公里。因为这座山在南昌古城之西,故名。在南朝(宋)时,南昌有一位名人,叫雷次宗(386—448),南昌人,字仲伦,东林寺十八高贤之一,是一位大学者、教育家。他笃志好学,写过一部《豫章记》。《豫章记》中说,城外的西山古称为"厌原山"。郦道元《水经注》称"散原山",宋代大学者乐史,江西宜黄人,在其巨著《太平寰宇记》中,称之为"南昌山"。

西山横卧鄱湖之滨,周回三百多里,主峰海拔841米,地跨新建、安义、湾里等县区,是南昌市西面的天然屏障。西山,山势迤逦,峰岭怪石峥嵘,山间流水潺潺,四时葱茏,修竹茂林,鸟鸣山幽,风景非常秀丽,是夏日避暑的好地方,所以人们常称之为"小庐山"。初唐诗人王勃有"珠帘暮卷西山雨"的咏叹;每逢雨后,滕王阁上凭栏，远眺西山，苍翠欲滴，景色如洗，为"豫章十景"之一，冠以"西山积翠"之名。

南昌人往往会将"西山"与"梅岭"混称，梅岭乃位于西山中段的一座岭，因汉代南昌尉梅福而得名。自汉晋至明清的一千九百多年间，西山梅岭，以其绮丽的景色和幽僻的环境，吸引了许许多多的宗教人士、文人、学者。道教和佛教竞相在此立道观、建寺庙，一些失意政客在此择地隐居，文人学士们也慕名前往观光揽胜。因此，在古代，宫、观、寺、院、庙、坛等宗教建筑遍布山中，名迹甚多。

中国的名山，几乎都被僧道所占，所谓"世上名山僧占多"。道教中有"三十六小洞天""七十二福地"，西山就属于"小洞天"之一，即"西山洞"。玉隆万寿宫所坐落的逍遥山，是西山山麓的一座丘陵，属"七十二福地"之一的"逍遥福地"。

"豫章十景"中的"西山积翠"一景，可谓钟灵毓秀，其中有许多旅游者探胜的好去处，如：萧峰引凤台、罗汉坛、葛仙坛、梅仙坛、紫阳宫、梦山石室、玉隆万寿宫、天宁寺、洗药湖、明宁王墓、皇姑陵、吴王濞造钱洞、江西梅岭国家森林公园等。

自晋代以来，郭璞、谢庄、薛道衡、王勃、张九龄、施肩吾、杜牧、陆游、朱熹、汤显祖、曹学佺、曾棨、陈弘绪、等等，许多名士都在此留下了脍炙人口的佳篇。下面仅录明代曾棨《西山积翠》七言律诗一首，诗云：

城外青山爽气浮，重峦叠嶂拥南州。
四时秀色含云雾，万壑寒光逼斗牛。
野树迥连空翠合，洞泉长绕画屏流。
由来此地多仙境，那得飙连汗漫游。

此诗较完整地描绘出了西山的景色，同时也说明西山的自然与人文景观极为丰富。

2.南浦飞云

南浦飞云，顾名思义，指的是江畔沙浦风起云飞的美景。不过，古人指的是抚河桥畔南浦园一带的风光，古时为南浦驿，有南浦亭。

浦，水滨。南浦，南面的水滨。在屈原《九歌·河伯》中有"送美人兮南浦"之句。六朝有名的文人江淹（文通）写过有名的《恨赋》《别赋》，乃千古绝唱。其中《别赋》中也写到"南浦"，词曰：

> 春草碧色，春水绿波；
>
> 送君南浦，伤如之何！

古人一般将"南浦"代称送别之地。唐初诗人王勃七古《滕王阁》诗，有"画栋朝飞南浦云"句。张九龄在昌为官时有《登城楼望西山作》，诗中亦有"城楼枕南浦"之句。白居易路过豫章时，写过一首五绝《南浦别》，诗云：

> 南浦凄凄别，西风袅袅秋。
>
> 一看肠一断，好去莫回头。

这首诗写得情真意切，凄楚动人。南浦建亭，恐是唐以前的事。南浦亭位于滕王阁的南面，原是桥步门外往来舣舟之所，建亭之初为迎送客人的休憩之处。现为抚河桥东头的南浦园，其南端原有一座牌坊，匾额为篆书"南浦飞云"四个大字，为宗九奇手笔。

南浦最初建亭，唐时为驿馆——南浦驿。驿，古代用来传递文书的马。驿馆，也叫驿站，是驿马在传递文书时暂时歇宿之处，亦作接待官员之用，兼有邮局和宾馆的功用。在古代，交通不像现在这样发

《新建县志》中西山图

达，主要靠水运和马车运输。一旦朝廷有紧急文件下达，往往是日夜兼程，而马是会疲劳的，到了驿站又得换马奔驰。古代朝廷命官到任所，往往路遥日久；所以，中途落宿之处很要紧，既要安全，又要舒适，故各州府县都有这种接官之驿馆。南浦驿，就是这种官办的送往迎来之所。以前，在新建石头口也有驿站，叫石头驿，为殷洪乔投书之处。

南浦一带，古时候风景是非常美的。南浦飞云，在唐代已蔚为一景，王勃《滕王阁》诗句就是明证。这里是豫章古城游览胜地之一。唐宋八大家之一的王安石，江西临川人，政治家兼文学家。人称"王荆公（按：王安石曾封为荆国公）行文，落笔便古"，其诗词也很好。他写过一首《南浦》七绝，诗曰：

南浦东冈二月时，物华撩我有新诗。

含风鸭绿粼粼起，弄日鹅黄袅袅垂。

这首诗描绘了南浦亭畔春日融融的景色，无半点离愁别恨。每逢阳春三月，对岸潮王洲渔村的桃林盛开了，艳似红云。一座座农舍，一块块碧色的田亩，田埂上垂柳成行，行人有如画中游。江中舟楫往来，男女老少均由此登舟渡河，结伴郊游、踏青、观花，真是美不可言。所以，古代吟诵之作颇多，除上述诗人外，宋代的范成大、文天祥，明代的王阳明、曾棨等名家也都有咏叹之篇。民间还有不少关于南浦亭的传说逸闻，其中最脍炙人口的，是那位任豫章王记室参军的江淹"江郎才尽"的故事。下录明代诗人曾棨七律《南浦飞云》一首，诗云：

> 悠悠片影楚江涯，漠漠轻阴傍钓家。
> 乍逐渚烟笼草色，还随滩月隐芦花。
> 风吹暝霭收残雨，日绚晴晖带落霞。
> 几度雁归迷宿处，数声嘹唳隔寒沙。

3. 徐亭烟柳

徐亭，即徐孺子亭，位于市内西湖中。

南昌的西湖很小，但景色不错，现在那儿辟为孺子亭公园了。西湖岸边，垂柳成行，溶溶如烟。在这烟柳的掩映中，悄然隐着一座八角亭，也就是我们说的徐亭。每逢春雾蒙蒙，或秋雨绵绵之际，亭树与湖水相映，景色尤为迷人，更能使人体味到"徐亭烟柳"的意境。

徐亭，是为纪念东汉末年的名士徐孺子而建的。王勃《滕王阁序》中有"人杰地灵，徐孺下陈蕃之榻"的词句。徐孺子（79—168），名稚，孺子为其字号，豫章北沥村人。自幼家境贫寒，但刻苦读书，年轻时就闻名于海内。可他清贫自乐，淡泊自守，既不肯和当时的腐败朝廷同流合污，也不愿苟且于世、随波逐流。他常亲自耕稼，官府多次征辟，皆不出仕。陈蕃、胡广等上疏荐举，汉桓帝备厚礼征召，他因不满宦官专权，终不愿为官。时有"南州高士"之美称。《后汉书》中有他的传。

徐孺子谢世后，人们为纪念这位节操高尚的布衣之士，在他读书垂钓之处立亭纪念。据载，此亭始建于三国吴永安年间，原名"思贤亭"，后又更名"聘君亭""高士亭""孺子亭"等。南唐时，为纪念这位高士，还筑了"高士台"，在西湖南岸，还有徐孺子祠。在明朝万历年间，南昌知府卢廷选对"徐亭"周围的环境进行了一番改造，垒石为基，遍植杨柳，景致焕然一新。

徐亭历朝历代，废而复兴。1930年，因为清同治年间所修之亭久废，于是再废重修，并刻石立碑为记。抗日战争时期，南昌沦陷，日寇肆意破坏名迹，并将石碑推坠湖水中，"徐亭烟柳"顿成凄凉之景，断角残拱，不堪入目。新中国成立后，政府对西湖进行了改造，重修徐亭，成为游览胜地。"文化大革命"中，又遭破坏，一时间惨红愁绿，荒亭唯存骨架，不堪回首。

直到1982年，市政府拨下专款，将西湖一部分填塞，扩大陆地，并重新设计建造"徐亭"，增设园林配套设施，绿化美化，古景新姿，辟为"孺子亭公园"。如今，徐孺子亭檐角飞翘，亭亭立于柳浪碧水之间，四序花木争妍，春桃夏荷，秋菊冬梅，格韵高绝，令人流连。历尽沧桑的"徐亭烟柳"之景，已非古昔旧貌所能比拟的了。

关于徐孺子的故事，民间流传不少，如《东湖墨鲫》《孺子绝琴》《孺子吊师》《陈蕃悬榻延高士》等。徐孺子的著述，今已不传。他的名言"大树将颠，一绳所维；大厦将倾，独木难支"，仍被人们所引用。

徐孺子的高风，对后世颇有影响，仰慕颂扬的诗文不少。唐代诗人陈陶有《题徐稚湖亭》之作，权德舆有《徐孺子亭马上口号》之篇。宋代苏辙、黄庭坚、杨万里、王十朋、朱熹等均有吟诵。下录明代诗人曾棨七律《徐亭烟树》一首，诗云：

> 东湖老树拂晴云，树里空亭识聘君。
> 莺啭绿阴初过雨，鸦啼凉影半斜曛。
> 谁悬木榻延高士，空致生刍吊古坟。
> 千载高风遗像在，令人怀仰挹清芬。

4. 滕阁秋风

滕阁，即滕王阁，位于沿江路赣江与抚河故道的交汇处，是江南三大名楼之一。秋风，也就是说在秋风送爽的时节，滕王阁的景色最迷人，登阁四眺，最能体会当年王勃金秋重阳即席挥毫《滕王阁序》时的情景，寻味序中的意境。

滕王阁，是中华文化地标，是历史盛衰、国家治乱的标志，古人云："乱世则废，治世则兴。"它是南昌的骄傲，是豫章古文明的象征。这座名楼，创建于唐代永徽四年（653），创建者是唐太宗李世民之弟滕王元婴，时任洪州都督。李世民兄弟姊妹很多，李世民排行第三，李元婴是高祖李渊的第二十二子。

历来人们将滕王阁、黄鹤楼、岳阳楼合称江南三大名楼，而且往往说滕王阁居其首。清代诗人尚镕，在他的《忆滕王阁》一诗中，曾高度概括了江南三楼的鼎足之势，诗云：

> 黄鹤盘鄂渚，岳阳据巴丘。
> 吾乡滕王阁，鼎足成千秋。
> ……

滕王阁，历尽沧桑，一千多年来，迭废迭兴，有文字可考者达二十九次之多。1926年10月毁于兵燹后半个多世纪，终于在1989年10月重建落成。新阁规模空前，依城临江，重檐碧瓦，画栋丹柱，雕窗剔透。从东面视之，有如一座大"山"，高倚蓝天，巍峨壮观，一派洋洋大唐之风。登阁远眺，可见西山叠翠、南浦云飞、沙鸥翔翔，气势之磅礴，令人叹止。凭栏俯视，但见赣水浩浩北去，江面渔舟往来，秋水广场、裘家洲、八一大桥、南昌大桥等景点尽收眼底，令人神怡。自古至今，这座高阁赢得了多少中华儿女的景仰和思慕，莫不以登临游观，一睹"落霞与孤鹜齐飞，秋水共长天一色"的美景为快事。

風秋閣滕

苏轼墨迹

唐元和二年（807），唐代大文学家韩愈任袁州（治今宜春）刺史时，应御史中丞王仲舒之请，为重修之阁作记。他开篇中就写道：

愈少时，则闻江南多临观之美，而滕王阁独为第一，有瑰伟绝特之称。

其时，韩愈年已五十三岁，他小时的耳闻已如此，可见在中唐以前，滕王阁已闻名遐迩，已属江南之冠了。从那以后滕王阁便以"西江第一楼"的美名，饮誉古今。

滕王阁以滕王而得名，以王勃一序而传美天下。关于滕王李元婴，在《旧唐书》《新唐书》中均有传，他名声确实不好，是个花花亲王。不过，这位王爷颇有才情，从小受到宫廷艺术的熏陶，酷爱音乐、舞蹈和绘画。据载，他画得一手好画，尤其是画蝴蝶。他的《蛱蝶图》极负盛名，或飞或立，姿态万千，世人争之如宝，有"滕王蛱蝶江都马，一纸千金不当价"之誉。明朝陈文烛《重修滕王阁记》中，对滕王有一段具体的描述，说他"工书画，妙音律，喜蝴蝶，选芳渚游，乘青雀舸，极亭榭歌舞之盛"。滕王为了"极视听之娱观"，在临江的丘冈上建阁，既可揽山川之秀，又可观歌舞之乐。滕王此举，不同凡响，集了唐代古建筑的大成，既具有宫殿的华贵高雅，又有歌台舞榭的灵巧飞动。整个建筑，与周围环境极其协调。初唐四杰之首的王勃，在其《滕王阁序》中，以其生花之笔，给我们展示了一幅唐代滕阁景观的绚丽画卷。据传，王勃作序的年龄为十四岁，真是神童一序，脍炙千古。

"时来风送滕王阁"这句名言，指的就是王勃作序的故事。明代小说家冯梦龙在《醒世恒言》中有一篇《马当神风送滕王阁》，生动地描述了王勃重九登阁作序的神奇传说。自唐以来，有关滕王阁的诗文难以胜计，下录明代诗人曾棨七律及胡俨五律《滕阁秋风》各一首，诗云：

一

岧峣高阁出洪州，佩玉鸣鸾帝子游。
谩有文章传盛事，更无宾客宴清秋。
绮罗香逐浮云散，弦管声随逝水流。
莫向画阁看蛱蝶，梦来何处问庄周！

二

帝子何年去？城头高阁闲。
秋风起南浦，夕照在西山。

萧瑟青蘋末，凄凉红蓼间。

酒阑歌舞散，吹送彩云还。

5. 铁柱仙踪

说道"铁柱仙踪"这一景，得先来讲讲万寿宫。万寿宫，在南昌有两座。一座在市内翠花街，另一座在南昌市区以西约三十公里处的逍遥山。前者叫南昌万寿宫、铁柱万寿宫；后者叫西山万寿宫、玉隆万寿宫。南昌市内的已不复存在，今在原址建万寿宫景区。坐落在逍遥山的玉隆万寿宫，至今仍香火不断，游人香客不断。"铁柱仙踪"指的应是铁柱万寿宫，因不复存在，所以只有着重说说玉隆万寿宫这一"仙踪"了。

说到万寿宫，必然要联系到许真君，因为万寿宫就是为奉祀真君而兴建的。许真君，姓许名逊，字敬之，因曾任蜀郡旌阳（今四川省德阳市）令，所以又称其为旌阳先生。其祖籍在河南汝阳。其曾祖父琰、祖父玉和父亲肃都很有气节，因东汉末年社会动乱，战争频繁，目睹国事日非，均隐居不仕。后其父也就避地来到了江西南昌。许逊，吴赤乌二年（239）生于南昌县长定乡益塘坡。关于他的降生还有一个美好的传说。据说其母何夫人在分娩前，曾夜梦金鸾衔珠，落于手中，她细细把玩，后不慎将那颗宝珠吞食了，顿时梦醒，觉腹中隐隐有痛，于是就生下了真君。

据载，真君七岁丧父，家境本就贫寒，从此更加艰辛。其母子的生计也就不得不靠年幼的真君"耕种""负薪"来补助维持。环境虽然恶劣，但他仍然尽其"孝""敬"之道。据传，他的田亩与其寡嫂的田亩毗连，每逢荒年，他总是把不好的稻谷自己拿来，而将好的让给寡嫂。许逊年少时爱好射猎，一日入山追射一奔鹿，箭

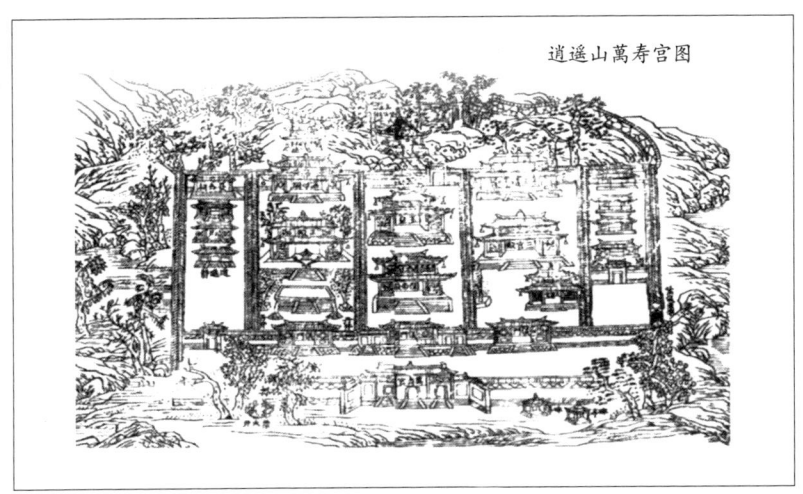

逍遥山萬寿宫图

逍遥山万寿宫图

镞正中其腹。不意此乃一头怀孕的母鹿，竟将所怀之胎射坠。那头母鹿不顾一切，留恋不走，痛苦地舔着鹿仔，不多久即双双死去。许逊见了很难过，怆然感悟，折弓弃矢，发誓从今以后"箭不可乱发"。

许真君，人称"忠孝神仙"。他自幼聪颖，姿容秀伟，十岁初解经书大意，十六岁后发愤研读。他博通经史，明天文地理，知历律五行，晓谶纬诸说，而尤好神仙修炼之术。许逊二十九岁出外云游，曾拜吴猛为师，得其三清秘法。后又与当时大文人郭璞游访名山善地，觅修真炼丹之所，最终找到了新建之西的逍遥山金氏旧宅。他在此修整屋宇，奉养老母，脱却名利，不求闻达，每日除按规定时间修炼外，则以"孝""悌""忠""信"劝化近邻乡里为事，远近感佩之至。

晋武帝太康元年（280），许真君四十二岁，被迫去乡就官，为蜀郡旌阳县令。他居官清廉，到任即"约法三章"，去贪鄙、省刑罚、倡仁孝。他在旌阳，政声极佳。当时川蜀一带曾瘟疫流行，患者死去十之八九。许逊精于医理，治病救人，药到病除，妙手回春，就医者络绎不绝。在四川流传这样一首民谣：

> 人无盗窃，吏无奸欺；
>
> 我君活人，病无能为。

晋武帝死后，政局极不稳定，惠帝昏愚，贾后独擅朝政，引起了"八王之乱"。任旌阳令近十年的许逊，知国事之不可为，也就毅然弃官东归。当地百姓因无法挽留，便纷纷为之立生祠塑像，作为永久的纪念。在他启行之日，背粮相从者不计其数，经真君再三劝返，相随来西山者尚有几百人。这些人，改姓"许"以从真君，聚居之地名"许家营"。崇拜之情，可想而知。从四川长途跋涉回江西的行程中，流传不少关于他的神奇故事，如"令涸泽而涌泉"之类的佳话等。

许真君辞官归里，又与吴猛同往丹阳（今安徽当涂县）向谌姆学道，得其宝书符箓及斩邪飞步各种秘法。许逊的突出业绩是除蛟斩蛇，为民除害。当时南方许多地方，江河为患，人们认为是水中蛟魅为害。在武宁、萍乡、奉新、湖口、余干、丰城等地，民间至今流传着真君为民除害的故事。真君斩蛟后，怕孽蛟复出为害，于是铸铁为柱，并施于八条铁索以钩地脉，上端则在铁柱上铸牢，以镇压孽蛟，据说至今余干、湖口等尚有遗迹，不过影响最大的是南昌的铁柱井和镇龙井。铁柱井（亦名锁蛟井）在铁柱万寿宫中，镇龙井（亦名禁火井、八角井）在玉隆万寿宫的宫门前。古民谣云：

> 铁柱镇洪州，万年永不休。
>
> 八索钩地脉，一泓通江流。

天下大乱，此地无忧。

天下大旱，此地薄收。

地胜人心善，应不出奸谋。

纵有奸谋者，终须不到头。

　　传说许真君于晋孝武帝宁康二年（374）升天为仙，时年136岁。他升仙后，为了纪念他，在南昌铁柱井畔立"许旌阳祠"，后扩建为"铁柱万寿宫"；在新建镇龙井畔（亦其故居）立祠建观，后扩建为"玉隆万寿宫"。至今在玉隆万寿宫中，还有许逊手植柏、炼丹井、镇龙井。万寿宫的鼎盛时期，是宋徽宗年代，其规模与洛阳崇福宫一样，六大殿、十二小殿、七楼、三廊、七门、三十六堂，置田千亩。皇帝御书"玉隆万寿宫"匾额。近年来，宫内已部分恢复旧观。每逢七、八月间庙会，热闹非凡，已成为南昌一大旅游胜地。

　　自东晋以来，历代题写铁柱仙踪的诗文甚多，诸如孟浩然、范成大、陆游、王安石、曾巩等都有留题。宫内还存有一块清乾隆四年（1739）江西巡抚岳浚题写的"不朽仙踪"石碑。下录明代诗人曾棨七律《铁柱仙踪》一首。诗云：

冶金为柱出神功，长锁蛟龙在此中。

迥压鸿庬消蜃气，直临渤澥镇龙宫。

江波喷浸孤根稳，地脉勾连八索雄。

万古旌阳遗迹在，蕊珠楼观势凌空。

6. 洪崖丹井

　　洪崖，位于南昌西郊湾里区的梅岭风景区的伏龙山中。细看那山势，宛若一条匍伏的长龙。一条山涧自北面的乌晶山蜿蜒下注，有如游龙吐水，两边壁崖峭陡，洞泉流到"洪崖"，汇成渊潭。龙潭水深不可测，长年不涸。每逢春夏之交，暴雨过后，山洞水涨，那水流到"洪崖"便形成飞鸣而下的大瀑布，非常壮观。

据传，在黄帝时代，有一位音乐大臣，史书上称他为"伶伦"。他精通乐理，定了十二音律，被誉为华夏音乐鼻祖；后来到豫章，隐居西山，采药炼丹，人称"洪崖先生"。洪崖先生在山中采药捣药，再汲好水炼仙丹。为获得好水，洪崖先生在山洞龙潭处凿了井洞五口。这就是"洪崖洞"及"洪崖丹井"的来历。现今在那山洞的石壁上还有摩崖石刻多处，最引人注目的是清代康熙丙辰年（1676）笑堂白书"洪崖"二大字，虽经历了三百多年，但字迹仍清晰可辨。据《西山志》记载，在洪崖洞"洞侧，瀑布泉状如玉帘，欧阳修品为第八"。

关于洪崖先生和这"天下第八泉"，还有不少美妙的传说故事。下面介绍两则：

远古时代，在洪崖瀑布旁边的山岩下，住着一位采药炼丹的老者（即洪崖先生）。他身高九尺，身架就像西山的岩石那样结实，发须红里带紫，就像飘着一片晚霞。老者每天上山采药，采回来后就拿给身边一只水晶般的小猫去尝。小猫尝过后，再放入一个大石臼中捣烂，然后以山泉调和丸药。这丸药非常灵验，住在附近的山民，有病就去找他施药，药到病除，年年如此，代代如此，已不计岁月了。据说尧帝时，北方发瘟疫，死了许多人。尧帝非常焦急，于是四方寻访能为百姓治病的贤人。后来，访得南昌西山中有这么一位洪崖先生，已三千余岁，认得百草，能治百病，于是就请他去做掌管医药的官。洪崖先生赴北方时，仅带了一宝葫芦洪崖水，以及与他为伴的尝草药的小猫。

洪崖先生的这只猫非同一般，浑身上下水晶般的透明，可以看到相通的七窍，可以透视五脏六腑。药草吃到水晶猫肚中，是温是寒，能补能泻，走何经络，进哪个脏腑，看得一清二楚，真是一只神奇的猫。据说，只要猫一中了毒，马上让它喝一口洪崖泉水，毒性就会消解。洪崖先生就靠这洪崖水和水晶猫，在瘟疫流行的北方大显身手，终于把北方的瘟疫治住了。有一次，这只猫吃了些毒虫，中毒了，浑身乌青发紫，洪崖先生一时找不到解药，适逢宝葫芦中的洪崖水又用光了，水晶猫不幸死去。

水晶猫死了，洪崖先生非常难过。由于此猫尝过百草百药，死而不腐。后来，洪崖先生辞别尧帝，带着死猫、宝葫芦又回到江南。回到阔别多年的西山洪崖。他第一件事就是赶紧将死而不腐的水晶猫浸泡在洪崖下的泉流中，口里轻轻念道："小猫啊小猫，喝一口洪崖水吧！"奇迹出现了，猫一入泉，活了，不见了，泉水沸腾起来了，竟发出了"喵、喵、喵"的声响。顷刻间，渊潭里升腾起一道白烟，飘到半空中，化作一朵白猫似的云团，绕着洪崖回旋了一阵便渐渐消失了……猫升仙了，每天变作七彩云，早晚都飘到洪崖来，不时发出猫咪的叫唤声，并且采来日之精、月之华，注入洪崖先生捣药的石臼中，使洪崖先生炼成了"九转灵丹"。

洪崖先生捣药炼丹，不怕辛劳，不分日夜，不计年月，直炼得西山顶上香雾氤氲，丹炉的火照映得山岩一片丹红。西山的水，西山的土，被丹药的浓郁气味渗透得特别的馨香甘甜，山中的草木也因此长得特别青翠。一座方圆两三百里的西山，竟成了一座钟灵毓秀的仙山。

据说，在洪崖先生捣药的石臼旁有一株茶树，由于吸收了丹药的气味而发生了变异，变成了一种新品种。这种新茶种，矮墩墩的样子，品质特佳，后来人们就叫它"罗汉茶"。由于这种茶叶异香扑鼻，特别甘醇，饮之能延年益寿，所以历朝作为贡品献给宫廷。

洪崖先生升仙了，而他炼丹汲水的"洪崖"胜迹一直被传诵着。据传，宋代大文学家欧阳修有一次慕名来洪崖探胜。当时在洪崖丹井畔有一座古寺，叫翠岩寺。寺里的方丈听说大名鼎鼎的欧阳公远道而来，于是拿出精工制作的雨前"罗汉茶"，汲取洪崖水，按茶神陆羽的沏茶法，亲自沏茶献上。欧阳公未曾沾唇而香已扑鼻，继而小饮一口，甘醇异常，顿觉神清气爽，不禁连连赞道："好山，好水，好茶！我欧阳修享受到神仙的福分了。惜哉，天下好水第一到第七的名次已经排定，这洪崖水就只好屈居第八泉了！"从此，洪崖水就正式论定为"天下第八泉"了。

"豫章十景"中的"洪崖丹井"，颇有些神话色彩，有关故事亦多。自晋朝以来，前往洪崖探幽览胜的名人学士，络绎不绝。隋文帝年间，朝廷因"洪崖"的盛名，改豫章郡为"洪州"。南昌简称"洪"，即源于此。有关这一景观的诗文颇多，下录明代诗人曾棨七律《洪崖丹井》一首，诗云：

> 闻说尧时一老仙，烧丹凿井不知年。
> 长因洗药浮香气，偶为开炉泛瑞烟。
> 灵液昼凝封宝鼎，神光夜发照寒泉。
> 谁能咽嗽通行术，凡骨飘飘比蜕蝉。

7. 章江晓渡

章江，亦即赣江。晓渡，清晨过渡之谓也。1927 年以前，南昌有城墙，有七座城门，其中三座城门（即章江、广润、惠民三门）外，均有渡口，而以章江门外的为最。广润、惠民二门外的渡口为抚河支流汇入赣江处的渡口。"章江晓渡"一景，指的是章江渡口。

古时南昌陆上交通闭塞，但因河道纵横，往来行旅多赖舟楫，故渡口散布。章江门外的渡口，地处要冲，赣江两岸和江中诸洲居民往来均汇集此处，人来客往，甚为繁忙。

据传，章江渡口有一千多年的历史，或许还要早一些。这一带由于抚河的汇入，赣江水面更为开阔，水流较缓，往来安全，距城内的衙署又最近，故在封建时代这里辟为接官送府的码头。官渡民渡，熙来攘往，一幅生动的风俗画卷。

每当晨曦初露，浩浩江水波光粼粼，帆影参差，鸥鹭翔集。沿江一带，名迹甚多，有江南名楼滕王阁，有南浦亭，以前还有章贡读书楼、涵虚阁、娄妃墓、侯家楼、龙沙亭。对岸为沙井，远处有绵延起伏的西山。"章江晓渡""滕阁秋风""南浦飞云""龙沙夕照"诸景相连，又遥对"西山远翠"一景，恰似一幅美不胜收的风景画长卷。

在古代，赣江上没有桥，旅客往来全靠水运。五十年代，政府在章江渡口下游不远处，修建了当时全国最长的钢筋混凝土结构的公路桥——八一大桥。这座桥全长三里，如长龙横卧于赣水之上，极大地便利了两岸的交通运输。六十年代，在八一大桥下游，在分流的水面又修筑了两座可通火车的大桥——赣江大桥。若从飞机上向下俯瞰，便是"八""一"两个硕大无比的字，异常壮观。九十年代，为进一步改善两岸的交通，在其上游新架筑了堪称全国之最的公路桥——南昌大桥。1997年竣工的拉索式新八一大桥又取代了老八一大桥，桥面更宽阔，外形更壮观了。桥梁的架筑，渐渐取代了舟渡。

章江晓渡是清晨之景，古时争渡的情景现在已看不到了，唯有南昌港依然繁忙，上赣州、下鄱阳湖的船只在此停泊。如今，取代了舟渡的大桥却另有一种景象，尤其是在夏夜，桥上华灯齐放，宛如长串的明珠，与城区辉煌的灯火相互辉映，恰似天上银河落人间。炎夏南昌素有火炉之称，而赣江边则比较凉快，市民们往往到八一大桥上追凉，凭栏远眺，江风送爽，别有一番情趣。二十世纪六十年代初，郭沫若先生来昌观看赣江风光，曾兴致勃勃地赋诗，吟道："八一大桥八一路，东风万里赣江边。"一时传为佳话。

关于章江，古文献的记载非常多，特别是郦道元的《水经注》，描述得非常详细。章江渡口的传说故事也很多，如《吴猛划江》《船工胡曹赞智杀洋教士》《娄妃投江》《朱元璋渡江登城》等。历代有关章江的诗文也不少，下录明代诗人曾棨七律《章江晓渡》一首，诗云：

> 月落西山欲曙天，渡头人语古城边。
> 钟声杳霭临江戍，帆影参差隔浦船。
> 几处蘼芜深夕露，万家杨柳𬬮晴烟。
> 年年过客频来往，谁复东流叹逝川。

8. 龙沙夕照

龙沙，亦称龙沙岗，位于南昌老城区西北约三里的赣江之滨，现下沙窝沿江处，江畔是一片晶莹的白沙滩。郦道元《水经注》载道："赣水，又北迳龙沙西，沙甚洁白，高峻而逶迤有龙形，连亘五里中，旧俗九月九日升高处也。"宋代学者乐史《太平寰宇记》中亦记载说，昔时该地"洲北七里一带，江沙甚白而高峻，左右居人时见龙迹"。

龙沙，自汉、晋以来，就是郊游的好去处。唐时，这里有"清风亭"，明万历年间移地重建，易名"龙沙亭"。此地原有龙光寺、豫章台等建筑。龙沙之沙，洁白如雪，起伏堆集，蜿蜒如龙，绵亘六七里。江风吹过，白沙簌簌作响，作龙甲声，又似水龙吟。游人若踢踏其间，风卷沙飞，扑打脚踝，饶有趣味。而龙沙尤以晚景为佳。每当夕阳西下，落日余晖映衬洲沙，金灿灿，黄澄澄，光彩耀目，宛如一条金龙，游走于江水之滨。江上烟霭迷蒙，舟楫摇荡其间，水鸟飞鸣上下，恍入画境，令人流连忘返。

龙沙，是南昌古城门——德胜门外的最高处，旧俗重九登高之地，在唐朝时尤为风行。此日，士农工商，竞相云集；文人墨客，纷至沓来。在此远眺西山，青翠如染；隔岸人家，炊烟袅袅；极目赣水，滔滔北归；天水一色，帆影点点。从唐代诗人的作品中，我们能窥见这种风俗的一斑，如孟浩然《九日龙沙作，寄刘慎虚》：

> 龙沙豫章北，九日挂帆过。
>
> 风俗因时见，湖山发兴多。
>
> 客中谁送酒，擢里自成歌。
>
> 歌竟乘流去，滔滔任夕波。

尤其是在权德舆、戴叔伦与王孙李皋重九宴集的诗作中，更可以想见当时的盛况。权德舆《奉陪李大夫九日龙沙宴会》云：

> 龙沙重九会，千骑驻旌旗。
>
> 水木秋光净，丝桐雅奏迟。
>
> 烟芜敛暝色，霜菊发寒枝。
>
> 今日从公醉，全胜落帽时。

关于龙沙的传说委实不少。龙沙在城北，亦叫北沙，许真君（逊）留有谶语："北沙高过肩，此地出神仙。北沙高过城，此地出圣人。"龙沙还叫飞沙，《正字通》："南昌有飞沙，回抱如堤，隔宿坎之，明日复满。"据古书记载：在龙沙中有一座古墓，有人在沙中得到一块墓砖，砖上题有文字，说："西去江七里半，筮（以蓍草占卦）言其吉，卜（以龟甲占卜）言其凶。"可是这座古墓垂没于水了，所以后人有所谓"筮短龟长"的说法。在民间还流传过（晋朝）范太守请郭璞看风水、增筑城门的故事，传说郭璞遣八龙镇八门，其中有一条"沙龙"玩忽职守，受到惩罚，被鞭笞得死去活来，将江沙搅成了蜿蜒如龙的沙丘，从而"龙沙"就得名了。

如今龙沙沿江一带，已辟为游泳场，每到夏日，游泳的人非常多，有如蛟龙戏水。当太阳西沉、晚霞满天，水中的倒影则尤为光潋动人。当然，上了年纪的人要同年轻人一样在赣江中击水是困难的，但傍晚时分，在岸畔纳凉的老人还不少。那些熟悉南昌掌故的老人，面对滔滔北去的赣水，往往会发思古之幽情，并给晚辈们讲述曾经发生在龙沙的传闻，讲述朱元璋大战陈友谅的故事。

下录明代诗人曾棨七律《龙沙夕照》一首，诗云：

> 晴沙如雪照斜晖，一望川原夕霭微。
> 霜落空林秋叶下，天连远水暮帆归。
> 残烟漠漠孤城闭，极浦苍苍一雁飞。
> 自是江南多胜概，此中风景世应稀。[①]

9. 东湖夜月

东湖，位于城区中心的风景湖。

谈到东湖，南昌人家喻户晓。人们也自然会想到百花洲、八一公

---

① 《江西通志》卷第一百五十五"艺文：诗九"，（清）陶成纂修，（清）高其倬总裁，（清）谢旻总裁，雍正十年刻本，第5页。

园，想到在湖上荡舟、湖畔钓鱼、湖心赏月的情景。东湖是城中的一片明镜，是古已有名的游览之地。

古代所云东湖，与今日所称东湖，有所不同。古之东湖，包括现今东、西、南、北四湖，古代无四湖之分，古代文献中早有记载。雷次宗在《豫章记》中载道：

> 州城东有大湖，北与城齐，随城回曲至南塘，水通章江，增减与江水同。后汉永平太守张躬筑塘以通南路。宋少帝景平元年，太守蔡兴宗于大塘上更筑小塘，以防昏垫，兼遏此水，令冬夏不复增减，水清至洁，而众鳞肥美。[①]

后来，在郦道元所撰《水经注》中，亦载：

> 东，大湖，十里二百二十六步。北与城齐，南缘回折至南塘，本通大江，增减与江水同……水至清深，鱼甚肥美。

记述唐代以前东湖情况最详细的，恐怕要算《豫章志》〔《永乐大典》卷之二千二百六十二，"湖"，（明）解缙纂〕，因不易得，故全录：

> 东湖，在郡东南，周广五里。郦元云：东湖十里一百二十六步，北与城齐，回折至南塘。本通大江，增减与江水同。汉永平中太守张躬筑堤，以通南路。谓之南塘，以潴水，冬夏不增减。水至清深，鱼甚肥美。每夏月，以水泛溢塘而过，居民多被水害。宋景（平）元年，太守蔡兴宗于大塘上更筑小塘，以节水，为水门，水盛则闭之，多则泄之。自此水患少息矣。唐贞元二年，都督张廷珪奏，改曰放生

---

① 《太平寰宇记》卷一百六，（宋）乐史撰，《四库全书》本，第5—6页。

池，而立碑焉。五年，江水逾塘一丈，观察使李巽躬率吏民，以土囊固护，立碑以志其事。碑既亡。九年，观察使齐映复加修筑。元和三年，刺史韦丹复建南塘斗门，以泄暴涨。绕湖筑堤，高五丈，长十二里。明年，江与堤平，无复水害。元和十三年，道州刺史韩衢作《东州亭记》。宣宗时，塘东有三亭：曰孺子，曰碧波，曰涵虚。乾符中，因乱悉废，今复葺。

东湖，属地理学上说的"牛轭湖"。所谓牛轭湖，形状似牛轭，均由河湾堵塞而形成。南昌滨邻鄱阳湖，河道纵横，入湖处泥沙沉积而堵死水流，上游河床抬升，亦渐堵塞，这样也就形成了众多的这类湖泊。东湖即是此类湖，《水经注》"本通大江"可以佐证。东湖南端通塘塍上入抚河支流；其北端经豫章沟通贤士湖、青山湖，最后入赣江。

东湖，自东汉以来，尤其是唐朝后，风光秀美，沿湖皆植柳，有"万柳堤""万金堤"之称，诗家词人称赞之作甚多。张九龄、李绅、杜牧、黄庭坚、朱熹、苏辙、辛弃疾、文天祥、虞集、胡俨、解缙等人均有佳篇传世。唐代诗人李绅《忆东湖》，写得极妙，诗云：

菱歌罢唱鹢舟回，雪鹭银鸥左右来。
霞散浦边云锦截，月升湖面镜波开。
鱼惊翠羽金麟跃，莲脱红衣紫荷摧。
淮口值春偏怅望，数株临水是寒梅。

细细读来，此诗将四时之景都写进去了。古人何以将"东湖夜月"作为一大景观，自有其道理。月到中秋分外明，若中秋之夜坐一叶小舟，泛漾在湖水上，静静地欣赏皎洁的月夜景色，那种感受真有"表里澄澈，尘心一洗"的仙游之感。明代诗人胡俨五言律诗《东湖夜月》，写得雍容不迫，气象高远，堪称大手笔，今录如下，诗云：

月出海东头，澄湖百顷秋。

人家灯火静，渔艇钓丝收。

云浸金波冷，星摇素练浮。

徐亭与苏圃，清景复悠悠。

10. 苏圃春蔬

苏圃，又名"苏公圃"，位于东湖百花洲三洲之一的东小洲上，为宋代名士苏云卿的隐居之处，现属八一公园。

话说苏圃，必先谈谈百花洲。百花洲位居东湖之中，由南洲、北洲及东洲组成，俗称"三洲"。其中南洲最大，在古代包括东、西两湖相连处的洲陆，少年宫以南至西湖畔的一大片地，现在的中山路也是穿行"南洲"之道。北洲，昔日仅仅是冠鳌亭（现中山亭）所坐落的圆形小岛。在五十年代初，挖湖泥，堆新岛，在北洲之北筑起长堤，堤之北端堆起了一座岛，即今"水木清华"馆坐落之处。东洲，三洲中最小，现在比过去也加大了。在"苏圃"以南也筑了堤、堆了岛，岛尾有一座六角亭。

百花洲，这一名称始于何时，颇有争议。或说始于清，或说始于明，经考证当为北宋才对。最有力的证据，是北宋诗人梅尧臣（圣俞）有题为《百花洲》的诗，而欧阳修有和诗《和圣俞百花洲》，且入选《宋诗别裁》。兹录欧公和诗：

野岸溪几曲，松蹊穿翠阴。

不知芳渚远，但爱绿荷深。

梅、欧二公是北宋文苑泰斗，既然有以百花洲为题的诗，就足以证明"百花洲"一名的出现，决不会晚于北宋。稍后，戴复古、向子諲亦有诗词咏诵百花洲。元、明、清以后的诗作就更多了。

南宋绍兴年间，豫章节度使张澄建"讲武亭"于南洲，以习水军。清康熙年间，南、北洲间架"百花桥"一座，并将"讲武亭"改名"冠鳌亭"移建于北洲。1929 年，冠鳌亭改建为"中山亭"，重檐，八角攒尖，至今犹在。乾隆十一年（1746），江西布政使彭家屏书"百花洲"碑，后断损，1983 年重新勒石，并建石构碑亭于中山亭西畔。

简略介绍了百花洲，下面专门谈谈其中的东洲，即苏圃，又名"苏公圃"。这位"苏公"，不是指苏东坡，而是另一位南宋的名士苏云卿，四川广汉人。当时，国事日非，苏公虽有管仲、乐毅之才，终觉"大厦将倾，独木难支"，无能为力，于是在湖中小洲上隐居下来，蓬门瓮牖，种蔬织履，自食其力，与人无争，与世无争。据传，苏公少时好友张浚任宰相后，经多方打听，知友人在南昌东湖畔隐居，便屡次派人赠金致聘，请他出仕，但苏云卿终不入宦海。后来，苏公为了避免官员的纠缠，竟神不知鬼不觉地逃离而去，不知所终。后人甚赞其高洁，将他与徐孺子比并，还在他的隐居之地立"苏公祠"来祀奉他。人们也就习惯称水中小洲为"苏圃"，或"苏公圃"。古时的苏圃，湖水环萦，坐船方可登临其上。清初，江西巡抚海成为便利登洲游观，在"冠鳌亭"坐落的北洲与苏圃之间，修筑了一道长堤，名"海成堤"，俗称"苏堤"。1929 年垒石护堤，堤中架一小桥，堤边种植垂柳。

百花洲、苏圃，碧水环绕，绿树成荫，四序有花，叠石如山，桥亭翼然，自古及今都是豫章揽胜之地。历代颂美之辞颇多，明代诗人刘崧《百花洲》诗云：

> 鸣榔百花洲，系船杨柳树。
>
> 乳鸭湖上归，浮沉不知数。

清代熊洪《苏圃春蔬》诗云：

> 学圃前贤事，因君圃得名。
>
> 一锄烟雨适，双屐水云轻。
>
> 宋代园林梦，张书天上情。
>
> 凿坯兼抱瓮，无可著先生。

重建滕王阁铭

江南三楼斯阁为首永徽四年滕王创就
王勃作序传美扵後国运若何絜此名楼
陵谷沧桑移易千载兴废二十有九
北伐终毁今幸重搆新阁仿宋屋江枕流
南浦飞云岭横秀难高台上有屋楼
歌山耸碧瓦簷承露巳龙正吻脊走霅獣
丹青栋雕窗剔远凭槛送目天地悠悠
抚今追昔满怀乐忧忡忡遥血五度春秋
江西福建能工携手常熟西安巧匠装修
蘐咸大典对作重九瑰佛再现千古不朽

一九八九年岁在己巳重阳 豫章散人撰书

重建滕王阁铭

江南三楼，斯阁为首。永徽四年，滕王创就。
王勃作序，传美于后。国运若何，系此名楼。
陵谷沧桑，移星转斗。千载兴废，二十有九。
北伐终毁，今幸重构。新阁仿宋，压江枕流。
南浦飞云，梅岭横秀。雉堞高台，上有层构。
歇山耸碧，飞檐承露。巨龙正吻，脊走灵兽。
丹青梁栋，雕窗剔透。凭栏送目，天地悠悠。
抚今追昔，满怀乐忧。呕心沥血，五度春秋。
江西福建，能工携手。常熟西安，巧匠装修。
落成大典，时维重九。瑰伟再现，千古不朽！

一九八九年岁在己巳重阳　豫章散人（宗九奇）撰书

图书在版编目（CIP）数据

滕王阁史话 / 宗九奇编著.-- 修订版. -- 南昌：
江西人民出版社，2025.7. -- ISBN 978-7-210-16599-6

Ⅰ.K928.74

中国国家版本馆CIP数据核字第2025433Z4G号

滕 王 阁 史 话（修订版）
TENGWANG GE SHIHUA（XIUDINGBAN）

宗九奇　编著

项 目 统 筹：黄心刚
责 任 编 辑：王醴颉　王亚贞
书 籍 设 计：同异文化传媒

 江西人民出版社　出版发行
Jiangxi People's Publishing House
全 国 百 佳 出 版 社

地　　　　址：江西省南昌市三经路47号附1号（邮编：330006）
网　　　　址：www.jxpph.com
电 子 信 箱：jxpph@tom.com　web@ jxpph.com
编辑部电话：0791-86896797
发行部电话：0791-86898815
承 印 厂：湖北金港彩印有限公司
经　　　　销：各地新华书店

开　　　本：850毫米×1168毫米　1/32
印　　　张：10.25
字　　　数：180千字
版　　　次：1998年3月第1版　2025年7月第2版
印　　　次：2025年7月第1次印刷
书　　　号：ISBN 978-7-210-16599-6
定　　　价：56.00元
赣版权登字-01-2025-426